सुरभि

सुरभि

(बांग्ला कहानियों का हिन्दी रूपांतर)

अनुवादक

डॉ. रानू मुखर्जी

नमन प्रकाशन

नई दिल्ली -110002

पहला संस्करण : 2014
ISBN: 978-81-8129-537-8

ISBN 81-8129-537-4

9 788181 295378

नमन प्रकाशन
4231/1, अंसारी रोड, दरियागंज,
नई दिल्ली-110002
फोनः 23247003, 23254306

श्री नितिन गर्ग द्वारा नमन प्रकाशन के लिए प्रकाशित तथा
एशियन ऑफसेट प्रिंटर्स, मौजपुर, शाहदरा, दिल्ली में मुद्रित।

Surbhi Story Translated by Ranu Mukherjee

समर्पण

परिवार के मित्र तथा शुभाकांक्षी
प्रो. नलीनभाई अनाडकट्
को
सादर समर्पित

अनुवाद की ओर से....

हमारे देश में हिन्दी भाषा सर्वाधिक बोली जाती है। यही एक मात्र भाषा है जिसके माध्यम से संपूर्ण भारत में संवाद किया जा सकता है।

जीवन के राग-विराग को जिस सहजता के साथ बांग्ला कथाकारों ने परंपरा और आधुनिकता की अचूक समझ के द्वारा प्रस्तुत किया है उसे हिन्दी जगत से रुबरु कराने का एक छोटा सा प्रयास किया है मैंने।

मैंने विश्वकवि रवीन्द्रनाथ ठाकुर, सुनील गंगोपाध्याय, महाश्वेता देवी, संजीव चट्टोपाध्याय, बानी बसु से लेकर सुचित्रा भट्टाचार्य, आसुतोष मुखोपाध्याय, समरेश मजुमदार, श्यामल दत्त, शीर्षेन्दु मुखोपाध्याय, सुकान्त गंगोपाध्याय की कहानियों का अनुवाद किया है जिन्होंने प्रत्यक्ष जगत की अप्रत्यक्ष सच्चाइयों को यथोचित कथा-विस्तार के साथ प्रस्तुत किया है। इन कहानियों में कहीं-कहीं हर्ष-विषाद का साम्यक् स्वरुप ऊपरी सतह पर नहीं दिखता, वह व्यक्तित्व, परिस्थिति, प्रक्रिया अथवा परिणति के अनन्त, अतल में पैठा रहता है। जो माटी की सुगंध के साथ कथा में जीवंत हो उठता है।

इन लेखकों के गद्य की विशेषता तथा सृजनात्मकता से पाठकों को परिचित कराने के लिए मैंने अनुवाद में उनकी भाषा शैली को बनाए रखने की कोशिश की है। इससे पाठक उनकी कहानियों का आनन्द उठाने के साथ-साथ उनको अनूठी भाषा शैली का आस्वाद ग्रहण कर सकेंगे।

कहानियों का चयन करने में तथा बांग्ला शब्दों का सही अर्थ समझने में मदद करने के लिए मैं अपने पति श्रीमान पृथ्वीनाथ मुखर्जीजी की आभारी हूँ। उनके सही मार्गदर्शन के कारण यह संग्रह आज पाठकवर्ग के समक्ष प्रस्तुत है।

-रानू मुखर्जी

अनुक्रम

दालिया

- विश्वकवि रविन्द्रनाथ ठाकुर

औरंगजेब के डर से पराजित शा सूजा भागकर आराकान राज्य में अतिथि के रूप में रहने लगे थे। उनके साथ उनकी तीन सुन्दरी कन्याएँ भी थी। आराकान-राज्य के राजा की इच्छा होती है कि राजपुत्रों के साथ उन कन्याओं का विवाह कर दिया जाए। इस प्रस्ताव से शा सूजा बहुत असंतुष्ट होते है। एक दिन राजा के आदेशानुसार उनको नौके में बैठाकर नदी में ले जाकर धोखे से डूबा देने की भी कोशिश की गई। ऐसी मुसीबत में पिता ने स्वयं अपनी कनिष्ठ कन्या को नदी में ले जाकर फेंक दिया। जेष्ठा ने आत्महत्या कर ली। ऐसे में सूजा के एक विश्वस्त कर्मचारी रहमतअली जूलिखा को लेकर तैरकर भाग गया और सूजा लड़ते हुए मारे गए।

आमिना तेज धार में बहती हुई एक मछुआरे के जाल में पकड़ी गई और उन्हीं के घर में बड़ी होने लगी।

ऐसे में आराकान के वृद्ध राजा परलोक सिधार गए और युवराज राजा के पद पर आसीन हो गए।

प्रथम परिच्छेद

एक दिन सुबह वृद्ध मछुआरे ने आमिना को डांटते हुए कहा "तिन्नि!" मछुआरे ने आराकान भाषा में आमिना का नया नामकरण किया था। "तिन्नि आज सुबह से तुम्हें क्या हुआ है? सभी काम अब तक बाकी हैं। मेरे नए जाल में गोंद नहीं लगाया, और नाव को भी ...."

आमिना ने बड़े प्यार से मछुआरे को कहा, "बूढ़ा आज मेरी दीदी आई है। सो आज मेरी छुट्टी।"

"तेरी दीदी कौन है रे तिन्नी!"

जूलिखा अंदर से निकलकर बाहर आई, "मैं हूँ!"

वृद्ध अचरज में पड़ गया। फिर जूलिखा को नजदीक से परखने लगा।

अचानक पूछ बैठा, "तुम कुछ काम काज जानती हो?"

आमिना ने कहा, "बूढ़ा, दीदी की तरफ से मैं काम कर दूंगी। दीदी को कुछ काम काज नहीं आता है।"

वृद्ध ने कुछ देर सोचकर पूछा, "तुम रहोगी कहाँ?"

जुलिखा ने जवाब दिया "आमिना के पास।"

वृद्ध सोचने लगा ये कैसी मुसीबत गले पड़ गई। पूछा, "खाओगी क्या?"

जूलिखा ने कहा, "उसका उपाय है।" कहकर लापरवाही से उसने मछुआरे के सामनें एक सोने का सिक्का उछाल दिया।

आमिना ने सिक्के को उठाकर मछुआरे के हाथ में रखकर कहा, "बूढ़ा और ज्यादा बोल मत। काम पर जा। दिन चढ़ आया है।"

जूलिखा ने कैसे भेषबदलकर विभिन्न स्थानों का भ्रमण करके कैसे आमिना को ढूंढ निकाला अगर उसे कहा जाएँ तो एक और लम्बी कहानी कहनी पडेगी। उसका रखवाला रहमत शेख नाम बदलकर आराकान के राज्यसभा में अब कार्यरत है।

द्वितीय परिच्छेद

एक छोटी सी नदी बह रही थी। गरमियों के दिनों की अलसुबह की शीतल वायु, कैलू के लाल-लाल फूल झरकर धरती पर बिछ रहे थे।

पेड़ के नीचे बैठी जूलिखा ने आमिना से कहा, "हम दोनों बहनों को भगवान ने मौत के हाथों से बचाकर जीवित रखा है केवल पिता की मृत्यु का बदला लेने के लिए। और दूसरा कोई कारण तो मुझे नजर नहीं आता।"

नदी से दूर, बहुत दूर, सबसे छायादार घने जंगल की ओर देखकर आमिना ने धीरे धीरे कहा, "दीदी, उन बातों को रहने दो। मुझे अब ये पृथ्वी बहुत अच्छी लगने लगी है। अगर मरना चाहें तो पुरुष लोग लड़-झगड़ कर मरते रहें। मुझे यहाँ कोई दुःख नहीं है।"

जूलिखा ने कहा, "छी, छी, आमिना तू तो शहजादे के परिवार की बेटी है। कहाँ दिल्ली का सिंहासन और कहाँ ये आराकान के मछुआरे की कुटिया।"

हँसकर आमिना ने कहा, "दीदी, दिल्ली के सिंहासन से बढकर यदि इस बूढ़े की कुटिया, ये कैलू के पेड़ की छाया, अगर किसी बालिका को अधिक अच्छा लगता है तो फिर दिल्ली का सिंहासन इस कारण जरा भी आँसू नहीं बहाएगा।"

जूलिखा कुछ अनमनी होकर और कुछ अपने आप से कहती हुई "ऐसे में तुझे दोष भी नहीं दिया जा सकता है। तब तुम बहुत छोटी थी। पर एक बार सोचकर तो देखो पिता तुम्हें सबसे ज्यादा प्यार करते थे इसलिए तुम्हें अपने हाथों से पानी

में फेंक दिया था। पिता के द्वारा दिए गए उस मौत से तुम्हें यह जीवन अधिक प्रिय नहीं हो सकता। पर यदि तुम बदला ले सकती हो तब तो इस जीवन का कुछ अर्थ होगा।"

आमिना चुपचाप बैठी रही, नजरें बहुत दूर , ऐसा लग रहा था जैसे इन सब बातों के बावजूद बाहर की यह हवा, पेड़ों की छांव, अपना यह यौवन और न जाने कौन सी सुखस्मृति उसे सराबोर किए हुए है।

कुछ समय के पश्चात एक दीर्घ सांस छोड़ते हुए कहा, "दीदी तुम आराम करो। मुझे बहुत काम है। अगर मैंने खाना नहीं बनाया तो बूढ़ा भूखा रह जाएगा।"

तृतीय अध्याय

आमिना के बारे में सोच-सोचकर जूलिखा बहुत दुःखी हो रही थी। सो वह चुपचाप बैठी रही। इतने में अचानक कूदने की आवाज आई और पीछे से किसी ने जूलिखा की आँखें मींच ली। चौंक उठी जूलिखा, "कौन?"

आवाज सुनते ही उस युवक ने आँखों पर से हाथ हटा लिया और दोनों हाथ बांधकर सामने आकर खड़ा हो गया। जूलिखा को देखकर बोल उठा, "तुम तो तिन्नि नहीं हो।" जैसे जूलिखा ने स्वयं को "तिन्नि" प्रमाण करना चाहा हो और युवक की चतुराई के सामने उसकी सारी चतुराई धरी की धरी रह गई हो।

स्वयं को व्यवस्थित करके आँखों से आग उगलते हुए जूलेखा ने पूछा, "तुम कौन हो?"

युवक ने कहा "आप मुझे नहीं पहचानोगी। तिन्नि जानती है। तिन्नि कहाँ है?"

हल्ला सुनकर तिन्नि बाहर निकल आई। जूलिखा का रोश से भरा चेहरा और युवक का हतबुद्धि और आचर्य से भरा चेहरा देखकर हँसते-हँसते लोट-पोट हो गई।

बोल उठी, "दीदी! उसकी बातों का तुम बुरा मत मानना। वो तो इनसान नहीं है जंगल का उन्मुक्त हरिण है। अगर इसने कुछ आष्टिता की हो तो मैं उसे डाँट दूंगी। दालिया - तुमने क्या किया?"

युवक ने तुरंत जवाब दिया, "हाथों से उनकी आँखें मूंद दी थी। मैने सोचा था तिन्नि है। पर ये तो तिन्नि नहीं है।"

तिन्नि गुस्से के साथ बोल उठी, "फिर! फिर से अशिष्टता कर रहे हो। छोटी मुँह और बड़ी बात। कब तुमने तिन्नि की आँखें मूंदी है पीछे से आकर? तुम्हारा साहस दिन-ब-दिन बढ़ रहा है।"

युवक बोल उठा, "आँख मूंदने के लिए अधिक साहस की आवश्यकता नहीं होती। विशेषतः अगर पहले से अभ्यस्त हो तो। पर सच कह रहा हूँ तिन्नि, आज मैं डर गया था।"

छुपकर जूलिखा की ओर ऊँगली दिखाकर आमिना की ओर देखकर मुस्कुराने लगा।

आमिना कह उठी, "नहीं, तुम एकदम जंगली हो। शाहजादी के सम्मुखीन होने के काबिल नहीं हो। तुम्हें शिष्टाचार सीखाना बहुत जरूरी है। देखो इस तरह से सलाम करो।"

कहकर आमिना ने अपने यौवन से भरे शरीर को अति सुन्दर तरीके से झूकाकर जूलिखा को सलाम किया। बड़ी मुश्किल से युवक ने उसका थोड़ा बहुत अनुसरण किया।

फिर कहा, "ऐसे करके तीन कदम पीछे हट जाओ। युवक ने वैसा ही किया।"

"फिर से सलाम करो।" फिर सलाम किया।

इस प्रकार से पीछे हटकर सलाम करते हुए आमिना युवक को कुटिया के करीब तक ले गई।

कहा "घर में आओ।" युवक घर में घुस गया।

आमिना ने बाहर से घर का दरवाजा बंद कर दिया और बोली, "अब थोड़ा घर का काम काज भी करो। आग जलाओ।" कहकर दीदी के पास आकर बैठ गई।

बोली, "दीदी नाराज मत होना। यहाँ के लोग ऐसे ही है। मैं तो बहुत परेशान हो गई हूँ।"

पर आमिना के चेहरे या हावभाव से ऐसा कुछ भी नहीं लग रहा था। अपितु कुछ बातों को लेकर यहाँ के लोगों के प्रति उसका अन्याय पक्षपात स्पष्ट झलक रहा था।

बहुत रोष प्रकट करते हुए जूलिखा ने कहा, "सच में आमिना तुम्हारे व्यवहार ने मुझे चकित कर दिया है। एक बाहर का युवक यहाँ पर आकर तुम्हें स्पर्श कर सकता है। ये मैं सोच भी नहीं सकती। उसका इतना साहस।"

आमिना दीदी के स्वर में स्वर मिलाकर बोली, "देखो न दीदी। अगर किसी बादाह या नवाब का बेटा ऐसा बर्ताव करता तो मैं जरूर उसे विताडित कर देती।"

अपने अंदर की हँसी को न रोकर उन्मुक्त हँसती हुई जूलिखा बोली, "सच बताना आमिना, तुम जो कह रही थी कि ये पृथ्वी तुमें बहुत अच्छा लग रहा है, वो क्या केवल इस युवक के लिए?"

आमिना बोल उठी, "सच बताऊ दीदी। वो मेरा बहुत उपकार करता है। फूल फल तोड़कर लाता है। शिकार करके ले आता है। कुछ काम हो तो दौड़-दौड़कर करता है। उसे शासन में रखने के लिए बहुत बार सोचती हूँ। पर बृथा। यदि गुस्से

से कहूँ कि दालिया मैं तुमसे बहुत नाराज हूँ - दालिया मेरी ओर देखकर मस्ती से हँसता रहेगा। इनके देश में परिहास करने की शायद यही प्रथा है। दो चपत लगाने पर बहुत खुश हो जाते है, यह भी मैंने देखा है। ये देखो न घर में बंद करके रख दिया है - कितना खुश है। दरवाजा खोलने पर ही दिखेगा कि आँख नाक लाल करके बड़े मजे से चुल्हे में फूंक पर फूंक मार रहा है। इसका मैं क्या करूँ कह सकती हो बहन? मुझे तो कुछ समझ में नहीं आ रहा है।"

जूलिखा कह उठी, "मैं कोशिश कर सकती हूँ।"

आमिना ने हँसते हुए विनती की, "मैं तुम्हारे पाँव पड़ती हूँ बहन। आप उसे अब और कुछ भी मत कहना।"

सुनकर ऐसा लगा जैसे ये युवक आमिना का बहुत ही पसंदिदा प्रिय हरिण हो, जिसका जंगलीपन अभी तक यथावत है - वह किसी इनसान को देख कर भाग न जाए, इसका भी डर है।

इतने में मछुआरा आ गया और पूछने लगा "आज दालिया नहीं आया, तिन्नि?"

"आया है।"

"कहाँ गया?"

"वह बहुत उपद्रव मचा रहा था इसलिए उसे उस घर में बंद करके रखा है।"

चिंतातुर होकर वृद्ध ने कहा, "अगर उपद्रव करे भी तो उसे सह लेना। बचपन में ऐसा सभी करते हैं। ज्यादा शासन मत करना। दालिया ने कल एक थलू (थलू अर्थात् स्वर्णमुद्रा) देकर मुझसे तीन मछलियाँ खरीदी थी।"

आमिना ने कहा, "चिंता की कोई बात नहीं बूढ़ा मैं आज उससे दो थलू निकाल लूंगी, और एक भी मछली उसे मत देना।"

वृद्ध अपने पालितकन्या की चतुराई देख खुश होकर उसके सर पर हाथ रखकर चला गया।

चतुर्थ परिच्छेद

अचरज की बात यह हुई कि दालिया के आने जाने को लेकर क्रमशः जूलिखा की सभी आपत्तियाँ खत्म हो गई। अगर सोचा जाए तो इसमें न होने जैसी कोई बात नहीं। क्योंकि जैसे नदी के एक तरफ बहाव होता है और दूसरी ओर किनारा। रमणी का उसी तरह हृदयावेग और लोक लज्जा! परन्तु सभ्य समाज से दूर आराकान में लोक कहाँ है?

यहाँ केवल ऋतु परिवर्तन के समय वृक्ष फलते फूलते हैं, सामने नीली नदी

बरसात में स्फीत, शरद काल में स्वच्छ एवं ग्रीष्म में क्षीण होती है। पक्षियों के कलरव में लेश मात्र भी क्लेश का स्वर नहीं होता है। और दक्षिण की ओर से बहनेवाली हवा कभी-कभी दूर के गाँवों से मानवस्वर को अपने साथ बहाकर ले आती है। पर कलह नहीं।

जैसे पुरानी अट्टालिका पर धीरे-धीरे काई जमने लगती है उसी प्रकार यहाँ रहने पर, मानव मन पर जमे हुए लौकिकता की दृढ़ जड़ों को प्रकृति अदृष्य रूप से तोड़कर अपने साथ मिला जुलाकर एकाकार कर लेती है और उस पर अपना कब्जा जमा लेती है। दो समान नरनारी के मिलन का दृष्य जितना सुन्दर होता है उतना और कुछ भी नहीं।

यह उनके लिए रहस्यमय, सुखमय और कौतुहल का विषय होता है। अतः इस गरीब जीर्ण कुटिया में रहकर जब जूलिखा का कुलगर्व और लोकमर्यादा की बेडियाँ शिथिल हो गई तब फूलों की बगीया में कैलू के वृक्षों की छांव में आमिना और दालिया के इस मनोहर खेल को देखना उसे बहुत आनन्दित करने लगा।

शायद उसके युवा हृदय में एक अपरितृप्त आकांक्षा जाग उठती जो उसे सुख-दुःख में चंचल कर देती। अंततः युवक के कभी आने में देर होने पर जिस प्रकार आमिना उत्कंठित होती उसी प्रकार जूलिखा भी व्यग्रता से प्रतीक्षा करती, और दोनों के मिलने पर जिस प्रकार एक चित्रकार अपनी सद्यसमाप्त चित्र को दूर से तृप्त नजरों से निहारता है जूलिखा भी उसी प्रकार सस्नेह मुस्कुराते हुए उनको निरखती। किसी दिन झगड़ती और छल से डांट डपटकर, आमिना को घर में बंद कर देती और युवक के मिलन के आवेग को उपभोग करती।

सम्राट एवं अरण्य दोनों में एक समानता है। दोनों स्वतंत्र है। दोनों ही स्वराज्य के एकछत्र अधिपति हैं। दोनों को ही किसी का नियम मानकर नहीं चलना पड़ता है। दोनों में प्रक्रति की सरलता विद्यमान है। जो साधारण है, लोकशास्त्र के नियमों को मानकर चलते हैं, वे ही स्वतंत्र होकर रहना चाहते हैं। वे ही बड़ों के दास, बच्चों के भगवान एवं कुछ जगहों पर क्या करना है समझ नहीं पाते हैं। जंगली दालिया प्रक्रति का उच्छृंखल पुत्र था। शहजादी से उसे कोई संकोच नहीं था। और शहजादियाँ भी उसे अपने समान ही मर्यादा देती थी। हँसमुख, सरल, मजाकिया, हर क्षेत्र में निर्भिक होने के कारण दरीद्रता का उसके जीवन में कोई लक्षण नहीं दिखाई पड़ता था।

इन सभी खेल के होते हुए भी कभी-कभी जूलिखा का मन हाहाकर कर उठता था। वह सोचती - सम्राट पुत्री का ये कैसा जीवन है?

एक दिन सुबह सबेरे दालिया के आते ही जूलिखा ने उसका हाथ पकड़ लिया और बोली, "दालिया यहाँ के राजा को दिखा सकते हो?"

"हाँ जरूर दिखा सकता हूँ। पर क्यों?"

"मेरे पास एक छूरा है उसे मैं उसके सीने में घोपना चाहती हूँ।"

दालिया आश्चर्य चकित होकर ताकने लगा। फिर जूलिखा के हिंस्र चेहरे को देखकर उसका चेहरा हँसी से भर गया। जैसे कि इतना बड़ा मजाक इससे पूर्व उससे किसी और ने नहीं किया था। शायद यह राजपुत्री के योग्य परिहास ही था। कोई बातचीत नहीं, पहली मुलाकात में ही एक इतने बड़े छूरे का आधा भाग एक जीवंत राजा के सीने में घोप देने पर राजा इस अंतरंग व्यवहार के परिणाम स्वरूप कैसे आश्चर्य में पड़ जाएगा, इस चित्र की कल्पना करते हुए वह जोर जोर से हँसने लगा।

पंचम परिच्छेद

इसके बाद ही रहमत शेख ने जूलिखा को गुप्त रूप से एक पत्र लिखा कि आराकान के राजा को मछुआरे की कुटिया में रहनेवाली दो बहनों का पता चल गया है। छुपकर उन्होंने आमिना को देख लिया है और उस पर मुग्ध हो गए हैं। उसको विवाह करके प्रासाद में लाने की तैयारी कर रहे हैं। प्रतिहिंसा का ऐसा सुन्दर अवसर और नहीं मिलने वाला।

तब जूलिखा ने आमिना के हाथ को जोर से पकड़कर कहा "ईश्वर की इच्छा स्पष्ट दिख रही है। आमिना अब अपने जीवन के कर्तव्य को पालन करने का समय आ गया है। अब और खेल खेलना तुम्हें शोभा नहीं देता।"

दालिया भी वहाँ उपस्थित था, आमिना ने उसकी ओर देखा। देखा कि वह अजीव तरह से हँस रहा है।

उसकी हँसी देखकर आमिना ने कहा, "जानते हो दालिया मैं राजबधू बनने जा रही हूँ।"

दालिया ने कहा, "वो तो अधिक समय के लिए नहीं।"

आमिना, पीड़ित विस्मित होकर सोचने लगी, ये जंगल का ही मृग है। इसमें कोई संदेह नहीं। मैं ही पागल हूँ जो उसके साथ इनसानों जैसा बर्ताव कर रही हूँ।

आमिना दालिया को थोड़ा और सेचत करने के लिए कहती है, "राजा को मारने के पश्चात क्या मैं लौट पाऊँगी?"

बात सही है इसे मानते हुए दालिया कहता है "लौटना कठिन है" । आमिना उदास हो जाती है।

जूलिखा की ओर मुड़ते हुए कहती है, "दीदी मैं तैयार हूँ।"

फिर दालिया से व्यथित मन से कहा, "रानी बनने के पश्चात सबसे पहले मैं तुम्हें राजा के विरुद्ध षड़यंत्र में जुड़ने के अपराध में दंड दूंगी। उसके बाद ही मैं और जो करना होगा करूँगी।"

सुनकर दालिया आनन्दित हो गया कि यह प्रस्ताव कार्यरूप में परिवर्तित होने पर बहुत आनंद आएगा।

षष्ठ परिच्छेद

मछुआरे का घर आज जगमगा रहा था। घुड़सवार सजेधजे हाथी, बाजे गाजे के साथ राज प्रासाद से आए लोगों से घर उभरा पड़ रहा था। सोने की दो डोलियाँ भी साथ आई थी।

जूलिखा के हाथों से आमिना ने छूरी ले ली। उसमें खुदे हुए हाथी दाँतों की कारीगरी को बड़े ध्यान से देखा फिर अपने कपड़ों को हटाकर अपने सीने में चुभोकर उसकी धार को परखा। सीने में स्पर्श करने के बाद उसे फिर से अपने कपड़ों में छिपा लिया।

इस मरणयात्र से पूर्व केवल एक बार दालिया से मिलने की एकांत इच्छा हो रही थी उसे पर कल से वह निरूद्देश हो गया है। उस दिन जो दालिया हँस रहा था क्या उसकी हँसी में अभिमान की ज्वाला की झलक थी?

डोली में चढ़ने से पूर्व आमिना ने आँसू भरी आँखों से अपने बचपन के आश्रय को निहारा - उस घर के पेड़, उस घर की नदी। मछुआरे का हाथ पकड़कर भरे गले से बोली, "बूढ़ा मैं जा रही हूँ। तिन्नि के बाद तेरा घर द्वार कौन संभालेगा?"

एक बच्चे की तरह बूढ़ा रोने लगा।

आमिना ने कहा, "बूढ़ा यदि दालिया यहाँ आए तो उसे ये अंगूठी दे देना, कहना आमिना ने दिया है।"

कहते हुए जल्दी से डोली में चढ़ गई। समारोह के साथ डोली आगे बढ़ गई। आमिना की कुटिया, नदी का तट, कैलू के वृक्ष तले का अंधेरा, निस्तब्ध जनशून्य हो गया।

यथासमय दोनों डोली ने मुख्य द्वार को पार करके अंतःपूर में प्रवेश किया। दोनों बहनें डोली से निकल आई।

आमिना के चेहरे पर न मुस्कान है और न आँखों में आँसू है। जूलिखा का चेहरा मुर्झा गया था। कर्तव्य की घड़ी सामने आते ही हृदय की धड़कनों की तीव्रता बढ़ गई थी - उसने व्याकुल होकर आमिना को जकड़ लिया। मन ही मन में कहने

लगी - सद्य प्रस्फुटित इस प्रेम पुष्प को अपने वृंत से तोड़कर मैं रक्तस्त्रोत में बहाने जा रही हूँ।

पर अब तो सोचने का वक्त नहीं है। अनेक लोगों के मध्य परिचारिकाओं से घिरी हुई बहन ऐसे चल रही थी जैसे सपनों में चल रही हो। अंततः बासरघर के करीब आकर एक क्षण के लिए रूककर आमिना ने जूलिखा को पुकारा, "दीदी"।

जूलिखा ने आमिना को अपनी बाँहों में जकड़कर चूम लिया।

दोनों ने धीरे-धीरे कमरे में प्रवेश किया।

राजवस्त्र धारण करके कमरे के बीच में ही सुन्दर सजे धजे पलंग पर राजा बैठे थे। कुछ दूर जाकर आमिना संकोचवश खड़ी रह गई।

जूलिखा ने आगे बढ़कर राजा को करीब से देखा। राजा निःशब्द हँस रहा था।

जूलिखा चिल्ला उठी, "दालिया।" सुनते ही आमिना मूर्छित होकर गीर पड़ी।

दालिया ने उठकर उसे एक आहत पक्षी की तरह संभालकर गोद में उठाकर पलंग पर लिटा दिया। मूर्च्छा टूटते ही आमिना अपने वस्त्र से छुरे को निकाल लाई और दीदी की ओर देखने लगी। दीदी ने दालिया को देखा। चेहरे पर मुस्कुराहट लिए दालिया दोनों को देख रहा था। छुरी भी अपने म्यान से झाँकती हुई इन लोगों के तमाशे को देखकर मुस्कुराने लगी थी।

तूफ़ानी बरसात की उस रात में

- सुनील गंगोपाध्याय

हाँ, बड़े ही धूमधाम से मनाया गया था अमरेन्द्रनाथ का विवाहोत्सव। आज भी बातों के चलते उस समारोह की चर्चा होती है। दूसरे संबंधियों के विवाहाडम्बर के साथ उनकी तुलना की जाती है।

वक्त सही नहीं था। सन् पैंसठ में बेवजह भारत - पाकिस्तान का एक युद्ध हुआ, जिसमें दोनों देशों को ही भारी नुकसान के सिवाय कुछ हासिल नहीं हुआ। पश्चिम बंगाल में अधिकांश कल कारख़ाने बंद हो रहे थे, लगातार बेकारों की संख्या बढ़ रही थी, हर रोज हड़ताल, विक्षोभ प्रदर्शन, पुलिस की टियर गैस, गोली सब आम बात हो गई थी। ऐन वक्त पर सामाजिक उत्सवों में इतना पैसा बहाना दृष्टिकटु लगता है। फिर भी इन सब बातों को लेकर पश्चिम बंगाल के ह्रास होते प्रतिष्ठित कुलिन परिवारों में इस चेतनता का अभाव पाया जाता है। दिलोजान से अपनी परंपरा को बनाए रखने की पूरी कोशिश किए जा रहे थे।

एक वक्त था जब मूल कलकत्ते के उपकंठ में छोटे-बड़े अनेक ज़मीदारों के बगान बाड़ी थे। लिखित रूप से ज़मीदारी प्रथा के ख़त्म होने के पूर्व ही उनका ध्वंस होना आरम्भ हो गया था। विशालकाय सब बाग़ान बाड़ी संरक्षण अर्थ के अभाव में ध्वंस स्तूप में परिवर्तित हो रहे थे, कुछ अनअधिकृत रूप से दूसरों के कब्जे में जा रहे थे, कहीं-कहीं उन विशालकाय प्रासादों को अब आपसी विभाजन के कारण पहचानना मुश्किल था।

परंतु तब भी काशीपुर के घोषाल परिवार की हालत उतनी ख़राब नहीं हुई थी।

पद्मनाभ घोषाल ने ज़मीदारी तंत्र के पतन के चिह्न को बहुत पहले ही ताड़ लिया था। घोषाल की ज़मीदारी उड़िशा के वालेश्वर और मेदिनीपूर के घाटाल में था। उन सब जगह से पद्मनाभ घोषाल ने अपनी ज़मीदारी को समेटकर अपने पूरे संचित पैसे को व्यवसाय में लगा दिया था। कहा जाता है कि साधारणतः जमीनदारों की

व्यवसासिक बुद्धि नहीं वत् होती है, पैसा कैसे कमाया जाता है इसका ज्ञान उनको नहीं वत् रहता है। इन सबको सँभालना नायब गुमास्ताओं का काम होता है। वो केवल आदेश के बल पर ही अर्थ अर्जित करने के अभ्यस्त होते है। अगर इसी प्रक्रिया से व्यवसाय चलाया जाय तो इसमें सफल होना असंभव है। कुछ ज़मीनदारों का व्यवसाय में असफलता का कारण यही था इसे पद्मनाभ घोषाल समझ गए थे। इसीलिए सीधे किसी व्यवसाय में न उतरकर जार्डिन हॉन्डरसन नामक एक विलायती कंपनी के साथ पार्टनरशिप में जुड़ गए। जो चाय और जूट के विशेषज्ञ थे।

धीरे-धीरे ज़मीदारी से हटकर स्वयं को संपूर्ण रूप से इस व्यवसाय में लपेट लिया था पद्मनाभ घोषाल ने। परंतु अधिक दिन तक वह इसे भोग नहीं पाए। जीप गाड़ी से कूचबिहार की तरफ़ के एक चाय बाग़ान का परिदर्शन करके लौट रहे थे। गुलाबी शाम का वक्त था। संकोश नदी के किनारे हाथियों के एक झुंड ने उनका रास्ता घेर लिया। ऐन समय पर धैर्य के साथ इंतज़ार करने के सिवाय दूसरा और कोई रास्ता नहीं होता है। उनको जबरदस्ती हटाने की कोशिश करना व्यर्थ होता है, समय होने पर हाथियों का झुंड अपने आप ही रास्ते से हट जाता हैं। घर लौटने के लिए शायद पद्मनाभ अधैर्य हो उठे थे, या तो फिर जीप चालक की मति मारी गई थी, उसने हाथियों के झुंड को अपनी बाँई तरफ़ रख कर नदी में से आगे बढ़ जाने की सोची। जीप में ड्राइवर को लेकर केवल सात जन थे। उनमें से छह लोगों को उतनी चोट नहीं आई परंतु जीप के उलट जाते ही सर पर पत्थर से चोट लगने पर केवल एक व्यक्ति की घटना स्थल पर ही मौत हो गई थी और वह थे, पद्मनाभ घोषाल। उनकी पत्नी शकुंतला तब भरपूर जवान थी। उनके एक बेटा और एक बेटी थी। जो क्रमशः सोलह और ग्यारह वर्ष के थे। और पद्मनाभ के चाचा और उनके दो चचेरे भाई मिलकर उनके तीन भागीदार थे। व्यवसाय में सफलता का पूरा श्रेय पद्मनाभ का था परंतु पुरानी हिस्सेदारी प्रथा जो लगातार चली आ रही थी। उसमें भी परोक्षरूप से रहने वाले हिस्सेदार भी सब बराबर के हक़दार थे। व्यवसाय में हानि या कर्ज़ होने से उनको कोई मतलब नहीं था परंतु घर बैठे लाभ के फल का मज़ा लूटना वो नहीं छोड़ते थे।

पद्मनाभ के चाचा बड़े भले मानस थे। गायन वादन में ही मस्त रहतें। शुरू से ही पद्मनाभ से उनके घनिष्ट संबंध रहे थे। भागीदारी में उनको उनके हिस्से में जितना मिलना होता उससे अधिक ही देते थे पद्मनाभ। कभी-कभार चाचा के गायन वादन की सभा में जाकर सभा का आंनद उठाते थे।

चचेरे भाइयों मे से जो सबसे बड़े थे वो विज्ञान के अध्यापक थे। न्यूअलिपूर में रहते थे। ससुर के संपत्ति के हक़दार होने के कारण इधर के मामलों में उनकी रुची अधिक नहीं थी। दूसरे भाई वकील होने के साथ-साथ अति धुरंधर व्यक्ति थे। एक विधवा औरत और उसके नावालिग पुत्र से उनकी पूरी संपत्ति को हड़पने के लिए वो बेचैन हो उठे। अरूनाभ नामधारी सह व्यक्ति तीक्ष्ण बुद्धि धारी होने के साथ-साथ सधे हुए जुबान के भी अधिकारी थे।

शकुंतला एक कुलिन, संपन्न और प्रतिष्ठित परिवार की सुंदर वधू थी। विधवा होने से पूर्व लोगों की उनके बारे में यह धारणा थी कि वह केवल सुंदर गुड़ियों की तरह सज-धज के ही समय बिताती हैं। परंतु सिंदूर के मिट जाने के बाद ही उनके अंदर में एक भिन्न व्यक्तित्व विकसित होने लगा। वास्तविक ज्ञान से पूर्ण एक ज़िद्दी और स्पष्ट वक्ता रमणी का चित्र स्पष्ट दिखाई देने लगा था।

इस परिवार के नियमानुसार विवाहित जीवन के बहुत सारे वर्ष शकुंतला ने अंतःपुरवासिनी होकर ही बिताये। पति के संग अथवा किसी घनिष्ट मित्र के साथ के बिना वह कभी बाहर नहीं निकलती थी। इसका मतलब यह नहीं था कि कलकत्ते के रास्तों से वह अनजान थी। प्रेसीडेन्सी कॉलेज के अँग्रेजी विभाग की छात्रा रह चूकी थी। दोस्तों के साथ कॉफी हाउस में गप्पें मारना, एकजुट होकर मेट्रो - लाइट हाउस में सिनेमा देखने का आनंद भी उन्होने उठाया था।

अकस्मात् पति वियोग के शोक से उबरने के बाद शकुन्तला ने व्यवसाय और अपने घर परिवार में मन लगाया। डलहौज़ी स्क्वायर के मिशन रो में जार्डीन हॉन्डरसन के साथ उनका जो संयुक्त ऑफ़िस था वहाँ जाकर सीनियन पार्टनार के अपने कमरे में नियमित रूप से बैठने लगी। हिसाब पत्री का ध्यान भी रखने लगी। उनके संपर्क में आने पर कुछ ही दिनों में वहाँ के कर्मचारियों को यह समझ में आ गया कि वह कोई साधारण महिला नहीं है। उनसे किसी भी ग़लत-सलत बात को मनवाना संभव नहीं।

श्राद्धादि कार्यक्रम के समापन होने के सप्ताह भर बाद ही अरूनाभ शकुन्तला से मिलने आया। शाम हो गई थी। जुलाई के महीने की तेज गर्मी में भी अरूनाभ सुटेड-बुटेड होकर आया था। उसे सुपुरूष भी कहा जा सकता है। कारण जो भी हो इन सब जमीनदारो के परिवारो में कोई भी काला, नाटा या दुबला नहीं होता। परंतु इतने कम समय में ही अरूनाभ के माथे के सामने के बाल हलके हो चले थे।

शकुन्तला ने अपने सारे गहने उतार रखे थे, काले बॉडर की सफेद साड़ी में भी उसका बदन चमक रहा था। भरा-भरा शरीर थोड़ा भारीपन लिए हुए, कुछ हद

तक देवी जैसा स्वरूप था उसका। कुछ दिनों से वह सुनहरे फ्रेम का चश्मा पहनने लगी थी।

अरूनाभ और शकुतलता दोनों हम उम्र थे। देवर और भाभी के बड़े ही मधुर बंधन में बँध सकते थे। पर ऐसा कुछ नहीं हुआ। दोनों हँसते-हँसते हर समय खूब सूक्ष्म रूप से वाक युद्ध में लगे रहते। शकुंतला के घर में घुसते ही उनके चरण स्पर्श के लिए अरूनाभ झुक गया। द्रुत हटते हुए शकुंतला ने कहा, अरे नहीं अभी प्रमाण नहीं करते। बैठो, बैठो। अच्छा किया जो तुम आ गए मैं तुम्हें ख़बर करने वाली थी।

दस दिन तक चलने वाले श्राद्ध - शान्ति के कार्यक्रम में अरूनाभ आया था परंतु तब शकुंतला के साथ अलग से बात चित नहीं हो पाई थी।

अरूनाभ ने कहा, "भाभी तुमको कैसे समझाऊँ जब मैंने अचानक रांगादा की ख़बर सुनी तो सीने में बुलेट लगने जैसा झटका लगा। कुछ समय के लिए मैं अपना होश खो बैठा था। एक जीवंत इंसान, कोई रोग - व्याधि के बिना ऐसे कैसे....।"

न जाने कितने लोगों से शकुंतला ने इस तरह की बातें सुनी थी। कौन दिल की गहराइयों से कह रहा है और कौन सतही रूप से इसे समझ पाना मुश्किल था। परंतु लगातार ऐसी बातों को सुनते-सुनते एकरसता से मन भर उठाता है।

फिर भी ऐन वक्त पर चेहरे पर उदासी का लबादा ओढ़े ही रखाना पड़ता है।

अरूनाभ लगातार कहे जा रहा था, "जलपाईगुडी जाने के पहले ही दादा ने मुझसे कहा था, छोटू, तेरे साथ कुछ ज़रूरी बातें करनी है। तुझे मेरी मदद करनी होगी। मैं अकेले सब सँभाल नहीं पा रहा हूँ। जिम्मेदारियों को निपटाने में तुझे मेरा हाथ बँटाना होगा।"

इन सब बातों की सच्चाइयों की थाह लगाना आज आसान नहीं है और अब इसका कोई उपाय भी नहीं है। परंतु शकुंतला को इन सब बातों पर एकदम विश्वास नहीं है। क्योंकि उनके पति कभी भी इस भाषा में बात नहीं करते थे।

विराम मिलते ही उन्होंने पूँछा, "तुम्हारी बेटी अब कैसी है? मैने सुना था उसे लगातार उलटियाँ हो रही है।"

"उसे एक प्रकार की एलर्जी है। पहले पकड़ नहीं आ रहा था। सही दवा लेने से अब वह ठीक है।" अरूनाभ ने जवाब दिया।

शकुंतला ने फिर पूँछा, "और तुम्हारा छोटा बेटा ? वो क्या मामा के घर में ही पल बढ़ रहा है ? उसे देखे बहुत दिन हो गए, किसी दिन उसे ले आओ......."

ऐसी बिन ज़रूरी बातों से अरूनाभ को उकताहट हो रही थी।

सही प्रंसग में बात को आगे बढ़ाने के लिए उसने कहा, "भाभी दादा ने जो

बात मुझसे कही थी उसे भूल पाना मेरे लिए संभव नहीं है। कहना ज़रूरी नहीं समझता कि आजकल मैं अपने काम में बहुत व्यस्त हूँ फिर भी दादा की आत्मा की शांति के लिए मैं यहाँ की कुछ जिम्मेदारियों को सँभालने के लिए तैयार हूँ। मेरा चेंबर भी तो भैया के बिज़नेस ऑफ़िस से दूर नहीं है।"

सधी हुई अभिनेत्री की तरह अचंभित होती हुई शकुंतला ने कहा, "अरे, तो पहले क्यों नहीं बताया। जहाँ तक मैंने सुना है तुम अपने व्यवसाय के इस विस्तृत क्षेत्र में इतने जम गए हो कि तुम्हारे पास वक्त ही नहीं है। इसलिए मैं तुम्हें कुछ कहने से कतराती रही। अगर तुम्हारी मदद मिल जाती तब तो कोई मुश्किल ही नहीं थीं। परंतु बात यह है कि गत सप्ताह ही मैने एक रिटायर्ड आई. ए. एस. ऑफ़िसर को मैनेजर के पद पर नियुक्त का लिया है। अब तो ऑफ़िस में वही सबकुछ संभालेगें और मुझे रिपोर्ट करेगें।"

हो-हो कर हँसते हुए अरूनाभ ने जवाब दिया, "क्या कह रहीं हैं आप? मैनेजर? मैंने तो वैसा कुछ भी नहीं चाहा। मैनेजर तो वेतनधारी होता है न? मुझे रुपये पैसे कुछ भी नहीं चाहिए। यह तो हमारा पारिवारिक मामला है। इसकी कोई क्षति मैं नहीं चाहता। और फिर तुम क्यों मेहनत करोगी। वह मैनेजर मुझे रिपोर्ट करेगा। तुम इन मैनेजर लोगों को नहीं जानती, जरा सा ध्यान के हटते ही तुम्हारा सब साफ़ कर देगें। मैं रहा तो......."

शकुंतला ने कहा, "घर बैठे-बैठे मेरे जोड़ो में दर्द होने लगा है। ऑफ़िस में आती हूँ तो मुझे अच्छा लगता है। तुम्हे लग रहा है औरत जान कर वह मुझे ठग लेगा? पर आजकल औरतें पहले जैसी छुई - मुई नहीं रहीं। आजकल कार्पोरेट हाउस के सी. ई. ओ. का पद सँभाल रही हैं, कॉमार्सियल प्लेन चला रहीं है। जो भी हो तुमने जो मदद करने वाली बात कही वही काफ़ी है। अगर मुझे ज़रूरत हुई तो जरूर तुम्हें ख़बर करूँगीं।"

तरह-तरह की मिठाइयों से सजी एक बड़े से चाँदी के प्लेट को लाकर एक परिचारिका रख गई। साथ में एक ग्लास बेल का शर्बत। फ्रास्टेड काँच का ग्लास एक टुकड़ा झालर से ढंका था।

कुछ समय तक उस ओर देखता रहा अरूणाभ। बेल का शर्बत? उसके ह्विस्की पीने का वक्त है अभी। मिठाई की उसे मनाही है। उसके खून में शुगर की मात्रा भी अधिक है। फिर भी एक तालशास के संदेश (बंगाल की एक विशिष्ट मिठाई) को खाकर बोला, "भाभी तुम तो कह रही थी कि तुम मुझे किसी कारणवश ख़बर करने वाली थी.....।"

शकुंतला ने भोलेपन से कहा, "हाँ हाँ। हमारे स्टेट सलिसिटर सी. ऐन बसॉक को तुम जानते ही हो। पिछले सप्ताह ही उन्होंने मुझे कहा, कि तुम्हारे बाबा और तुम्हारे दोनों भाइयों को हर माह जो भागीदारी का हिस्सा दिया जाता रहा उसके टर्म को ख़त्म हुए बहुत दिन हो गए हैं। अब और देने की ज़रूरत नहीं है।"

एक शिकारी की तरह अपने शरीर को तानते हुए कहा, "उसका मतलब ?"

शकुंतला ने कहा, "वही तो कह रहीं हूँ। उसका मतलब तो मुझे भी कुछ ठीक से समझ में नहीं आया। इसीलिए तो तुम्हें बुलाकर तुमसे परामर्श करने की सोच रही थी।"

अरुनाभर ने कहा, "बसॉक काका बहुत बूढ़े हो गए है। शायद दिमाग़ भी ख़राब हो गया है उनका। इस ज़मीदारी एस्टेट (भू-संपत्ति) में हमारी भागीदारी बंदोबस्त पुरखों से चली आ रही है। वह अचानक ख़ारिज कैसे हो सकता है? ऑबसार्ड।"

शकुंतला ने जवाब दिया, "दलील के कागज़ो से पता चला है कि ज़मीदारी एस्टेट जैसा अब कुछ रहा ही नहीं। नाइनटिन सिक्सटी वन में इस एस्टेट का इतना कर्ज़ जमा हो गया था कि हाईकोर्ट से उस कर्ज़ को चुकाने के लिए कुछ समय देने के साथ-साथ उन सब संपत्तियों की नीलमी का ऑडर भी दे दिया। और तब उन सभी कर्ज़ो को चुकाने के लिए तुम लोगों ने कोई मदद नहीं की।"

गुस्से में अरूनाभ ने कहा, "तभी हम लोगों ने हिसाब माँग था कि इतना कर्ज़ कहाँ से आया।"

शकुंतला ने कहा, "उन सब के लिए वक्त तो था ही नहीं। तब तुम्हारे रागांदा के पास जितना भी था उसे देकर। तुम्हें याद है उनके पास महँगा क्रिस्टल का सैटॅ था? सब बेच दिया। प्लस मेरे कुछ गहने ,साथ ही मेरे पिताजी से कुछ कर्ज़ लेकर नीलामी में पूरी जमीदारी को मेरे नाम से ख़रीद लिया। अर्थात स्टेट जैसा अब कुछ रहा ही नहीं। इतना सब कुछ के बारे में तो मुझे भी कुछ पता नहीं था। तुम लोगों को मासिक भत्ता तो लगातार दिया जा रहा था। सलिसिटर का कहना है कि जब तुम्हारे दादा ही नहीं रहे तब तो फिर भागेदारी मासिक भत्ता देने का कोई सवाल ही नहीं उठता।"

अरूनाभ ने चिढ़कर कहा, "फॅनी वेरी फॅनी। ज़मीदारी एस्टेट समाप्त हो गया और हमें कुछ पता भी नहीं लगा। हम मूर्ख है क्या ? भाभी तुम उस सॉलिसिटर की बातों को इतना महत्व मत दो। जितनी भी दलील के कागज़ात है उनको मैं एक बार परख लूँ। अगर अभी तुम पेमेंट बंद कर दोगी तो बाद में सूद के साथ बहुत ज्यादा चूकाना पड़ेगा। बहुत ज़्यादा पैसे लगेंगे।"

अब शकुंतला ने चरम अस्त्र का प्रयोग किया। उन्होने कहा, "सॉलिसिटर ने कहा है, जरूरत से अधिक समय तक तुम लोगों को पेमेंट किया गया है। जिसकी कोई आवश्यकता नहीं थी। अब तुम लोगों से सूद समेत उन सब पैसों को वापस लेने के लिए नोटिस देना पड़ेगा। पर मेरी इसमें सहमती नहीं है। मैने कहा है कि दिए गए पैसों को वापस लेने के लिए ज़बरदस्ती करने की कोई ज़रूरत नहीं है। वो सब तो मेरे पति ने जान बूझकर ही उनको दिए हैं। चलो उन पैसों को हमने माफ़ कर दिया। तुम लोगों को कुछ भी वापस नहीं करना पड़ेगा।"

अरूनाभ को लगा जैसे जीवन में वह पहली बार इस तरह की बातें सुन रहा हो।

इसके बाद मामला-मुकदमों को दौर शुरू हुआ।

शकुंतला के पिता बैरिस्टर थे। घर में बचपन से ही उसने अपराधी-दोषियों का जमघट देखा है। पिता से अक्सर मामला-मुकदमे की कहानियाँ सुनती रही। वकील-बैरिस्टर की कार्य प्रणाली से भी वह भली भाँति परिचित थी। इसलिए ऐन वक्त पर वह विचलित भी नहीं हुई।

अपने बेटे तथा बेटी पर उसने ध्यान देना शुरू कर दिया। उनको इन सब मामले से कोसों दूर रखा। उनकी पढ़ाई -लिखाई की ओर विशेष ध्यान रखने लगी। इसमें कोई ख़लल न पड़े इसका भी ध्यान रखती। शाम होते ही दोनों बच्चे घर के अंदर होते। उनके पढ़ाई करने के वक्त पर भी वह उनके साथ होती। ऐशो आराम से दूर रखकर दोनों बच्चों को संघर्ष करना सिखाया। गाड़ी के होते हुए भी बेटी स्कूल-बस से स्कूल जाती और बेटा कॉलेज जाने के लिए पब्लिक बस की राह तकता।

घर के ख़र्च में भी बहुत कटाई-छटाई की शकुंतला ने।

मकान का कुछ हिस्सा टूटकर गिर रहा था उसकी मरम्मत न करवाकर उसे एकदम से तुड़वा दिया। उस ख़ाली जगह को लीज़ में एक बैंक को दे दिया। उसी पैसे से दूसरे हिस्से की मरम्मत करवाकर उसका आधुनिकीकरण करवा दिया।

इस प्रकार के प्रतिष्ठित परिवारों के मकानों में कुछ रिश्तेदार पीढ़ियों से आश्रित के रूप में रहतें हैं। शकुंतला ने उनमें से किसी को भी मकान छोड़कर जाने के लिए नहीं कहा। केवल सक्षम और समर्थ लोगों पर कुछ जिम्मेदारियाँ सौंप दी।

शकुंतला के पिता जमीनदार नहीं थे परंतु एक प्रतिष्ठित बैरिस्टर होने के कारण कलकत्ते के ऊँचे तबक़े के लोगों में उनका एक विशेष स्थान था। उसी कारण शकुंतला भी बहुत लोगों से परिचित थी। पुलिस कमिश्नर को वह तपूकाका कहती। मेयर को वह संतोष भैया पुकारती और कॉंग्रेस के अतुल्य घोष उसे बेटी की तरह

स्नेह करते। फिर उसके एक ममेरे भैय्या नकशाल पार्टी के बड़े नेता हैं। अतः असहाय विधवा जानकर किसी ने उसे परेशान करने का साहस नहीं किया। यह कहने की जरूरत नहीं कि उसे भी किसी से मदद माँगने की जरूरत नहीं पड़ी।

आठ साल तक अरूनाभ के साथ मामला चला। अभी तक चल रहा था। हाईकोर्ट में हारने के बाद उसने सुप्रीम कोर्ट में अपील किया।

अब तक अमरेन्द्र ने भी चार्टर्ड अकाउन्टेसी पास कर लिया था। स्वभाव से अति भद्र और विनीत होने के साथ माँ की तरह ही बहुत दृढ़ मनोबल का अधिकारी था। व्यवसाय के अधिकाशं हिस्से का देखभाल वहीं करता था।

पढ़ाई-लिखाई में बेटी कमलिका उससे भी बढ़कर निकली। अमेरिका के डिउक विश्वविद्यालय में उसका चुनाव हुआ और इसी वर्ष वहाँ पढ़ने भी चली गई। अपनी मेहनत से उसने स्कॉलरशिप की व्यवस्था भी कर ली।

साधारणतः इस प्रकार के पारिवारिक कहानियाँ दुख दर्द, झगड़ा, विच्छेद की घटनाओं से अटीं पड़ी होती हैं परंतु घोषाल परिवार इस मामले में एकदम अलग था। यहाँ तो चारो ओर से सफलता की कहानियाँ ही सुनने को मिल रही थी।

परिवार के मुखिये के न रहने पर कहीं कोई अड़चन नहीं आई। और ऐसे कई परिवार इस ताक में रहने लगे कि देखें शकुंतला की दौड़ कहाँ तक और कब तक है। क्या वह कभी भी पछाड़ नहीं खाएगी ?

नहीं, वैसा कुछ नहीं हुआ।

आर्थिक रूप से पूर्ण समृद्ध थी वह। माँ तथा दोनों बच्चों का संबंध अटूट था। उन पर आश्रित लोगों ने भी उनकी कोई बदनामी नहीं फैलाई। केवल अरूनाभ और उसके भाइयों का मासिक भत्ता बंद करके उनसे दुश्मनी मोल ले ली थी शकुंतला ने, परंतु कभी भी दुर्बलता का प्रदर्शन नहीं किया। और हक़दार नहीं हैं जानकर भी काकाजी के मासिक भत्ते को बंद नहीं किया। प्रत्येक नव वर्ष के दिन और बिजया दशमी के दिन उनको प्रमाण करके उनका आशीष लेती रही। काकाजी भी उसके प्रति सदा सदय रहे।

एक दिन खाने के टेबल पर मृदु स्वर में चेहरे को झुकाकर अमरेन्द्र ने कहा, "माँ तुमसे एक बात कहना चाहता हूँ। नाराज तो नहीं होगी न ? एक लड़की है उससे मेरी बहुत अच्छी दोस्ती है। उसके घर में कुछ अड़चने आ गई है पर मैं उससे शादी करना चाहता हूँ।"

शकुंतला बेटे के चेहरे को एकटक ताकती रही। बेटा भी चुप हो गया।

थोड़ी देर के बाद शकुंतला ने पूँछा, "कौन है वह लड़की ? क्या मैंने उसे कभी

देखा है ?''

अमरेन्द्र ने जवाब दिया ,''हाँ आपने देखा है। मतलब इस वर्ष होली के दिन जितने लोगों को दावत दी गयी थी उन लोगों में मेरे कुछ मित्र थे जिसमें तीन लड़कियाँ भी थी। उनमें से एक वह भी थी। तुमने शायद ध्यान नहीं दिया।''

''तूने मुझसे उसका परिचय क्यों नहीं कराया ?''

''उस दिन बहुत लोग थे, और तुम भी व्यस्त थी।''

''तुम लोगों की कितने दिनों की दोस्ती है ?''

''कम से कम दो साल की। मेरे दोस्त अरूप को तो तुम जानती हो उसकी मौसेरी बहन है। अरूप के घर में ही हम पहली बार मिले। यादवपूर यूनिवर्सिटी की छात्रा है। हिस्ट्री में एम.ए. कर रही है। इसी वर्ष उसने परीक्षा भी दी है।''

फैली हुई उस चुप्पी को तोड़ते हुए शकुंतला ने पूँछा, ''तुझे पहले ही मेरे नाराज़ होने की बात क्यों सूझी ? मेरे नाराज़ होने पर या आपत्ति करने पर भी क्या तू उसी लड़की से शादी करेगा ?''

अपनी माँ के चेहरे को एकटक तकते हुए स्पष्ट शब्दों में अमरेन्द्र ने कहा, ''नहीं। तुम्हारे मना करने पर उससे शादी तो नहीं करूँगा परंतु फिर किसी और लड़की से भी शादी नहीं कर सकूँगा।''

अमरेन्द्र जैसे योग्य लड़के के लिए चारों तरफ़ से लड़कियों के विवाह के प्रस्ताव आने शुरू हो गए थे। अमरेन्द्र को पता था कि शकुंतला की उन लोगों से उसके बारे में बात चित भी हो रही है।

शकुंतला ने फिर पूछा ,'' मेरी आपत्ति करने पर क्या तू उससे मेल-जोल बंद कर देगा ?'' इस बार अमरेन्दर ने कोई जवाब नहीं दिया। उसकी चुप्पी से ही उसके मन की बातें स्पष्ट हो गई।

''हमारे जैसे परिवार में बेटे तथा बेटियों का वैवाहिक संबंध अबतक माता-पिता ही करते आएँ हैं। लड़के-लड़कियों के विचारों को कभी भी अहमियत नहीं दी गई। तूने कैसे सोच लिया की मैं आज भी उन पुराने विचारो में जकड़ी हुई हूँ ? तू किससे शादी करेगा, अपना जीनव किसके साथ बिताएगा, इसका निर्णय तो तुझे ही लेना है न। अगर मेरे साथ उसके संबंध अच्छे नहीं बने तो कोई बात नहीं। मैं तुम लोगों से थोड़ी अलग-थलग रहूँगी।''

''नहीं, माँ। ऐसा कुछ नहीं होगा। अगर तुम्हारे साथ उसने कुछ गड़बड़ की तो उसे ही झुकना पड़ेगा। मैं कहे देता हूँ।'' अमरेन्द्र ने ज़ोर देकर कहा।

हँसते हुए शकुंतला ने कहा, ''इंसान के जीवन का कोई भरोसा नहीं है। यह

कब किस ओर बह जाए इसका पहले से कुछ भी पता नहीं चलता है। तेरे पिता के जीवित रहते मेरा कोई दायित्व नहीं था। आरम से घूमती-फिरती रहती थी। तब क्या मुझे पता था कि इतने सारे पुरुषों के साथ समान रूप से टक्कर लेकर मुझे काम करना पड़ेगा। लड़की का नाम क्या है ?"

....."हैमंती नाम है उसका। अलग जाती की है। उसका उपनाम वसूचौधरी है।"

....."अमेरिका में रहते हुए यदि खूकी ने किसी साहब से विवाह कर लिया तो क्या हम उसे रोक सकेंगे? या फिर उस साहब को पूँछने जाएंगे कि वह किस जात का है ? आजकल तो बहुत से लड़के-लड़कियाँ शादी किए बग़ैर ही एक साथ रहते हैं। लिविंग टूगेदर। उसमें भी मुझे कोई ख़राबी नज़र नहीं आती। तू तो कह रहा था कि लड़की के घर में कुछ अड़चनें आ गई है, कैसी अड़चन ?"

"बड़े लंबे समय से हैमंती की छोटी बहन अंजना का प्रदीप नामक एक लड़के के साथ प्रेम संबंध है। अब सिंगापुर में प्रदीप को एक अच्छी नौकरी मिल गई है। शादी करके वह अंजना को अपने साथ सिंगापुर ले जाना चाहता है। दोनों एक दूसरे से अलग अब रहना भी नहीं चाहते। परंतु उनके परिवार का नियम है कि बड़ी बहन की शादी होने पर ही छोटी की शादी संभव है। इसीलिए अब शादी के लिए सब हैमंती पर जोर दे रहे हैं।"

"तू कल ही जाकर हैमंती को यहाँ लेकर आ। मैं उससे कुछ बात करना चाहती हूँ।"

इसके बाद लगातार डेढ़ महीने तक हर रोज़ हैमंती को अपने घर बुलाने लगी। शकुंतला के व्यवहार से हैमंती का बर्ताव काफ़ी सहज सरल हो गया। वह उनसे काफ़ी घुलमिल गई। फिर तो दोनों में तरह- तरह की बातें होने लगी। दो बहनों की तरह। साथ मिल कर मार्केट जाते। नाटक देखने जाते। हैमंती की रुची, बुद्धि, ख़ान -पान, पसंद-नापसंद, सभी को बड़े नज़दीक से देखा शकुंतला ने।

फिर एक दिन ख़ाने के टेबल पर शकुंतला ने बेटे से कहा, "अगले महीने में शादी के लिए केवल तीन ही शुभ दिन है। अब तुझे ही तय करना है कि कौन सा दिन तेरे लिए सही होगा। मैं विधिवत सारे नियमों के साथ विवाह का पूरा आयोजन करना चाहती हूँ।"

अब पहली जैसी ज़मीदारी नहीं रही। फिर भी ज़मीदारी के रहते जिस धूम-धाम से शादियाँ मनाई जाती थी उससे भी अधिक जाक-जमक की व्यवस्था की थी शकुंतला ने। दूर-दूर के नाते-रिश्तेदारों से लेकर सभी को न्योता दिया था उसने। शहर के कुछ विशिष्ट व्यक्तियों को भी निमंत्रित किया था। चारों तरफ़ यह बात फैल गई कि पद्मनाभ घोषाल अपने जीवितावस्था में जितनी धूम-धाम से अपने एकमात्र

पुत्र का विवाह रचाते उससे कुछ ज़्यादा तो कम नहीं किया है उनकी विधवा पत्नी ने।

अमरेन्द्र और हैमंती दोनों की जोड़ी भी बड़ी शानदार लग रही थी।

द्वितीय

एक साल सुख शांति से बीत जाने के बाद एक दिन शकुंतला ने बेटे से कहा, "बिज़नेस का देखा भाल तो अधिकांशतः अब तू ही कर रहा है। काम-काज को अच्छी तरह से समझने भी लगा है। अब मुझे इन सब से छुट्टी कर दे।"

" हाँ माँ, तुमने बहुत मेहनत की है। अब हर रोज़ तुम्हें ऑफ़िस जाने की कोई आवश्यकता नहीं। रिलेक्स कीजिए। परंतु तुम्हारी छत्र - छाया में ही मैं काम करुँगा। बिज़नेस के गाइड लाइन सब तुम ही तय करोगी।.......मेरे कॉलेज के दिनो में तो देखा है तुम्हें, तुम रात-रात भर जागकर काम करती थी। आधी रात को नींद से जागने पर तुम्हें सोने के लिए बुलाकर लाता था।"

"उस वक्त तो काम करने का एक नशा सा चढ़ गया था। अब तो सब कुछ एक शेप में आ गया है। इतनी मेहनत करने की अब और कोई ज़रूरत नहीं है।"

"इसके साथ-साथ तुम मुकदमेंवाली बात को भी चलाती रही....."

"मुकदमें को तो वकीलों ने चलाया था। और मैंने वकीलों को चलाया। बैरिस्टर की बैटी हूँ न, मुझे उसमें कोई परेशानी नहीं हुई।"

"परंतु अरुण काका मेरी शादी में आए थे। एक बड़ा सा उपहार भी लाए थे।"

"क्यों नहीं लाएँगें ? और तू भी जब कभी भी उनसे मिलेगा उनके चरण छूकर प्रणाम करेगा। शालीनता से पेश आएगा। सामने से कभी भी मुकदमे की बात नहीं करेगा। परंतु कोर्ट केश में कभी भी ढिलाई नहीं बरतेगा। और जो मैं अब कह रही हूँ उसे जरा ध्यान से सुनना , हमारे ऑफिस में निमाई पाल नामक एक सप्लायर आता है। वह अरुनाभ का जासूस है। मैनेजर बाबू को उस पर कड़ी नज़र रखने के लिए कहना। वह अंदर की सारी बातों को निकालने की कोशिश करेगा।"

"तुम दोनों हर वक्त काम की ही बातें करते हो। माँ चलिए न कुछ दिन के लिए हम लोग एकसाथ मिलकर कहीं घूम फिर आतें हैं।" हैमंती ने कहा।

"हाँ हाँ चलो न। घाटशिला में हमारा एक मकान तो ख़ाली ही पड़ा रहता है। बहुत दिन हो गए वहाँ पर गए हुए। अमू को अगर फुर्सत मिले तो...." शकुंतला ने जवाब दिया।

हैमंती ने कहा, "चलिए, चलिए वहीं चलते है। घाटशिला बहुत अच्छी जगह है। बरसात के महीने में वहाँ और भी अच्छा लगेगा।"

शादी के बाद अमरेन्द्र और हैमंती अपनी हनीमून के लिए सिंगापुर - हांगकांग - बैंगकाक गए थे। पंद्रह दिन का ट्रीप था पर घूम फिर कर बाईस दिन के बाद लौटे थे।

सब कुछ सँभालते - सँभालते शकुंतला को नौ वर्ष लग गए। अपने काम को लेकर वह इतनी व्यस्त रही कि एक दिन के लिए भी कहीं निकल नहीं पाई। पर एक समय हुआ करता था जब अपने पति के साथ न जाने कितनी जगहों पर वह घूमने फिरने जाती रही।

हैमंती को घूमना फिरना बहुत अच्छा लगता है। बचपन में न जाने कितनी जगह घूमी फिरी। उन्हीं सब जगहों की कहानियों को सुनाने बैठी। घोषाल लोगों का तो घाटशिला में अपना मकान है वहाँ तो कभी कभार घूमने ज़ाया ही जा सकता है न। हैमंती ने जब सासुमाँ को लेकर घूमने जाने के बात कही तो शकुंतला को यह सुनकर बहुत अच्छा लगा।

घाटशीला वाले मकान के एक हिस्से में अमरेन्द्र की दूर के रिश्ते की एक बुआ अपने बच्चों के साथ रहतीं हैं। और दूसरे हिस्से पर ताला लगा होता है। इसीलिए मकान का वह हिस्सा जबरदखल होने से बचा रहा।

उस मकान की साफ़ सफ़ाई करके रहने के योग्य बनाने के लिए एक कर्मचारी को घाटशीला भेजा गया।

हैमंती को सिनेमा देखना बहुत अच्छा लगता है। परंतु अमरेन्द्र केवल अच्छी फ़िल्म देखना ही पसंद करते है। परंतु बंग्ला में इतनी अच्छी फ़िल्में कहाँ आती हैं ? सत्यजित, मृणानाल सेन, रित्विक घटल, द्वारा बनी फ़िल्मों के लिए साल भर तक चातक की तरह बैठे रहना पड़ता है।

आजकल एक सिनेमा की कहानी और गीत काफ़ी चर्चा में है। परंतु उसका परीचालक इतना प्रसिद्ध नहीं है। सिनेमा के दो टिकट कटवाकर शकुंतला को ज़बरदस्ती ले गई हैमंती। चित्र सिरियस था परंतु अंत वियोगांत था। दोनों हँस-हँस कर लोट-पोट हो रही थी। एक आवेग भरे गीत से चित्र का समापन हुआ। दर्शकों ने अतिंम दृश्य में काफी आँसू बहाए। परंतु शकुंतला और हैमंती को हँसी आ रही थी। अधिकांश संलाप आवेग से भरे थे , अत्यंत सेंटीमेंटल थे। ये दोनों रमणी उच्च शिक्षित होने के कारण उनकी रुची दूसरों से भिन्न थी।

सास और बहु के मन मुटाव की कहानी थी। फिर झगड़ा और आख़िर में आत्मत्याग। अंततः सासुमाँ ने आत्महत्या कर ली पर दर्शकों का दिल उन्हीं ने जीत लिया।

दोपहर के शो के बाद घर लौटकर चाय पीते हुए शकुंतला ने हैमंती से कहा, "क्यों रे हैमंती तेरे साथ मेरा झगड़ा कब से शुरू हो रहा है बताना जरा ?

“वहीं तो मैं सोच रही थी। मुझे तो दूर-दूर तक उसके तो कोई आसार ही नज़र नहीं आ रहें है।” हैमंती ने हँसते हुए जवाब दिया।

शकुंतला ने कहा, “शुरुआत कैसे हुई ? रात को चावल खाना है या रोटी। तरकारी बहुत तीखी बनी है........”

हैमंती बोली, “बंगालियों में कुछ ग़लत धारणाएँ घर कर गई हैं। जैसे सौतेली माँ को ख़राब होना ही है। ननद और भाभी का रिश्ता कभी अच्छा हो ही नहीं सकता। और सास और बहु का झगड़ा होना तो ज़रूरी है। परंतु मुझे पता है......

“सभी बातें औरतों को लेकर ही हैं। यह पुरुष प्रधान समाज एक औरत के साथ दूसरे को भिड़ा देना चाहता है। औरतें तो मिल जुलकर रह ही नहीं सकती। केवल पुरुषों को ही मिलजुल कर रहना आता है।” शकुंतला ने कहा।

हैमंती ने कहा, “औरतें तो फिर भी घर के अंदर झगड़तीं हैं परंतु पुरुष तो सारी दुनिया को रौंदता फिरता है। लड़ाई - दंगा - फ़साद फैलाकर न जाने कितने लोगों को नाश करता है।”

कप में थोड़ी चाय उड़ेलते हुए शकुंतला ने कहा, “इस तरह से अगर कहना हो तो कहने को बहुत सारी बातें हैं। इस सिनेमा में सास - बहु का जो झगड़ा दिखाया गया है और उसमें जो बात कहीं गई है उसे तो बहुत लोगों ने समझा ही नहीं। द्वंद की शुरुआत क्यों होती है? जन्म के बाद से माँ अपनी संतान का लालन-पालन करती हैं। संतान के लिए कितनी दुश्चिंता करती है। उसके बीमार पड़ते ही वह घबरा जाती है। वह चाहती है उसके संतान को उसकी उम्र भी लग जाए......

यह तो प्रकृति का नियम है। मॉदरली इंस्टींक्ट। माँ अपने बच्चों से प्यार करती है। बच्चों से प्यार उसे करना ही पड़ेगा। इसके सिवाय उसके पास कोई चारा नहीं हैं। प्राकृतिक रूप से यह उसके ख़ून में घुलमिल गया है।

हाँ, यह भी सही है कि अधिकांश माँए इस बात से बेख़बर होती है। धीरे - धीरे लड़का बड़ा होता है और माँ भी लड़के को लेकर अनगिनत सपने सजाने लगती है। फिर लड़के के जीवन में एक लड़की आती है। लड़के की शादी होती हैं। अब लड़का धीरे-धीरे माँ से दूर होता जाता है। इसमें भी प्रकृति का अहम् हिस्सा है। परंतु बेटे के जीवन में बाहर की एक लड़की का समावेश होना और उसका उसके जीवन का अहम् हिस्सा बन जाना इसे कुछ माँ सहन नहीं कर पाती हैं। बचपन में लड़का अपने माँ के साथ सोता है। फिर वही लड़का एक दूसरी लड़की के साथ सोता है इसी बात को अगर स्वाभाविक रूप से ग्रहण किया जाय तो जीवन में कोई समस्या

ही नहीं खड़ी होगी। ऐसे में अगर माँ बेटे को अपने से चिपकाकर रखेगी तो समस्याएँ तो उभरेगीं ही।''

''....... माँ इस बात पर तुमने कभी विचार किया है कि एक माँ के लिये लड़का और लड़की दोनों का ही महत्व समान होना चाहिये। पर ऐसा क्यों नही होता है? लड़के की शादी के बाद भी माँ उसे जोड़े रखना चाहती है। पर लड़की की शादी के बाद जब वह दूसरे के घर में चली जाती है तो माँ को उतना दुख या क्षोभ नहीं होता है। ऐसा क्यों होता है? लड़की भी तो माँ से दूर जा रही है। किसी दूसरे पुरुष के साथ हमबिस्तर हो रही है।''

''.......लड़के और लड़की में थोड़ा फ़र्क़ तो होता है। लड़के के साथ प्रकृति काफी भेदभाव बरतती है। लड़का ही तो जीवन प्रदान करता है न शायद इसलिये।''

''......यह आपने सही नहीं कहा माँ। औरत के बिना पुरुष नया जन्म कैसे देगा? पुराने जमाने से ही लोग सोचते थे कि जन्म देने में औरत केवल आधार मात्र का ही काम करती है। प्राणों की श्रृष्टि तो पुरुष ही करता है। परंतु आज हम जानते हैं कि प्राण श्रृष्टि, एक्स और वाई क्रमोजन के मिलने का खेल है। इसमें पुरुष और नारी की समान भूमिका है।

''हाँ-हाँ एकदम सही कहा है तूने। इन सब मामले में लड़का और लड़की दोनो ही समान है। पर औरतों के लिये कुछ संस्कार तो हैं ही। जैसे हम बचपन से ही जानते है कि शादी के बाद लड़कियों को माँ का घर छोड़कर दूसरे घर में जाना ही पड़ता है। लड़कियों का उपनाम बदल जाता है। और लड़का बाहर से लड़की लायेगा और माता पिता के साथ रहकर वंश की रक्षा करेगा।

ये जो वंश की रक्षा करने वाली बात है न यही एकदम ग़लत है। जब तक विज्ञान ने हमें सही बात की जानकारी नहीं दी थी तब तक प्रत्येक समाज में यही मूल धारणा व्याप्त थी। अब ये ग़लत धारणा ख़त्म होनी चाहिए। लड़कियाँ भी वंश की रक्षा कर सकती हैं।

शादी के बाद लड़के माता-पिता के साथ रहते हैं। एक साथ रहने पर भी धीरे - धीरे उन लोगों में दूरियाँ पनपने लगती है। पिता के साथ बहु का तर्क और माँ के साथ बहु का मन मुटाव शुरू हो जाता है। माँ और बहु की रुची में तो फ़र्क़ हो ही सकता हैं। खिड़की के पर्दो का रगं कैसा होगा? एक दिन इस घर संसार की सर्वेसर्वा माँ थी उसने ही पर्दों के रंग का चुनाव किया था। आज बहु सब कुछ अपने मन का करना चाहती हैं। घर की चाबी को अपने आँचल में बाँधना चाहती है। पर्दे का रंग का निर्णय करते हुए वह अपने अधिकार बोध का प्रदर्शन करती है। यदि

लड़के की नौकरी विलायत अमेरिका में लगती है और वह बहु को अपने साथ लेकर चला जाता है। फिर साल भर में केवल कुछ दिनों के लिए ही उनकी मुलाक़ात होती है तो फिर उनमें संबंधों की मधुरता क़ायम रहती हैं

विलायत अमेरिका ही क्यों आजकल तो लोग नौकरी लेकर बैंगलूर या मुम्बई भी चले जाते हैं।

तू देख लेना उन सब परिवारों में सास बहु का कोई झगड़ा नहीं हैं। पर्दे के रंग को लेकर भी कोई मत भेद नहीं होता। मूल कारण दूरी है। इसलिए मैं भी सोचती हूँ कि कहीं दूर जाकर रहूँ।''

आग्रह के साथ हैमंती ने पूँछा, ''ऐसा है क्या ? कब से ऐसा सोच रही हैं ?

''सोचती हूँ कभी-कभी।'' शकुंतला ने जवाब दिया।

हैमंती ने चेहरे को झुकाकर पूँछा, ''कहाँ जाकर रहने का निश्चय किया है ?''

''......उसके बारे में बाद में सोचेंगे।''

'' आहा, आप मनचाहा करेंगी क्यों ? दूसरी जगह जाकर रहेंगी। इससे पहले जो आपके विचार थे वह जनरलाईजेशन था अर्थात अधिकांश क्षेत्र में ऐसा होता है। परंतु हर क्षेत्र में ऐसा नहीं होता। आपने-अपने हाथों से अपने बेटे का निर्माण किया है। आपने क्या सोचा वह आपको अपने से अलग दूसरे जगह में रहने देगा भला ?''

''कुछ दिन शायद तकलीफ़ होगी।''

''एकदम नहीं। मान लीजिए आपके साथ मेरा मनमुटाव हुआ। तब क्या आपका बेटा अपनी पत्नी का पक्ष लेगा ? असंभव। दरअसल कोई भी सभ्य, भद्र पुरुष ऐसा कर नहीं सकता है। बल्कि अपनी पत्नी को ही समझाता है। और आपके साथ तो मेरे मन मुटाव का तो कोई सवाल नहीं उठता।

अगर मुझसे कोई गलती हो तो मुझे डाँट देना बस। और कभी भी अगर आप किसी बात पर अड़ गई , मैं जानती हूँ आप ऐसा नहीं करोगी परंतु फिर भी अगर कभी ऐसा हुआ भी तो, मैं आपसे कहूँगी माँ मैं आपसे यह माँग रही हूँ आप मुझे नहीं दोगी ? तब तो आपको देना ही पड़ेगा। फिर भी आप राज़ी नहीं हुई तो आपके दोनों पैर को जकड़कर लेट जाऊँगी। छोडूगीं ही नहीं। तब आप क्या करेंगी ?''

''..... क्या सब पागलपन की बातें हैं। मन मुटाव तो हो ही सकता है। यही तो सब फ़साद की जड़ है।''

''.....आपके साथ ग़लत फहमी की कोई गुंजाईस ही नहीं हैं। आपका अपना बैंक अकाउंट है। आप अपने बेटे पर निर्भरशील नहीं हैं। अपना हिस्सा तो अलग बनवा ही लिया है आपने, इसलिए पर्दे के रंग को लेकर झमेला होने का प्रश्न ही

नहीं उठता है। खाना-पकाने के लिए के इतने सारे लोग हैं कि अगर अपनी रुचि के अनुसार कुछ अलग बनवाना हो तो बनवाया ही जा सकता है। अब मुझे तीखा खाना अच्छा लगता है। इसलिए आपके और आपके बेटे के लिए जो तरकारी बनती है उसमें से ही अलग से निकालकर थोड़ा मिर्च मिला दिया जाता है। फिर? मिल्कियत को लेकर मैं कभी हस्तक्षेप नहीं करूँगी। और आपने तो सब भार अपने बेटे को सौंप दिया है इसलिए इसे लेकर भी कोई गड़बड़ी नहीं होगी।"

"......फिर भी।"

"....सुनो तो जरा , मेरी तो माँ नहीं है। मैंने आपको ही अपना माँ मान लिया है। आपको छोड़कर रहना मेरे लिए संभव नहीं है। सास और बहु दोनों एक साथ रह ही नहीं सकती उनमें मन मुटाव का होना निश्चित है , इस धारणा को मैं ग़लत साबित करना चाहती हूँ। हम दोनों में कभी झगड़ा होगा ही नहीं। यह मेरा चैलेंज है। समझ में आया शकुंतला देवी ?"

इसी तरह एक साल और बीत गए। परिवार में शांति का वातावरण बना रहा। कहीं कोई अशांति नहीं। हैमंती का बर्ताव भी घर की बहु जैसा नहीं था। परिवार की एक बेटी जैसा ही उसका आचरण था। अक्सर शकुंतला से तरह-तरह के आह्लादक माँग करती। और उसके ज़िद के कारण ही शकुंतला को सफ़ेद छोड़कर रंगीन साड़ी पहनना पड़ा।

घर में कभी कभार अमरेन्द्र और हैमंती अपने दोस्तों को बुलाकर पार्टी करते। वहाँ नाच-गाने के साथ-साथ शरब का भी दौर चलता। शकुंतला इसमें कभी आपत्ति नहीं करती। यह सब इस युग का कलचर है। इसमें आपत्ति करना बुद्धिहीनता का परिचय देता है।

जहाँ तक हो सके ऐन वक्त पर शकुंतला इस तरफ आती ही नहीं। हैंमती ही कभी कभी उनको खींच खांचकर ले आती और अपने दोस्तों से परिचय करा देती। सभी को संबोधित करते हुए कहती, किसी को भी सिगरेट या ग्लास छिपाने की ज़रूरत नहीं है। माँ कोई बुरा नहीं मानती हैं।

तब होठों ही होठों में मुस्कुराते हुए शकुंतला अपनी सहमती जताती।

पचास वर्ष की होने पर भी उसके सौंदर्य को फीकापन छू तक नहीं गया था। हैमंती और वह दोनों आस-पास खड़ी होने पर आज भी दो बहनों जैसी ही लगती हैं।

अब तक परिवार में कोई टूटन के न होते देखकर शत्रु पक्ष के लोगों में ईर्षा बढ़ने लगी थी।

एक बार फिर सब मिलकर घाटशीला घूमने गए।

साढ़े चार बीधा ज़मीदारों के जमाने का बनाया हुआ घर। मकान के दोनों तरफ़

फल और फूलों से लदा बग़ीचा था। उस जमाने में शायद बीस-पचास लोग अपने परिवार के साथ यहाँ आते थे इसलिए इतने बड़े घर की जरूरत महसूस हुई होगी। उस समय तो बड़े बाबा, चाचा, माँ, मौसी, बुआ सभी एक ही परिवार के सदस्य होते थे।

दो महला घर। पद्मनाभ के जीवित रहते वक्त कम से कम साल में एक बार शकुंतला अपने पति के साथ यहाँ आती थी। इतने वर्षों में फिर एक बार भी यहाँ आना नहीं हुआ। ग्रेजुएशन के बाद केवल एक बार कुछ दोस्तों को लेकर अमरेन्द्र यहाँ आए थे।

देखभाल के अभाव के कारण बग़ीचा अब पहले जैसी स्थिति में नहीं रहा। कमपाउंड के अंदर केवल दो चार बड़े-बड़े पेड़ खड़े थे। इयूकॉलिप्टस् के पेड़ सब इतने लंबे हो गए थे कि लगता था जैसे अभी आसमान को छू लेंगे।

सूवर्णरिखा नदी घर की सीमा को छूती हुई बहती है।

जब पद्नाभ जीवित थे तब अचानक उनकी एक ममेरी बहन के विधवा होने के कारण बड़ी मुश्किल में पड़ गई थी। उसके ससुराल वालों ने उसके साथ बहुत बुरा बर्ताव किया। तब तीन बच्चों सहित उस बुआ को इस घाटशीला के मकान में भेज दिया गया। नियमित रूप से उनका मासिक भत्ता भेज दिया जाता था। साल में एक बार कुछ निश्चित रुपये घर और बग़ीचे की मरम्मत के लिए भी निर्धारित थे। उन सब पैसों का सद व्यवहार नहीं हुआ फिर भी वह परिवार आज अपने पैरों पर खड़ा है। बेटी, शादी के बाद जमशेदपुर में है। एक बेटा इंजीनियर है और दूसरा आज एक सफल व्यवसायी है। आज भी सूलेख बुआ जीवित हैं।

आजकल घाटशीला में लोगों की संख्या बहुत बढ़ गई है। एक जमाने का निर्जन स्वास्थ्य केंद्र आज आधे - शहर में परिणत हो गया है।

गाड़ी से उतरकर ऊपर के मंज़िल में जाकर अमरेन्द्र ने ज़ोर से साँस लेकर कहा, "आह, कितनी ताज़ी हवा है। मैं कहे दे रहा हूँ माँ यहाँ जितने दिन रहूँगा मैं कोई काम नहीं करने वाला। कलकत्ते के ऑफिस में बात करके कहुँगा यहाँ फ़ोन करके मुझे परेशान न करें। यहाँ पर मैं केवल सोऊँगा।"

हैमंती ने कहा, "ये कैसी बात हुई ? भला कोई सोकर जीवन के इस सुंदर समय को नष्ट करता है क्या? हम तो यहाँ पर ख़ूब घूमेंगे।"

"तुम लोगों को अच्छा लगता हो तो तुम लोग घूमो। मैं यहाँ आकर घूमने के वालों में से नहीं हूँ। मुझे तो केवल विश्राम करना है।" अमरेन्द्र ने कहा।

हैमंती ने कहा, "विश्राम का अर्थ केवल सोना नहीं है। विश्राम कैसा होता

हैं जानते हो ? तुम हर रोज़ जो काम करते हो उससे कुछ अलग करना। उससे ही रिलेक्सशेसन होता है। यहाँ तुम बग़ीचे में घूम फिर सकते हो। पेड़- पौधों को पानी पिला सकते हो। ज़मीन खोद सकते हो।''

''अरे बाप रे, मुझसे यह सब नहीं होगा।'' अमरेन्द्र ने कहा।

ऊपर के मंज़िल में एक चौड़ा बरामदा है। उसके एक तरफ़ बहुत सारे बेंत के चेयर रखें हैं। अभी तक इस तरफ इतने मकान नहीं बने है। सो यहाँ बैठने पर नजर दूर-दूर तक जाती है।

हैमंती ने शकुंतला को पूँछा, ''माँ आपने तो अपने बेटे को बहुत पढ़ाया लिखाया बस इसके सिवाय और कुछ नहीं सिखाया ? जैसे चित्र बनाना, गाना गाना. .....''

शकुंतला ने जवाब दिया, ''अमू को खेल का बहुत शौक़ था। एक साल वह कॉलेज के क्रिकेट टीम का कैप्टन भी बना था।''

थोड़े गर्व के साथ अमरेन्द्र ने कहा, ''एक बार तैराकी के कॉम्पिटीशन में मुझे एक मैडल मिला था। अगर चाहता तो मैं एक अच्छा स्पोर्टशमैन बन सकता था, समझी? व्यवसाय के काम में जुड़ जाना पड़ा नहीं तो.....।''

''कभी कभार तो टेनिस खेल ही सकते हो न।'' हैमंती ने कहा।

अचानक पुरानी यादों में डूबते हुए अमरेन्द्र ने कहा, ''माँ एक बार हम बाबा के साथ यहाँ आए थे। तब शायद मैं दस या ग्यारह वर्ष का था। आप तो थे ही, छोटे दादाजी और न जाने कितने लोग आए थे उस समय। एक दिन शाम को यहाँ बैठकर ना जाने हमने कितनी देर तक गप्पे मारी। बाबा मुझे एक कहानी सुना रहे थे। किसी दूर देश में समुद्र में मछली पकड़ने की कहानी।''

''हाँ, तुझे याद है ?'' शकुंतला ने कहा।

अमरेन्द्र ने कहा, ''कौन सी कहानी थी माँ ? एक बूढ़ा मछुआरा था और बहुत बड़ी एक मछली थी न।'' शकुंतला ने कहा, ''ऑरनेस्ट हेमिंगवे की 'द ओन्डमैन एंड द सी'। बहुत प्रसिद्ध पुस्तक है।''

अमरेन्द्र ने पूँछा, ''वह बूढ़ा आदमी उस मछली से बात कर रहा था। है न माँ? फिर अंत में क्या हुआ। मुझे अंत का कुछ याद नहीं आ रहा है। अंत में क्या हुआ था बताओ न माँ ?''

शकुंतला के कुछ कहने से पूर्व ही हैमंती ने कहा, ''नहीं, माँ कुछ नहीं बोलेंगी। तुम खुद ही पुस्तक को पढ़ लो न। जब तुम बहुत छोटे थे तभी बाबा से कहानी सुना करते थे। अब तो ख़ासे बड़े हो गए हो खुद ही पढ़ लो न। पुस्तक का असली रस

तो खुद पढ़कर ही उठाया जा सकता है। मैंने सही कहा न माँ ?" "हाँ, एकदम सही कहा तुमने। उसे इस पुस्तक को तुम्हीं लाकर देना।" शकुंतला ने कहा

इस बार हैमंती ने पूँछा, "माँ , आपने कभी अपने बेटे को कहानियाँ नहीं सुनाई ?"

अमरेन्द्र ने जवाब दिया, "जब स्कूल में मैं सिक्स-सेवन क्लास में पढ़ता था तब माँ रोज़ मुझे सुलाते वक्त कहानियाँ सुनाती थी। स्कूल के किताबों के सिवाय मुझे बाहर की और कोई पुस्तक पढ़ने की आदत नहीं थी।"

"माँ ने कौन-कौन सी कहानियाँ सुनाई थी क्या उसमें से एक भी तुम्हें याद है?"

"हाँ क्यों नहीं। सेलफिस जॉयन्ट की कहानी। वह जो बड़ा सा राक्षस था, अपने बाग़ीचे में किसी भी बच्चे को घुसने नहीं देता था। युलिसिस और रामायण की कहानियाँ। फिर सिंधबाद की जो कहानी थी न उसे तो मुझे बार-बार सुनने का मन होता था।"

"बड़े होने पर तुमने और कोई भी पुस्तक नहीं पढ़ी?"

"ज़रूरत होने पर पढ़ता हूँ। न जानी कितने जर्नल तो रोज़ पढ़ता हूँ।"

"कहानी की पुस्तक पढ़ने की आदत नहीं है न इसलिए वह अब और पढ़ नहीं पाएगा। हैमंती अब तुम्हीं उसे कहानियों की नई पुस्तकों को पढ़कर सुनाना।" शकुंतला ने कहा।

हैमंती ने जवाब दिया, "तुम देख लेना में कैसे उसे कहानियों की पुस्तकों को पढ़ने की आदत डाल देती हूँ। एक पुस्तक पकड़ाकर दो-तीन दिन के बाद उसके बारे में पूछूँगी। जैसे हम बच्चों के साथ करते हैं न। वैसे ही।

"अगर मैं रोज़-रोज़ फेल होऊँगा तो क्या तुम मुझे दंड दोगी?" अमरेन्द्र ने पूछा।

इस प्रकार से दिन बड़े अच्छे बीत रहे थे।

इसके बाद तो लौटना ही पड़ेगा। अमरेन्द्र ने ऑफ़िस में यह हिदायत दी थी कि उसे यहाँ फ़ोन न किया जाए इसलिए कुछ ज़रूरी वार्ता को लेकर ट्रेन से एक आदमी हाज़िर हो गया।

शकुंतला ने बहु से कहा, "तुम लोग जाओ। मैं यहाँ पर कुछ दिन और बिताकर जाना चाहती हूँ। वहाँ पर कुछ दिन से मेरा हाज़मा ठीक नहीं चल रहा था। यहाँ का पानी बहुत अच्छा है अब जाकर थोड़ी राहत मिली हैं। कुछ दिन रहूँ तो शायद और फ़र्क़ पड़ेगा। लगता है पूरा ठीक हो जाएगा। और सोचती हूँ बग़ीचे की भी यदि कोई व्यवस्था हो जाए। इतने बड़े बग़ीचे को रखकर भी क्या होगा? श्रीकुमार भी कह रहा था कि रेल लाइन के तरफ़ के हिस्से में रात के वक्त कुछ बदमाश लोग

छुपकर बैठे रहते हैं। इसलिए मुझे लगता है कि इसे बेच देना ही अच्छा होगा।"

"तुम अकेली रहोगी ?" अमरेन्द्र ने पूँछा।

" अरे, अकेली कैसे हुई मैं ? रतनलाल है न। कितना पुराना और विश्वासी आदमी है। इसके सिवाय चाची लोग भी पास में रहते हैं न। मुझे कोई तकलीफ नहीं होगी।"

हैमंती सासुमाँ की देख भाल के लिए ठहर जाना चाहती थी पर शकुंतला ने उसे ज़बरदस्ती भेज दिया।

दरअसल शकुंतला कुछ समय के लिए अकेले रहना चाहती थी। हाज़मे की ख़राबी तथा बग़ीचे वाली बात का तो केवल एक बहाना मात्र था।

कलकत्ते की सांसारिक ज़िम्मेदारी वह पूरी तरह से हैमंती को सौंप देना चाहती हैं। परंतु वह तैयार ही नहीं है। निर्मल हँसी हँसते हुए कहती है माँ के रहते बेटी घर बार सँभाल रही है ऐसा कभी सुना है ? तुम हर वक्त सासुमाँ की बोली मत बोलो। जैसे तुम अमर की माँ हो वैसी मेरी भी माँ हो। समझी तुम गृहस्थी के सारे काम की ज़िम्मेदारी तुम्हें ही सँभालना पड़ेगा।"

परंतु इस तरह कैसे चलेगा ? हैमंती को तो घर द्वार के काम को सँभलना सीखना ही पड़ेगा। शकुंतला तो चिरकाल नहीं रहेगी। हैमंती के कॉलेज के एक दो मित्रों के यहाँ आने पर भी उसके मैके से लोग यहाँ बहुत कम आतें थे। उसके पिता , दादा - भाभी, उनके बच्चे कोई नहीं आया। क्या किसी कारणवश उन लोगों को संकोच बोध होता है ?

हैमंती तो कहती है कि शकुंतला को सास की नज़र से नहीं देखती है वह उसे अपनी माँ मानती है। परंतु क्या माँ और बेटी में कभी कोई विवाद नहीं होता है ? संबंधों में तिक्तता नहीं आती ? लगातार कुछ दिनों से अख़बार में कलकत्ते के एक प्रतिष्ठित परिवार के माँ बेटी में विषय संपत्ति को लेकर मुकदमे के बारे में छप रहा है। माँ और बेटी के चरित्र को लेकर भी अनेक अपवाद दिए गए हैं।

उनके और हैमंती के संबंधों में अब तक तो कोई अनबन नहीं है। परंतु भविष्य में कब दरारें पड़नी शुरू हो जाए कहा नहीं जा सकता है। नदी की तरह। इनसानो के आपसी संबंधों में न जाने कब कहाँ दरारें पड़नी शुरू हो जाए यह पहले से समझा नहीं जा सकता है। इसलिए शकुंतला की धारणा है कि अभी से ही थोड़ी दूरी बनाए रखनी चाहिए। साल में अगर कुछ महीने शकुंतला घाटशीला में आकर रहतीं हैं तो बेटे और बहु अपनी तरह से जीवन बिता सकते हैं।

अपने बेटे और बेटी को सही तरीके से जीवन में स्थापित करने के लिए शकुंतला ने अपने जीवन में सुखभोग के लिए कभी नहीं सोचा। इस मामले में उनकी

सार्थकता स्पष्ट झलकती है। बेटी ने पढ़ाई-लिखाई में बहुत नाम कमाया है। बेटा भी अपने व्यवसाय के क्षेत्र में अच्छी तरह जम गया है। उनका भविष्य अब उनके हाथों में है शकुंतला अब और इसमें तनिक मात्र भी विघ्न डालना नहीं चाहती।

घाटशील में अकेले रहना भी सुखकर नहीं हुआ।

बूआ का बड़ा बेटा श्रीकुमार एक सफल व्यवसायी है। बहुत भद्र व्यक्ति है। परंतु एक भला इंसान नहीं है। अमरेन्द्र के चले-जाने बाद वह हर रोज शाम को आकर उसके पास बैठने लगा। जब अमरेन्द्र यहाँ पर था तब वह दो-एक बार आया था परंतु बहुत देर तक बैठा नहीं। अब आता है तो घंटे भर बैठे रहता है और उसकी धारण बन गई है कि शकुंतला के देख भाल का दायीत्व उसपर है।

उसकी पत्नी को मरे हुए तीन वर्ष हो गए। कामवालियों का कहना है कि एक आदिवासी औरत के साथ भी उसके संबंध हैं। हर रोज शराब पीता है और कभी-कभार पीकर मतवाला भी हो जाता है।

शकुंतला के साथ बातें करते वक्त तरह-तरह के आदिरसात्मक इंगित शुरू कर देता है। उसकी नजरे भी खराब होती हैं जिसका सही अर्थ केवल औरत ही समझ सकती है।

उसके बाद के कुछ दिन से शाम को शकुंतला अपने घर का दरवाजा बंद करके बैठने लगी। कामवालियों से खबर भिजवा दिया कि व्यस्तता के कारण मिलना संभव नहीं है।

लगातार तीन दिन तक श्रीकुमार आता रहा और उसके बाद भी उसने आना नहीं छोड़ा।

शकुंतला सुबह बाजार जाती हैं। अमरेन्द्र ने जाकर गाड़ी वापस भेज दी है इसलिए यहाँ उसके घुमने-फिरने की कोई तकलीफ नहीं है। यहाँ के बाजार में बिकने वाली ताजी हरी सब्जियों को देखना उसे बहुत अच्छा लगता है। कभी-कभार बहुत बड़ी-बड़ी मछलियाँ भी बिकती हैं।

घर के पास ही एक प्राईमरी स्कूल है। शकुंतला ने देखा है वहाँ दोपहर को बच्चों को खिचड़ी खिलाया जाता है। बच्चों की खिलखिलाती हँसी उसे बहुत प्यारी लगती है। कभी-कभार शकुंतला कोई तरकारी नहीं तो मछली पकाकर उस स्कूल मे भेज देती है।

न जाने कहाँ से श्रीकुमार को ख़बर लग जाती है और वह बाज़ार में भी शकुंतला के पीछे लग जाता है। शकुंतला उससे कठोर शब्द बोल नहीं पाती और सबसे विडंबना तो तब होती जब श्रीकुमार शकुंतला की विरक्ति को समझ नहीं पाता है।

और भी एक मध्यवयस्क आदमी है नंदलाल। जो देखने में कार्तिक जैसा (बहुत सुंदर) है। हाथ में चार-पाँच अँगूठियाँ पहने रहता है। वह नंदलाल भी शकुंतला को देखते ही विगलित होकर हँसते हुए भाभी-भाभी पुकारने लगता हैं। कहता है वह अमरेन्द्र के पिता से अच्छी तरह परिचित था।

इस नदंलाल की नज़र भी ख़रब है इसे देखते ही शकुंतला विरक्ति से भर उठती है।

दरअसल शकुंतला को अपने पर ही गुस्सा आता है। इक्कावन वर्ष की हो गई है। मेनोपज भी हो गया है। उसे तो अब तक बुड्ढी हो जाना चाहिए। फिर भी ये लोग क्यों उसे जवान समझते हैं ? उसके शरीर का रंग चमक रहा है और चेहरे पर झुरियाँ नहीं हैं क्या इसलिए?

जब पति की मृत्यु हुई तब तो वह भरपूर जवान थी। तब क्या किसी पुरुष ने कभी भी उसे प्रलुब्ध करने की कोशिश नहीं की? पति के मित्र, रिश्तेदारों में से किसी-किसी ने....। शकुंतला ने तब कठोरता से उन लोगों से दूरी बनाए रखा। नारीत्व से उनका मतृत्व अधिक प्रवल था। उन्होने कभी भी किसी पुरुष के सामने किसी कारण से भी सर नहीं झुकाया। और अब इतने दिनों के बाद इस शहर के रास्ते का लंपट व्यक्ति उसकी ओर हाथ बढ़ाने का साहस कैसे कर सकता है।

अब तो यह बात भी सही लगने लगी जिसे शकुंतला ने यहाँ आकर उपलब्धि की कि इस देश में सुंदर और देखनें में जवान लगने वाली औरत के लिए अकेले रहना बहुत बखेड़ा करने वाली बात है पुरुष उसे परेशान करेगा ही।

शीशे के सामने खड़े होकर उन्होंने मन ही मन कहा, न जाने कब यह चेहरा झुरियों से भरेगा? स्थवीरता, तुम्हारें आने का समय तो बताना जरा ?

तीन

शादी के ढाई वर्ष बाद हैमंती ने एक पुत्र संतान को जन्म दिया। उसका नाम अग्नि रखा गया पर सभी उसे जोजो के नाम से पुकारते है। उस समय हर रोज़ कलकत्ते में चारों तरफ़ गड़बड़ी फैली रहती थी। ट्राम -बस में आग लगना, बम फोड़ना, कब कहाँ कौन किस पर छुरी चला दे इसका कोई भरोसा नहीं था। बड़े-बड़े सब कंपनी इस शहर से अपने हैड ऑफ़िस को हटाने लगे थे। कुछ एक विमानों ने यहाँ से अपनी उड़ान रद्द कर दी। अमरेन्द्र के कंपनी के विलायती पार्टनार भी अपने शेयर को सरेनडर करके चले गए। अनेक जूट के मिल, कुछ चाय के बाग़ान बंद हो गए।

ऐसी हालात तें अपने व्यवसाय को टिकाए रखने के लिए अमरेन्द्र को जी जान से कोशिश करनी पड़ी।

हालत को देखते हुए बेटे के अन्नप्राशन में हैमंती ने बहुत आडंबर नहीं किया। आमंत्रित केवल दो सौ लोगों ही थे। परंतु बड़े ही सुचारू रूप से अनुष्ठान का समापन हुआ। बड़े से हॉल में प्यारे से पोते को गोद में लेकर शकुंतला बैठी रही। बहुतों ने कहा ऐसा लगता है जैसे एक देव जननी की गोद में एक देव शिशु बैठा है। सचमुच उस दिन शकुंतला नयन मुग्ध करने वाली लग रही थी।

एक शिशु के रहने न रहने पर परिवार में बहुत फर्क़ पड़ता है। जीतनी देर तक शिशु जगा रहता है परिवार के सभी का मनोयोग उसकी तरफ़ ही रहता है। जब वह सोता है तब किसी को भी आवाज़ करने की इजाज़त नहीं होती है। सभी आपस में फुसफुसाकर बातें करते है। और जब वह जगे रहता है तो खुद ही मुँह से तरह-तरह की आवाज़ निकालते हुए पूरे घर पर छाए रहता है।

और अगर उसे बुखार होता है या पेट के दर्द से रोता है तो पूरा घर संत्रस्त हो उठता है। आवश्यक न होने पर भी बच्चे के लिए परिवार की प्रथा अनुसार दो आया की व्यवस्था की गई।

बच्चा हमेशा दादी की गोद में ही रहता है। समयानुसार माँ उसे खाना खिलाती है। आया का काम तो केवल पास में खड़े रहना ही होता है।

एक साल बाद एक आया को काम से हटा दिया गया।

विज्ञान चाहे जो भी कहे, जन्म लेने के बाद से बच्चा इतना अधिक सोता है कि उसको देखकर लगता है कि वो बहुत लम्बा सफर तय करके आया है। जेट लॉग चल रहा है। माँ और दादी दोनों ही शिक्षित हैं परंतु बच्चों से संबंधित मिथः को वो भी एकदम से अस्वीकार नहीं कर पाती हैं जैसे अग्नि के तीन महीने के होने पर एक दूर के रिश्तेदार ने आकर कहा, "ये क्या किया है तुम लोगों ने?

"बच्चे के माथे को एकदम से खाली क्यों रखा है?" और बहुत सारा काजल लेकर बच्चे के माथे पर लगा दिया। न आँखों में काजल, न काजल की बिंदी। केवल माथे के एक ओर काजल का एक धब्बा। ऐसा न करने पर बच्चे को नज़र लग जाती है। किसकी नज़र? बहुतों को मालूम नहीं है। यह एक मिथः है। दरअसल इसके लगते शनि देव की एक कहानी है। नज़र लगने से क्या होता है? वह दूसरा मिथः है। शकुंतला और हैमंती किसी ने भी उस काले रंग के बड़े से धब्बे को हटाया नहीं। उसे स्वीकार कर लिया। शिशु को बचाये रखने की इंस्टिंट इतनी प्रबल होती है कि माँ और दादी को लगने लगता है कि लगा है तो लगा रहने देते हैं। लगे रहने में हर्ज़ ही क्या है।

डेढ़ वर्ष के होने तक शिशु के निजस्व व्यक्तित्व का निर्माण होने लगता है। अब तक वह अधिकांश समय तक गहरी नींद से सोने वाली स्थिति से भी ऊबर

चुका होता है। ऐसे में अगर उसे ज़बरदस्ती सुलाया जाये तो वह विरोध करता है। कभी-कभार उसके नींद का समय होने पर भी वह देर रात तक जागता रहता है। और हँसता-खेलता रहता है। खिलाते वक्त चम्मच हटा देता है। अपनी नन्हीं-नन्हीं मुट्ठियों से माँ-बाबा को मारता भी रहता है।

अब तक वह आवाज निकालना सीख जाता है।और अपनी निजस्व भाषा में बात करना शुरू कर देता है। लगातार धारा प्रवाह बोलता रहता है परन्तु उसका एक भी शब्द समझ में नहीं आता है। रवीन्द्रनाथ ने लिखा है, बहुत कुछ कह जाते हो, कुछ न कहकर भी मैंने छोड़ी है आशा, समझने में तुम्हारी भाषा। यह इस उम्र के बच्चों के बारे में एकदम स्टीक है।

जिसे उनके माँ-बाबा भी नहीं समझ पाते हैं। ऐसी भाषा वह कहाँ से लाते हैं।

यह आश्चर्य की बात है कि लड़कियाँ-लड़कों से पहले चलना सीख जाती हैं। जल्दी-जल्दी बात करना सीख जाती हैं। एक डेढ़ साल का लड़का घुटनों के बल चलता है परंतु उसी उम्र की एक लड़की दौड़ने लगती है। दो साल का लड़का यहाँ की भाषा नहीं जानता परंतु उसी उम्र की लड़की माँ-बाबा की बात समझने लगती है। पुत्र संतान का शैशव क्यों इतना लम्बा होता है क्या पता?

आजकल शकुंतला का सारा समय अपने पोते को लेकर ही बीतता है। मिशन-रो के ऑफिस में जाना एकदम से छोड़ दिया है। कभी-कभार बेटा व्यवसाय के बाबत परामर्श लेने आता है, परंतु उसका आना भी धीरे-धीरे कम हो रहा है। आजकल अमरेन्द्र खुद ही निर्णय लेने लगे हैं। परंतु हैमंती आज भी घर गृहस्थी की सारी जिम्मेदारियों से सवतंत्र है। आजकल आँचल में चाबी बाँधकर घूमने का रिवाज़ नहीं है, परंतु मैनेजर को निर्देश देने वाली बात तो रह ही जाती है न। उस काम के सिवाय बाकी का पूरा समय शकुंतला अपने पोते के साथ बिताती हैं।

इस उम्र के बच्चों का प्रत्येक मुहूर्त नाटकीय होता है। अभी जिस खिलौने के साथ खेल रहा है कुछ समय के बाद उसे ही उठा-उठाकरदूर फेंक देता है। फिर अचानक उठकर दौड़ना शुरू कर देता है। फिर तो पकड़ो-पकड़ो शुरू हो जाता है। आया दौड़ लगाती है। आया पर पूरा भरोसा न होने के कारण माँ और दादी भी उसके पीछे-पीछे दौड़ जातीं हैं।

उसके उस दुर्बोध भाषा में अगर कभी मम्मा-दादी जैसे शब्द सुनने में आते तो सभी के चेहरों पर खुशी की लहर दौड़ जाती है। रोना उसका सबसे बड़ा अस्त्र हैं। यह उसे इस उम्र में ही समझ में आ जाता है। जब भी वह देखता कि लोगों का ध्यान उसकी ओर नहीं है तभी वह रोना शुरू कर देता है। इस तरह सभी का

ध्यान अपनी ओर खींचता है। अब तो उसकी माँगों का सिलसिला भी बढ़ गया है।

इन दिनों शकुंतला का सारा दिन पोते के साथ ही बीतता है। बच्चे के मनस्तत्व को उसने काफी हदतक समझ लिया है। श्रीमान जोजो को कभी-कभार खाना खिलाना बहुत मुश्किल हो जाता है। हाथ पाँव चलाने लगता है। शकुंतला ने देखा है तभी अगर उसे गुनगुनाकर गीत सुनाया जाये तो वह शांत हो जाता है। आसानी से भोजन उसके मुँह में चला जाता है।

आजकल वह खुद ही चम्मच से खाने की कोशिश करने लगा है। छोटे-छोटे काँपते हाथों से चम्मच को पकड़कर खाना को एकदम से मुँह के अन्दर ले जाता है। उस समय वह बेहद प्यार से गाना सुनाता है और वह भी किसी रेकॉर्ड या रेडियो का नहीं दादी को स्वयं गाना पड़ता है।

शादी से पहले शकुंतला ने गाना सीखा था। फिर बहुत साल तक गाने के साथ उनका कोई संबंध नही रहा। परंतु आज भी उनके सुर-ताल ठीक बैठते हैं। याद करके बच्चों के गीतों को पोते के सामने धीमे स्वर में गाती हैं। उनमें से, "बृष्टि गिरे टापुर टुपुर/ नदी में आया बाढ़ रे, शिवजी के ब्याह में तीन कन्याओं का दान रे.......।" यह गीत जोजो को सबसे ज़्यादा पसन्द है। बार-बार गाने को कहता है। अगर शकुंतला दूसरा गाना शुरू करती है तो ऊँ-ऊँ करके आपत्ति जताता है।

हालत यहाँ तक पहुँच गई कि उसे खाना आया के हाथ से हो या माँ के हाथ से हो किसी के हाथ से भी खाना अच्छा नहीं लगता है। खाना खिलाते वक्त उसे दादी ही चाहिए। आया की गोद तो उसे पसंद ही नहीं थी। माँ की गोद से भी वह झपटकर दादी की गोद में आना चाहता है।

समय बीतने के साथ-साथ शकुंतला को यह लगने लगा कि बच्चा माँ से ज़्यादा दादी के साथ घुलमिल गया है। यह तो ठीक नहीं है इससे माँ को दुख हो सकता है। और उन्होंने बच्चे से थोड़ी दूरी बढ़ानी शुरू कर दी। अपने कमरे में आकर पुस्तक पढ़ने में मन लगाने की कोशिश करने लगी।

परंतु थोड़ी-थोड़ी देर में जब भी रोने की तेज आवाज़ आती तो शकुंतला का मन व्याकुल हो उठता। रोने की भी एक विशिष्ट भाषा है। उसका वह रोना पेट दर्द का नहीं, भूख की नहीं, नींद की भी नहीं, वह रूदन तो दादी के पास जाने की चाहत का होता है।

तब शकुंतला भी अपने आप को स्थिर नहीं रख पाती और वह दौड़कर चली जाती है।

अपने बच्चों को भी तो पाला है उन्होंने। परंतु पोते के प्रति माया का बंधन बहुत घनिष्ट होता है।

शिशु पालन से संबंधित अँग्रेजी बंगला की बहुत पुस्तकें पढ़ ली हैं हैमंती ने। बच्चे के मामले में हर कदम पर वह नियमानुसार चलना चाहती हैं। जैसे- असमय बच्चे को बिस्कुट चॉकलेट न पकड़ाना। उसका खाना-पीना सब नियत समय पर ही होना चाहिये।

दोपहर का भोजन हैमंती और शकुंतला दोनों एक ही टेबल पर करती हैं। उस समय अगर जोजो जाग रहा होता है तो वह भी उनके साथ बैठता है। उसके लिये एक ऊँची कुर्सी बनाई गई है और खिलौने तो चारों ओर बिखरे ही रहते हैं।

एक दिन खाना-खाते वक्त वह दादी की थाली की ओर बार-बार हाथ बढ़ाने लगता है।

शकुंतला आलू की सब्जी और पराठे खा रही थी। उन्होंने सब्जी में डुबोकर पराठे एक टुकड़ा जोजो के मुँह में डाल दिया।

पहले तो हैमंती ने ध्यान नहीं दिया फिर अचानक बेटे को कुछ चबाते हुए देखकर चीख उठी

"क्या खा रहा है वो? मुँह में उसके क्या है?"

"बहुत माँग रहा था इसलिये पराठे का टुकड़ा दे दिया।" शकुंतला ने कहा।

"पराठा दिया आपने ? सर्वनाश। कुछ देर पहले ही उसने अपना खाना-खाया है। और घी में तला हुआ पराठा तो एकदम ज़हर की तरह होता है।"

हल्के स्वर में शकुंतला ने कहा, "एक छोटा सा टुकड़ा खाने से कुछ नहीं होता। फिर धीरे-धीरे उसे ठोस खाना खाने की आदत तो डालनी पड़ेगी न।"

"नहीं, नहीं अभी से ही घी में तला खाना ......" हैमंती ने कहा।

हाथ बढाकर वह बच्चे के मुँह से उस टुकड़े को निकालने की कोशिश करने लगी।

बच्चा सर झटकने लगा। फिर भी अवशिष्ट अंश को उसके मुँह से हैमंती ने जबरदस्ती निकाल लिया। जोजो ऊँचे स्वर में रोने लगा।

अपना खाना छोड़कर बच्चे को गोद में उठाकर हैमंती चली गई।

अपराधी की तरह शकुंतला कुछ देर बैठी रही।

बहुत दिनों बाद पूरी शाम पोते को गाना सुनाया शकुंतला ने। बच्चा आजकल समझने लायक दो एक शब्द बोल लेता है। माँ, टुपुर-टुपुर, दूध जैसे शब्द बोलने लगा है। वही सब आधे-अधूरे शब्द सुनने में बहुत मीठे लगते हैं।

आज शाम को ही जोजो की आँखें नींद से भर आईं। यह उसके सोने का समय नहीं है जानते हुए भी उसे जगाये रखना ठीक नहीं मानकर जोजो को गोद में लेकर पीठ पर थपकी दे-देकर सुला दिया शकुंतला ने। फिर उसे हैमंती के कमरे में ले गई

सुलाने के लिये।

खिड़की के पास एक कुर्सी पर बैठा था अमरेन्द्र। सामने टेबल पर हिसाब के खातों का ढेर पड़ा था। ध्यान से यह हिसाब देख रहा था। हैमंती हाथ में एक पुस्तक लेकर बैठी थी।

सास की गोद में सोते हुए बेटे को देखकर हैमंती बोल उठी, "ये क्या, अभी से सो गया?"

"अपने आप से ही बातें कर रहा था। अचानक देखा तो......" शकुंतला ने कहा।

"असमय की नींद ठीक नहीं है। बुखार तो नहीं है न ?" हैमंती ने पूँछा।

"नहीं, नहीं कुछ भी नहीं हुआ है। हमें भी तो कभी-कभी असमय नींद धर लेती है ....।"

हैमंती आश्वस्त न होकर उठकर आई और बेटे के माथे और पूरे शरीर को टटोल कर देखा।

शकुंतला ने कहा, "अभी थोड़ा सो लेने दो। फिर थोड़ी देर में उठ लाने पर खाना खिला देना।"

बहुत बड़े से पलंग पर एक ओर माँ-बाबा का बिछौना है। पास में छोटे से बिछौने पर बच्चे के सोने की जगह है। उसे सुलाने के लिये शकुंतला उस ओर बढ़ गई। हैमंती ने भी बच्चे को लेने के लिये हाथ बढ़ाया। ऐसे में जोजो धड़फड़ाकर जाग उठा। वह दादी की गोद में रहेगा या माँ के पास जाएगा इस रेलम पेल में वह दोनों के हाथ में से फिसलकर नीचे गिर गया।

इतने ऊपर से गिरने के कारण उसका सर जमीन पर ज़ोर से टकराया।

ऐसे मौके पर बच्चे एक विशिष्ट प्रकार से रोते हैं। आँ-आँ करके जो रोना शुरू करते हैं तो रुकने का नाम नहीं लेते। उनको इतना दम कहाँ से मिलता है। ऐसे में इन्सान डर जाता है। डरने की ही तो बात है।

शकुंतला से पहले हैमंती ने उसे गोद में उठा लिया। कपाल में कोई चोट नहीं आई। कहीं से भी खून नहीं निकला। असल में अगर बच्चा उल्टी करना शुरू कर दे तो डरने वाली बात होती है। तब डॉक्टर के पास ले जाना जरूरी होता है।

नहीं जोजो ने उल्टी नहीं की। अचानक फिसलकर गिरने से और चोट लगने के कारण ही वह अभी तक भी रो रहा था। इससे पहले भी दो-एक बार वह चेयर से गिर चुका है। इस उम्र के बच्चे अक्सर गिरते-पड़ते रहते हैं, गिरेंगे नहीं तो शरीर मज़बूत कैसे बनेगा?

उसका रोना सुनकर बहुत लोग इक्कट्ठे हो गये। शकुंतला एक ओर काठ की तरह खड़ी रही।जबकि उन्हें पता है हैमंती उसे लेने के लिये हाथ नहीं बढ़ाती तो बच्चा गिरता नहीं। यह आपस की ग़लतफ़हमी के कारण हुआ।

शकुंतला अगर जोजो को गोद में लेकर गीत सुनाती तो बच्चा अब तक चुप भी हो जाता। परंतु ऐसे मौके पर माँ की गोद से बच्चे को लेना अच्छा नहीं लगता है।

कुछ समय के बाद जोजो चुप हो गया और थोड़ी देर के बाद सो गया।

सब धीरे-धीरे कमरे से निकल गए। शकुंतला भी निकलने की सोच रही थी। तभी हैमंती बच्चे को सुलाते हुए बोली, "माँ तुम्हारी भी उम्र हो रही है। सारा समय बच्चे को गोद में लेकर फिरने से तो तुम्हें भी तकलीफ हो सकती है। आया के साथ रहना तो उसे सीखना पड़ेगा। तुम क्यों तकलीफ करोगी?"

"नहीं, नहीं मुझे कोई तकलीफ नहीं होती।" शकुंतला ने कहा।

हैमंती ने कहा, "तुम्हें भी तो करने के लिये बहुत काम होते हैं।कल से तुम केवल उसके खाने के वक्त और शाम को नीचे बैठकर जब वह खिलौने से खेलता है......"

बही खाते के ऊपर से अमरेन्द्र ने देखते हुए कहा, "ठीक ही तो है माँ आजकल मैं भी उसे गोद में उठाने से डरता हूँ। कभी-कभी इतना उछल-कूद मचाने लगता है न। आप उसे बहुत ज़्यादा लाड़ न करें। गोद में चढ़ना चाहे तो मना कर दें। थोड़ा बड़ा हो जाए तो उसे कहानी सुनाइयेगा।"

अमरेन्द्र के बोलने से पता चल रहा था कि इस बात को लेकर पति-पत्नि में पहले से ही आलोचना हो चुकी है। हैमंती ने कहा, "अभी वह घुटने के बल चल रहा है। इसके बाद वह दौड़ने लगेगा....।"

कुछ कहे बिना सोते हुए पोते के माथे को चूमकर शकुंतला कमरे से निकल गई।

सावधानी बरतते हुए डॉक्टरी जाँच के लिये परिवार के डॉक्टर को एक बार फिर बुलाया गया। उन्होंने देख भाल कर अभयदान दिया कि बच्चा एकदम से स्वस्थ है। उसे कुछ भी नहीं हुआ है।

अक्सर शकुंतला रात को भोजन नहीं लेती हैं। आज रात को भी वह खाने की टेबल पर खाने नहीं आईं। आधी रात को आँधी-तूफ़ान के साथ तेज बरसात ने घेर लिया। वज्र गर्जन के कारण खिड़की दरवाजे सब काँपने लगे थे। कहीं पर खिड़की का एक पल्ला ज़ोर-ज़ोर से पछाड़ खा रहा था। कड़क गर्जन सुनकर ऐसा लग रहा था जैसे कहीं ज़ोरदार युद्ध चल रहा हो।

भोर होते तक सब थम गया।

शकुंतला की नींद बहुत ज़ल्दी खुल जाती है। सुबह सात साढ़े-सात बजे तक भी वह चाय की टेबल पर नहीं आई। अख़बार पढ़ते-पढ़ते अमरेन्द्र ने पूँछा, "माँ आज बहुत देर तक सो रही हैं?"

हैमंती ने जवाब दिया, "बाप रे बाप कल रात से ही सब काँड चल रहा है। मुझे तो नींद ही नहीं आई सारी रात। माँ शायद अपनी उस अधूरी नींद को पूरा कर रही हैं।"

साढ़े आठ बजे भी शकुंतला नहीं आई। एक परिचारिका को ख़बर लेने के लिए भेजा गया।

वापस आकर उसने बताया माँ कमरे में नहीं हैं। बिस्तर को देखकर ऐसा तो नहीं लग रहा है जैसे रात को उस पर किसी ने सोया हो।

धत् ऐसा कभी हो सकता है क्या? शायद अन्य दिनों की तरह सुबह सवेरे उठकर अपने बिस्तर को लगा दिया होगा। फिर इधर-उधर कहीं गईं होंगी?

पूरे घर में ढूँढ़ लिया कहीं भी नहीं दिखी। आजकल तो अकेले कहीं जाना-आना भी छोड़ दिया था। ड्राइवर को भी पूँछा गया वह भी उनके बारे में कुछ बता नहीं पाया। किसी को कुछ भी नहीं मालूम। दिन चढ़ने लगे, अब तक न जाने कितनी बार झाँक जाती हैं आज तो एक बार भी पोते को देखने नहीं आई शकुंतला। कहाँ पर है वो, उनका तो कहीं चिन्ह ही नहीं है।

अमरेन्द्र भी ऑफ़िस जाकर दोपहर को जल्दी घर लौट आया। हैमंती और अमरेन्द्र दोनों ही परेशान हैं उन्हें कुछ भी समझ में नहीं आ रहा है। इतनी सुबह किसी के घर जाने की संभावना भी कम ही है। फिर भी चारों ओर ख़बर भेज दी गई।

शाम को पुलिस कमिश्नर को इस विषय की जानकारी दे दी गई। फिर जितने भी अस्पताल और नर्सिंग होम हैं सब ज़गह फ़ोन करके ख़ोजा गया।

दूसरे दिन भी शकुंतला की कोई ख़बर नहीं मिली। घाटशीला में भी लोंगों को भेजा गया। काशी में बड़े मामा के एक गुरूदेव रहते हैं। शायद शकुंतला वहाँ पर गई हो। पर नहीं।

एक के बाद दूसरा दिन, फिर सप्ताह और फिर महीना बीत गया। शकुंतला निरूद्देश हो गई। उनके कमरे में उनके गहने, प्रयोग में आने की सारी चीज़ें जैसे की वैसी रखी थी। किसी कारणवश यदि उन्हें कोई पकड़ कर ले गया हो तो मुक्तिपण की माँग तो करेगा न। पर नहीं वैसा भी कुछ नहीं हुआ।

बैंक में पड़ताल करके देखा गया शकुंतला ने एक पैसा भी नहीं निकाला।

पूरा भारत छान मारा परंतु शकुंतला कहीं नहीं मिली। वो तो जैसे हवा में घुल-मिल गई हो। अमरेन्द्र और हैमंती दोनों ही शोकातुर हो उठे। इससे पहले एक महीना भी अमरेन्द्र माँ को छोड़कर नहीं रहा।

क्या हुआ शकुंतला को? घर में किसी के साथ झगड़ा भी तो नहीं हुआ था। हैमंती ने कभी भी उनके साथ कोई बुरा व्यवहार भी नहीं किया। कभी उनके मुँह पर जवाब नहीं दिया। और अमरेन्द्र का तो माँ के साथ अनुचित व्यवहार करने का कोई प्रश्न ही नहीं उठता। इस गृहस्थी में वो एक राजेन्द्रानी की तरह थी।

आजकल डिप्रेशन नामक एक बिमारी के बारे में अक्सर सुनने में आता है। यह रोग अति मात्रा में बढ़ जाने पर रोगी आत्महत्या भी कर लेता है। शकुंतला में लेश मात्र भी उस रोग के लक्षण नहीं थे। वह बहुत ही शांत मिज़ाज़ की और दृढ़ मनोबल की अधिकारी थी। और यह रोग भी तो एक ही दिन में चरमावस्था में नहीं पहुँचता है न। शुरूआत के दिनों में बच्चे ने ज़रूर दादी को ढूँढ़ होगा। भाषा के अभाव के कारण यह बात वह किसी से कह नहीं पाया। रह-रहकर अपने आप ही सिसक-सिसककर रोया। इस कमरे से उस कमरे तक लड़खड़ाते कदमो से दादी को ख़ोजने लगा। कुछ महीने के बाद से उसने ये सब करना छोड़ दिया।

देखते-देखते एक साल बीत गए। शकुंतला नहीं है तो एकदम से कहीं भी नहीं है। पूरी घटना एक पहेली बनकर रह गई है। पर एक बात स्पष्ट है कि शकुंतला अपने आप ही यह घर छोड़कर चली गई है। परन्तु इस तरह से सब कुछ छोड़छाड़ कर क्यों चली गई यह बात अमरेन्द्र और हैमंती किसी को भी समझ में नहीं आ रहा है।

इससे तो अच्छा होता कि माँ का मृत शरीर कहीं से भी मिल जाता। अमरेन्द्र तब थोड़ा निश्चिंत होता। जितना पैसा खर्च हो कोई परवाह नहीं पर माँ का उपयुक्त श्राद्धादि की व्यवस्था तो कर सकता था।

फिर तुरंत उसने अपने को संयमित करके सोचा माँ के बारे में ऐसा सोचना भी पाप है।

कभी-कभार जोजो की तरफ एकटक देखता रहता है। ढाई साल का हो गया है। अच्छी तरह से चलने फिरने लगा है और बोलने भी लगा है। परंतु दादी के बारे में कभी नहीं पूछता है। उनको ढूँढता भी नहीं।

क्या वह याद रख पायेगा कि दादी उसे कितना चाहती थी? दो साल की उम्र की घटना को नहीं, याद नहीं रख सकता है। रखना संभव नहीं है। बस इतनी ही सांत्वना है।

कृपा

- संजीव चट्टोपाध्याय

हर रविवार के दिन भैया एक जोड़े जूते को पालिस कर करके चमकाते हैं। चमड़े का जूता है। वह जूता मेरे बाबा का है। बाबा को गुजरे तीन साल हो गए हैं। नर्म कपड़े से इतना घिसते हैं कि वह आईने की तरह चमकने लगता है। इतनी चमक कि अपना चेहरा भी देखा जा सकता हैं। फिर बाबा जिस बिस्तर पर सोते थे उसके ठीक नीचे एक चौकी पर जूते को सजाकर रख देते हैं।

बाबा की मृत्यु के बाद भैया को नौकरी करना पड़ा। इसके सिवाय दूसरा और कोई उपाय भी नहीं था। भैया को आगे पढ़ने की बहुत इच्छा थी। विलायत जाने वाले थे। पर वैसा कुछ भी नहीं हुआ। आजकल एक मारवाड़ी के फार्म में नौकरी करते हैं। अब भैया का सपना हूँ मैं। भैया कहते हैं, "मेरा बहुत मन था, कुछ नहीं कर पाया, तुमको करना पड़ेगा। हर रोज जब तुम्हें समय मिले, इस जूते की ओर देखते रहना, देखना शक्ति मिलेगी।"

माध्यमिक परीक्षा के दिन थे। बस कुछ दिन ही रह गए थे। न जाने कैसा डर बैठ गया था मन में। पहले लगा शायद मैं पास ही नहीं कर पाऊँगा। फिर लगा यदि मैंने पास किया भी तो अच्छे नम्बर नहीं आएंगे। अगर अच्छे नम्बर नहीं आए तो पढ़ाई-लिखाई खत्म। फिर तो मैं भैया की मदद भी नहीं कर पाऊँगा। पूरी जिंदगी बेकार होकर भैया पर बोझ बनकर जीऊँगा। सोचते ही मेरी आँखें भर आई, कुछ भी याद नहीं रख पाता हूँ। पढ़ा-लिखा सब भूल जाता हूँ। मैं अपनी परेशानी किसी को बता भी नहीं सकता हूँ। पढ़ने-लिखने में बहुत कमजोर नहीं हूँ, पर इस बात को कोई भी विश्वास नहीं करेगा।

एक समय था जब हमारे हालात बहुत अच्छे थे। पर हर दिन तो एक जैसे नहीं रहते न! कर्मचारियों के तीव्र आन्दोलन करने पर हमारा कारखाना बंद हो गया। फिर बाबा ने नई शुरूआत नहीं की। उनके अनुसार "इस देश में बहुत सारे लोगों को साथ में लेकर काम करना संभव नहीं है। अस्पताल, स्कूल, कॉलेज, कारखाना

सब बंद हो जाने वाले हैं।'' बाबा ने बहुत बड़े-बड़े सपने देखे थे। इनसान जब भी नींद में रहता है तभी सपने देखता है। पर सपनों के टूटने पर बाबा सो गए। ऐसी नींद जो कभी टूटती नहीं। जाने के सात दिन पहले उन्होंने कहा था, ''अबकी बार अगर जन्म लिया तो विलायत में जन्म लूंगा।'' इसके सात दिन के बाद ही उनको स्ट्रोक आ गया। भैया ने बाबा का युनिफार्म पहना और फिर मैदान में उतर गए। उन्होंने कहा, ''जैसे सब कुछ चल रहा है वैसे ही चलेगा।''

बचपन में भैया छत पर चढकर पतंग उड़ाते थे और फिरकी मेरे हाथ में रहती थी। आसमान में पतंग होता और भैया उसे उड़ाते रहते, पतंग के कटते ही चींख उठते - ''कट्टा'' मेरे जैसा कोई नहीं, जब तक मैं हूँ डरना नहीं।'' बचपन के इस स्लोगन को अब जरा दूसरी तरह पाठ करते हैं। - ''मेरे साथ कोई नहीं मैं हूँ तो डरना नहीं।''

सुबह से ही दमादम दंड बैठक के बाद से ही बार-बार इस स्लोगन का पाठ करते रहते थे। मुझे समझाते रहते थे ''जीवन कैसा है बताऊँ? सोचो तुम्हारे पीछे बाध दौड़ रहा है, तुम भी दौड़ रहे तो, दौड़ते-दौड़ते तुम पहाड़ की चोटी पर चढ़ जाते हो, तब भी बाघ तुम्हें घेरे हुए है। पहाड़ की चोंटी पर से तुम गहरी खाई में गिर जाते हो, गिरते-गिरते तुम एक लता को पकड़कर लटकने लगते हो, ऊपर से बाघ झांक रहा है, इतने में एक लंबा चौड़ा बड़ा सा पहाड़ी चूहा निकलता है। चुहे ने आते ही अपनी तेज दाँतों से तुम जिस लता को पकड़कर झूल रहे थे उसे कुतरने लगता है। ऊपर तुम लटक रहे हो तुम्हारे नीचे गहरी खाई है। गिरने पर मौत निश्चित है। इतने में तुम्हें अपने हाथ के पास ही अंगुर का गुच्छा लटकता हुआ नजर आता है। बाएँ हाथ से लता को पकड़कर लटकते हुए तुम, कुतरता हुआ चूहा, सर के ऊपर झाँकता हुआ बाघ, दाहिने हाथ से तुम एक-एक करके अंगुर तोड़ रहे हो और खा रहे हो। नीचे गहरी खाई मुँह बाएँ खड़ी है। तुम लटकने को मजबूर हो। मैं मौत की परवाह नहीं करता जीवन को भोगना चाहता हूँ।''

मेरे भैया बहुत ही दृढ़ मनोबलधारी व्यक्ति है। बाबा से उनको बहुत लगाव था। बाबा ही उनके गुरू थे। बाबा के सभी चीजों को उनके ही कमरे में एकदम से व्यवस्थित रूप से सजाकर ऐसे रखा है कि देखने पर लगता है जैसे बाबा बाथरूम गए है। बस उनके आने भर की देर है। अभी आ जाएंगे। आकर कपड़े पहनकर चश्मा, छाता लेकर निकल पड़ेंगे। बाबा के कमरे में भैया किसी को भी सोने नहीं देते हैं। कहते हैं यह बाबा का मंदिर है। घर में कमरे की संख्या बहुत कम है। हम दोनों भाई बाहर बरामदे में सोते हैं। बाबा के बिस्तर में मसहरी टांगकर सरहाने ग्लास में पानी रखने के बाद ही भैया सोते हैं।

भैया एकदम मेरे बाबा के जैसे ही लगते हैं। छोटे बाबा। जैसे रोज रात को बाबा भैया को पढ़ाते थे वैसे ही भैया रोज मुझे पढ़ाते हैं। उनका चेहरा, कपाल और तेज नाक हुबहू बाबा से मेल खाता है। यहाँ तक कि उनकी आवाज भी बाबा के जैसी ही है। परीक्षा शुरू होने के एक दिन पहले की रात को भैया ने मुझे पढ़ाते समय कहा, "सब कुछ एक बार रिवाईज कर लो।"

मैं रोने लगा, "दादा मुझे कुछ भी याद नहीं आ रहा है। सब कुछ भूल गया हूँ। मैं तो इस बार बैठे बिठाए फेल हो जाऊँगा।"

भैया गुमसुम होकर कुछ देर तक बैठे रहे। फिर एकदम से आग की तरह भभक उठे। बाधा उपस्थित होते ही भैया जैसे हो जाते हैं ठीक वैसे ही। बाबा का नाम था सुरेन्द्रनाथ। बाबा के सामने भी जब कभी बाधा उपस्थित होती तो तुरंत सीना तानकर कहते, "मेरा नाम सुरेन्द्रनाथ है, सरन्डर नट, आत्मसमर्पण कभी नहीं।"

भैये मेरे कंधे को झकझोरते हुए कहते हैं, "तुम 'सरेन्डर नट' के बेटे होकर ऐसा कह रहे हो! चलो मेरे साथ चलो।"

तब भैया कुछ-कुछ महादेव की तरह लगने लगे थे। मुझे खींचकर बाबा के कमरे में ले जाकर दरवाजा बंद कर दिया और बोले "बैठो यहाँ जमीन पर। पालथी मारकर बैठ जाओ।"

बैठने पर एक साथ पाँच-छः अगरबत्ती जलाकर बाबा की तस्वीर के सामने रख दिया। तस्वीर बिस्तर पर रखी थी। अगरबत्ती सामने के टेबल पर रख दी। फिर हल्की बत्ती जलाई। बिस्तर के नीचे आँखों के सामने बाबा के जूते रखे हुए दिखे। चमचमाते हुए जूते एक छोटे आसन पर रखे हुए।

भैया मेरे सामने बैठ गए। एकदम मुझसे सटकर। "बाबा की तस्वीर की ओर कुछ समय तक एकटक नजर गढ़ाए रखना, निष्पलक समझे।"

मैं एकटक तस्वीर को देखने लगा। आँखों में पानी भर आया। हँसता हुआ चेहरा लेकर बाबा कुर्सी पर बैठे हुए थे। एक कश्मीरी शाल ओढ़े हुए। मृत्यु के कुछ समय पूर्व का फोटो था। उसी को बड़े साइज का बनाकर रखा गया था। कुछ देर तक ताकते रहने के बाद लगा कि तस्वीर जीवंत हो उठी पलकें झपकने लगी थी। होठ हिल रहे थे। उनकी सांसों की आवाज सुनाई देने लगी थी। मैं एक बहाव में चला गया। सब कुछ अस्पष्ट हो गया। अचानक जूते की खट-खट आवाज सुनाई देने लगी। जिस कमरे में हम बैठे थे वह अदृष्य हो गया। एक लम्बा सीधा रास्ता दिखने लगा। जिसके दोनों ओर लंबे सीधे-सीधे पेड़ खड़े थे। बहुत दूर में नीला आसमान दिख रहा था। एक पतली रेखा की तरह चमकती एक नदी भी दिख रही थी।

मेरे सामने से बाबा चले आ रहे थे। उनके मजबूत पैर मुझे स्पष्ट नजर आ रहे थे। चमचमाते चमड़े के जूते के अंदर उनकी एड़ी धंस गई थी। बाबा की चाल की एक विशिष्टता थी। घुटने से कभी अपने पैरों को मोड़ते नहीं थे। एकदम सैनिक की तरह चलते थे। अपनी ठुड्डी को ऊँची रखते थे। जैसे म्यानहीन एक तलवार चल रही हो और उनकी चाल भी बहुत तेज थी।

मैं और भैया दोनों उनके पीछे दौड़ रहे थे। उनके साथ कदम मिलाकर चल नहीं पा रहे थे। जूते की भयंकर आवाज हमारे आगे-आगे चल रही थी। पथरीली राह। ढलते सूरज की रोशनी राह पर इधर-उधर बिछी हुई थी। मैं बाबा को "बाबू" कहता था। भैया "बाबाई" कहते थे। चाल की तेजी के कारण जूते से छोटे-छोटे पत्थर चूर-चूर हो रहे थे। मशर-मशर की आवाज के साथ जूते की एड़ियों के घिसने की भी आवाज आ रही थी।

बाबा की पीठ चौड़ी थी, कंधे मजबूत थे और चेहरा भी प्यारा था। इन सबके साथ उनका शरीर भी बहुत गठा हुआ था, हमारी ओर देखे बिना ही बढ़े जा रहे थे। कभी-कभार कह उठते, "ठीक से आ रहे हो न।"

हम दौड़ रहे थे। हमारी नजरें बाबा के पैरों की ओर थी। एक जोड़े सुन्दर पैर। और चमचमाते काले जूते। समान दूरी रखते हुए एक के बाद एक कदम बढ़ाते हुए। और वह विशाल लंबा रास्ता हमारे पीछे एक टूकड़े कपड़े की तरह लिपटता जा रहा था। मेरे पैर में चपटे मुँह वाले एक जोड़ी जूते थे। हमारे जूते की ठोकर से छोटे-छोटे चिकने पत्थर दूर छिटकते जा रहे थे।

अब पवन उलटी दिाा से बहने लगी। बाबा के सर के पीछे के हिस्से के लम्बे बाल हवा में उड़ रहे थे। हमारे कपाल पर छोटे-छोटे बाल उड़-उड़ कर बिखर रहे थे। अचानक हमारे पीछे से एक टांगा आकर हमसे आगे निकल गया। टगबग करते सफेद घोड़े के पैरों की आवाज सुनाता हुआ। छोटे गोल पत्थरों पर से बढ़ते हुए चक्के की आवाज और उस पर बैठे तीन-चार यात्री भी थे जिनमें से एक सिल्क का रूमाल हिला रहा था।

फिर दूर बहुत दूर तक जाता टांगा एक दियाशलाई के खोखे की तरह हो गया। रास्ते में हलचल मच गई थी। फिर निर्जन रास्ता और भी निर्जन हो गया। स्वस्थ्य सफेद घोड़े ने बाबा की चाल में और शक्ति भर दी।

मैं सर नीचा करके, मुट्ठी कसके, पूरे शरीर को हिला-डुलाकर चल रहा था। मेरी नजर मेरे छोटे-छोटे जूतों की तरफ थी। रास्ते में बिछे सफेद कंकड़ों की ओर थी। कभी-कभी बाबा के पैरों की ओर भी नजर चली जाती थी। क्या चाल है उनकी, कितनी शक्ति हैं

उनमें। उनकी पैरों की शक्ति के सामने टांगे के बड़े-बड़े चक्के भी हार मान गए। हम दोनों भाइयों के साथ शायद बाबा रेस का खेल खेल रहे थे। सामने आसमान से सटा नीला पहाड़ बहुत बड़ा दिख रहा था। पतली नदी अब चौड़े फितें जैसी लग रही थी। बाबा को पहाड़ बहुत पसंद थे। शायद पहाड़ को पकड़ने के लिए दौड़ रहे हो। अब तक मैं पसीने से नहा गया था। मेरे छोटे-छोटे पैर अब जवाब देने लगे थे। अचानक ठोकर लगने पर मैं मुँह के बल गिर पड़ा। भैया ने कहा, "राजा गिर गया है बाबा, राजा गिर गया है।" बाबा बहुत दूर थे। फिर कदम-दर-कदम हमारी ओर बढ़ने लगे, अब मुझे उनका काला जूता दिखने लगा था। जिस पर पावडर की तरह धूल की परतें जम गई थी। मेरे पास आकर मुझे उठाते हुए बाबा ने कहा "गिर गया तो क्या हुआ, ये देखो अब फिर से उठकर खड़ा हो गया है।"

मेरे दोनों घुटने छील गए थे, भैया ने कहा, "घुटने छील गए है।"

बाबा ने कहा, "छीलेगा, कटेगा अब तो बहुत कुछ होगा। सामने ही पहाड़ी नदी बह रही है। पहाड़ी नदी का पानी दवा का काम करता है। वहाँ पहुँचकर घाव को धोकर साफ कर दूंगा।"

फिर से हम आगे बढ़ने लगे। बाबा के चलने की गति वैसी ही रही। मेरे घुटने के घाव से अब खून बहने लगा था। मैंने कहा, "बाबा मेरे लिए अब चलना मुश्किल है।"

बाबा रूक गए। मेरी ओर बड़ी-बड़ी आँखों से ताकने लगे। फिर कहा, "चलना मुश्किल है का क्या मतलब? क्या तुम उस नीले पहाड़ पर नहीं जाना चाहते?"

"शारीरिक रूप से मैं असमर्थ हूँ।" मैंने कहा।

"शरीर की बात रहने दो। दरअसल ये जो तुम्हारा मन है न वही थक गया है। क्या तुम हार जाना चाहते हो? जो लोग टांगे पर चढ़कर हमारे सामने से निकल गए वे लोग अब तक नदी पार करके पहाड़ के.ाखिर पर पहुँच गए होंगे। उस पहाड़ के शिखर पर रंग बिरंगे पत्थर हैं। उनमें से किसी-किसी का रंग तितली के पंख की तरह है और उन पत्थरों की दरारों के बीच में है रूई घास। इसके इतने नजदीक आकर तुम कह रहे हो, मुझसे नहीं होगा? तुम उन लोगों से हार मानना चाहते हो?"

भैया ने कहा, "बाबा हम भी तो टांगे पर जा सकते थे।"

बाबा ने कहा, "वैसे तो कमजोर लोग जाते हैं। सबल लोग अपने पैरों से चलकर जाते हैं। चलकर जाने में एक प्रकार का अलग ही आनंद है। सभी चीजों को जीत कर लेना पड़ता है। कष्ट सहने के बाद जो आनन्द मिलता है वह अनमोल होता है। हरी-अप। हरी-अप माई बॉइज़। सूर्यास्त से पहले हमें लौटकर आना पड़ेगा। क्यों नहीं चल सकोगे? वीर कभी भी हारता नहीं।"

हम फिर आगे बढ़ने लगे। क्रमशः रास्ता चौड़ा होने लगा था। पेड़ पीछे छुट रहे थे। नदी नजदीक आ रही थी। पत्थरों की भरमार दिखने लगी थी। इस बार के पत्थर और भी बड़े-बड़े थे। दूध की तरह सफेद पत्थर जिस पर लाल हरे रंग की छींटि लगी थी। क्रमशः रास्ता ढलान की तरह हो रहा था। अब तो केवल पत्थर ही पत्थर थे। टांगा भी एक तरफ खड़ा दिखाई दिया। वह भी आगे नहीं बढ़ पाया था। घोड़े को खोलकर चालक भी एक ओर उदास बैठा था।

बाबा ने कहा "देख रहे हो दूसरे के कंधे पर चढ़कर ज्यादा दूर तक नहीं जाया जा सकता है। अंत तक जाना हो तो अपनी शक्ति के बल पर ही जाया जा सकता है।"

अब बाबा एक पत्थर से दूसरे पत्थर पर कूद-कूदकर चल रहे थे। उनके बेलेन्स रखने की क्षमता काबिले तारीफ थी। खटाक-खटाक करके उनके जूते बज रहे थे। एड़ी की खिलियाँ पत्थर पर टकराने से सिगरेट के लाइटर की तरह छोटी-छोटी चिनगारियाँ छिटक रही थी।

छोटे-बड़े तरह-तरह के पत्थर इतने दिगन्तविस्तृत पत्थरों को एक साथ देखकर आँखें चुंधियाने लगी थी।

बाबा ने कहा, "शरीर को पक्षियों की तरह हल्का कर लो। सोचो जैसे तुम्हारे पंख उग आए हैं। यह केवल सोचने पर से ही होगा। इनसान सब कुछ कर सकता है। उसके लिए असाध्य कुछ भी नहीं है।"

ढलान पार करके हम नदी की ओर बढ़ गए। पानी ज्यादा गहरा नहीं था। पर बहाव बहुत तेज थी। पानी एकदम स्वच्छ काँच की तरह। इतना स्वच्छ कि नीचे की तलहटी भी नजर आ रही थी। छोटे-बड़े पत्थर पर चिक-चिक करते रेत, दाने की तरह जड़े हुए थे। पॉकेट से रूमाल निकालकर उसे पानी में भीगोकर मेरे घुटने के घाव में बाबा ने धीरे-धीरे थोप-थोपकर लगाया। घाव एकदम से धुल-पुछकर साफ हो गया। हाथों में भी चोट लगी थी। उन सभी घावों पर पानी लगाकर साफ किया।

फिर पूछा, "क्या बहुत जलन हो रही है?"

जल रहा था, फिर भी मैने कहा, "ना,ना, सब ठीक है।" खुश होकर बाबा ने कहा, "वाह, वेरी गुड, यही तो सही ट्रेनिंग है। कष्ट, जलन, यंत्रणा, सब हमारे जीवन के साथी हैं। इन सबको कभी ज्यादा बढ़ावा मत देना। तब देखना सब कुछ तुम्हारे कब्जे में रहेगा। जैसे चलते हुए यहाँ तक आए हो वैसे ही चलते-चलते लौट जाओ। कहीं भी मत रूकना, रूककर बैठ मत जाना। टूट मत जाना। यह है पथ, तुम उसके पथिक हो। और यह जूता गति प्रदान करेगा। तुमने तो देखा मैं कहाँ से चला और कहाँ आ गया। हमारा आत्मविश्वास यह जूता है। पीछे नजर फेरकर देखो।"

मैंने पीछे मुड़कर देखा और अचंभित रह गया। देखा कि एक सुन्दर सा घर, आँगन था जिसके चारों ओर आम, जामुन, लीची के बगीचे थे। सुबह की मीठी धूप फैली हुई थी। पक्षी चहचहा रहे थे। आँगन में एक झूला टंगा था। एक छोटा सा बच्चा झूले में लेटा अपने हाथ-पाँव चला रहा था। लाल-लाल, छोटे-छोटे एक जोड़े पैर। अचानक बाबा का स्वर सुनाई दिया, "पहचान रहे हो? तुम्हारे बाबा है।"

मैंने बाबा की ओर मुड़कर देखा। आचर्य। उस ओर खरस्त्रोत नदी बह रही थी। नीला पहाड़, अपनी ऊँचाई के साथ सीधे आसमान की ओर तनकर खड़ा था।

बाबा ने कहा, "फिर से देखो।"

एक किशोर गाँव के रास्ते से स्कूल जा रहा था। बगल में थैला लटकाए हुए।

"घर से देढ़ मील की दूरी पर था तुम्हारे बाबा का स्कूल। रोज चलते हुए जाते और लौटते भी वैसे ही। तभी तो मैं अब भी इतना चल पाता हूँ। एक दिन भी नागा नहीं करता था। साथ में भीगे हुए चने अदरक और नमक नाश्ते के लिए।"

फूर्र-फूर्र की आवाज के साथ सीटी बजी और दृष्य बदल गया। खेल का मैदान। लाल जर्सीवाला बहुत बढ़िया खेल रहा था। गोल! तालियाँ। खेल के अंत में सीटियों से स्वागत। भारी भरकम शरीर वाले एक भद्रव्यक्ति ने उस लड़के के हाथ में एक बड़ा सा कप थमाया। लाल जर्सीवाला लड़का कप को अपने सर पर ताज की तरह रखकर मैदान से बाहर आ गया। उल्लास ही उल्लास चारों ओर।

बाबा ने कहा, "हमारा स्कूल डिस्ट्रीक्ट चेम्पीयन के खेल में जीत गया। हमारे समय में केवल दो ही चीजें थी पढ़ना और खेलना।"

एक कमरा! खिड़की के करीब एक टेबल। टेबल-लेम्प जल रहा था। एक लड़का मन लगाकर पढ़ रहा था। घड़ी में रात के दो बजे थे। युवक गंजी पहना हुआ था। स्वस्थ सुगठित शरीर। दांया हाथ टेबल पर टिका था, मजबूत मांसपेशियाँ दिखाई दे रही थी।

बाबा बोले, "कॉलेज का होस्टल है। कल से बी.एस.सी. की परीक्षाएँ शुरू हो रही है। इस लड़के ने जीवन में सभी परीक्षाओं का सामना बड़ी निडरता से किया। सारी रात बैठकर पढ़ता रहता था। सुबह सवेरे ..... टींग टींग की आवाज .... जिमनाशियम। युवक अकेले ही बारबेल से खेल रहा है। भोर का आकाश। दूर एक पार्क दिखाई दे रहा है। पास में ही पानी से भरा एक तालाब है।"

"शरीर चर्चा करने पर केवल शरीर ही सुगठित नहीं बनता, मन की शक्ति भी बढ़ती है।" बाबा बोले।

दृश्य फिर बदल गया। विशाल घर। बड़े-बड़े खम्भे वाले। अनगिनत सीढियाँ। वह सुन्दर युवक काला गाउन पहनकर कदम-दर-कदम उन सीढ़ियों से नीचे उतर रहा था।

हाथ में गोलाकार रूप में लिपटा हुआ कागज।

बाबा ने कहा, "वो देखे सिनेट हॉल। तुम्हारे बाबा कोनभोक़ेन से डिग्री लेकर आ रहे हैं। फर्स्टक्लास मिला था उनको।"

"तुम्हारे बाबा के कंधे पर जो हाथ दिखाई दे रहा है वो हाथ तुम्हारे दादाजी के हैं। डिस्ट्रीक्ट कोर्ट के बहुत बड़े वकील थे। तुम्हारे दादाजी के चेहरे के भाव को देखो जैसे उन्हें कोहिनूर मिल गया है। एक पिता के जीवन की सबसे बड़ी उपलब्धि है पुत्र की सफलता। बेटे में ही पिता जीवित रहता है। अनन्तकाल से यही चला आ रहा है। तुम्हारी सफलता में ही मेरी सफलता है। अगर तुम मुझे खुशी दोगे तो ही मुझे खुशी मिलेगी। यह जान लो कि मानव के पैर नहीं चलते, चलता है उसका मन, जो कि पैर की सहायता से चलता है। हाथ किसी भी वस्तु को नहीं पकड़ता है, पकड़ता है मन। अगर इनसान चाहे तो आसमान से भी बड़े मनवाला बन सकता है। पृथ्वी पर प्रत्येक वस्तु दुर्बल है। केवल इच्छा ही प्रबल है। सबसे शक्तिाली है मानव की इच्छा।"

अचानक सब कुछ अदृष्य हो गया। कहीं कोई नहीं था। केवल छोटे-बड़े पत्थर दिख रहे थे। बहती हुई पहाड़ी नदी की कल-कल ध्वनि सुनाई दे रही थी। एक पत्थर पर बाबा के जूते चमचमाते हुए काले जूते दिखे। ऊपर महीन पावडर के जैसी धूल। नदी के उस पार वही नीला पहाड़। सीधा उपर आसमान की ओर। सनसनाती हुई हवा कानों को छूती हुई बह रही थी। कल-कल बहती हुई नदी पत्थरों से टकराकर गीत सुना रही थी। हम बह रहे थे। लगातार बह रहे थे। कहीं भी रूके नहीं हम।

मैं बहुत डर गया। रोशनी फीकी पड़ने लगी थी। नीला पहाड़ मटमैला दिखने लगा था। अलग-अलग कर अब कुछ भी पहचान में नहीं आ रहा था। सब एकाकार हो गया था।

मैं जोर से चिल्लाया "बाबा" प्रतिध्वनि के समाप्त होते ही पहाड़ की चोटी से आवाज आई "राजा"। स्लेट की तरह आसमान का रंग हो गया था। दैत्य की तरह पहाड़, दूध की तरह नदी दिख रही थी। एकदम ऊपर चोटी पर बत्तख के जैसा एक इनसान बैठा था। "राजा, मैं यहाँ पर हूँ। तुम नदी को पार करके चले आओ। यहाँ आने पर बहुत दूर-दूर तक देख पाओगे। सुगंधित मृदु पवन है यहाँ और यहाँ पर चारों ओर न जाने कितने तरह के पत्थर बिखरे हैं। कुछ पत्थरों पर तो सोने की छींटें भी नजर आ रही है।"

"बहुत अंधेरा है यहाँ।"

"मन का मशाल जलाओ।"

"नदी का बहाव बहुत तेज है।"

"मन की नाव को नदी में उतार दो।"

"पहाड़ बहुत ऊँचा है।"

"मन की सीढ़ी उससे भी ऊँची है।"

"मेरे पैर चलने में असमर्थ है।"

"पूरी पृथ्वी की प्रदक्षिणा करने वाले मेरे इस जूते को पहन लो।"

"मेरे भैया कहाँ है?"

एकदम मेरे नजदीक से जवाब मिला, "तेरे पास में।"

नशा टूट गया। बिस्तर पर बाबा की तस्वीर रखी थी। सामने चमचमाता हुआ काला जूता रखा था। जिसको भैया रोज प्रणाम करके ऑफिस जाते हैं। पर मैं कभी भी नहीं करता था। मैंने जूते को माथे से लगाया। तुरंत ऐसा अनुभव हुआ जैसे जीवंत दो पैर सामने आ गए हों।

जूते को स्पर्श किया तो गर्म लगा।

भैया ने पूछा, "तुम्हारे मन में अब भी भय है क्या राजा?"

"नहीं भैया मुझे मिल गया है।"

बहुत दिन के बाद जी भरकर रोया मैं।

भैया ने कहा, "राजा जीवन की सबसे बड़ी प्राप्ति है कृपा।"

रूपसी मान्ना

महाश्वेता देवी

पहले कहती थी मेरा नाम उपसि मान्ना है। अब कहती है मेरा नाम रूपसी मान्ना है। पहले आसानी से प्लिट्स डालकर साड़ी नहीं पहन पाती थी। अब बड़ी सहजता से पहनती है

पहले गीले बालों को सुखाकर बड़े प्यार से जुड़ा बनाती थी।

अब एक सख़्त चोटी बनाए रखती है।

पहले रंग साँवला था।

अब समझने लगी है कि बंद कमरे मे रहने के कारण तथा कलकत्ते के पानी ने उसके सांवलेपन को उजला कर दिया है।

जब आई थी रात दिन रोया करती थी

अब एक दम नहीं रोती है।

पहले जुबान में एक गंवारूपन था।

अब जुबान से गंवारूपन धुल पूछ गया है।

जब आई थी तब अपने मैके की, ससुराल की, पति की, सास की ख़ूब बातें करती थी।

अब बातें कम करती है। बोलचाल में काफ़ी बदलाव आ गया है। इतनी बदल गई है कि उसका भाई भी उसे अब सम्मान करने लगा है। कहता है, "तू काफ़ी बदल गई है।"

रूपसी मुस्कुराकर जवाब देती, "सोलह वर्ष की उम्र में शादी हुई थी अब इक्कीस की हो गई हूँ, बदलूँगी नहीं?"

सोलहा वर्ष की उम्र में रूपसी इस जेलख़ाने में आई थी।

ऐसा आजीवन कारावास तो नहीं होना चाहिए, क्योकि तब तो वह सोलह वर्ष की थी अर्थात नाबालिग़ थी। क्या कर सकती थी रूपसी मान्ना अगर पुलिस ने उसकी उम्र उन्नीस वर्ष है, लिख दिया तो उसके पिता का तो रो- रोकर बुरा हाल

हो गया था। करे कोई और भुगते कोई। क्या मेरी बेटी ऐसा कर सकती है? सरकारी वकील भी विवश था क्या करें? पुलिस ने उसे केस दिया है, वह उसका वकील है।

पुलिस ने तो साफ़-साफ़ कहा था, रूपसी मान्ना ने ही अपनी विधवा जेठानी का ख़ून किया है। नील पूजा के पहले दिन ही उसने, काट डालूँगी, मार डालूँगी, कुलटा औरत, वेश्या कहकर पड़ोसियों के सामने चिल्लाकर जेठानी को गालियाँ दी थी।

यह तो सभी ने सुना था।

और रूपसी के पति जतीन मान्ना, सास नलिनी मान्ना और अडोस पडोस के सभी ने सतीरानी की गालियाँ भी सुनी थी।

"तेरा भरतार क्यों आता है मेरे पास? कितनी बार कहा, देवरजी जवानी की तपिस मिटाने जब आते थे तब की बात और थी। मैं अबला नारी, कितनी मिन्नतें की कि शादी हो गई है औरत घर में है उसे ले रहो। अब से यहाँ मेरे पास मत आना, मत आना। तेरा भरतार क्यों नहीं सुनता मेरी बात?"

कलपती हुई सासने वकील से कहा, इन सब बातों के बारे में उसे कुछ नहीं पता। छोटी बहु ने तो मछली की तरकारी बनाई, खसखस की सब्ज़ी बनाई, दाल बनाई। सबने चटकारे ले लेकर खाया। बड़ी बहु केवल मुरमुरा लेकर घर चली गई। बोली पानी में भिगोकर खा लूँगी।

"आहा ज़बरदस्त हट्टी-कट्टी औरत थी। उसे देखकर कौन कहेगा कि उसकी दो बेटियाँ है और उनकी शादी करवाकर वह सास बन गई है। सुबह सवेरे जतीन ही तो चिल्लाया था। बहुत ज़ोर-ज़ोर से चिल्ला रहा था वो। मेरी छाती धक- धक करने लगी थी। डर के मारे बुरा हाल था मेरा। क्या गला फाड़-फाड़कर चीख रहा था जतीन। कह रहा था, "बीच का दरबाजा खुला है और कटारी से बड़ी बहु के गले को काटकर रूपसी घर में सो पड़ी है।" उसके बाद की ख़बर—। उसकी सास बहुत बड़बड़ा रही थी।

पर उसने एक बार भी नहीं कहा कि रूपसी ऐसा नहीं कर सकती है। केवल कहा था, "जो हुआ के था होई गवा। अब ओके छोड़ देओ बाउजी। जोउन मानस मरी गईले उ अब वापस ना अईबे। बहु का धर लेने से हमार जतन का संसार बिखर जईबे। ओके छोड़ देओ बाउजी।" पर उसने एकबार भी नहीं कहा कि रूपसी जैसी बहु किसी का ख़ून नहीं कर सकती।

सुबह से ही जतीन रो रहा था, छाती पिट रहा था, गला फाड़ फाड़कर चिल्ला रहा था, "ऐसन काहै किया वा बोउ। सहन नाहीं होत तो कोउ बात नाहीं, भिन ठिकाने संसार बनावत, तू काहे ना बोली? कउन साहस मा ऐतना बड़ा काम करी गईल रे।

तोके अब कइसे बचाऊँ। का करूँ अब?"

रूपसी तब गीली मिट्टी से बनी गुड़िया सी थी। पानी लगने पर गल-गल जाती थी। कोमल-कोमल सी थी ताप लगने पर पिघल-पिघल जाती थी। उसकी नींद भी तब कुंभकर्ण की तरह थी।

भंयकर चीखने-चिल्लाने की आवाज से नींद टुटने के बाद से जो एक दुस्वप्न का आरम्भ हुआ था वह तब से अब तक चल रहा था। वह तो चौकी पर सोई पड़ी थी। उसके और जेठानी के बीच का जो दरवाजा था वह खुला पड़ा था और उसके हाथ के पास पत्ते छिलने की जो तेज कटारी थी वह पड़ी थी।

उसके कपड़े खूँन से सने थे।

रूपसी रोई नहीं चीख उठी थी, "ऐतना खून हिंया कईसे आया, सुनते हो जी।" जतीन ने कहा,"काहे एईसन काम किया बोऊ?" सुनकर रूपसी ने पूँछा था," कोउन काम,?" दरवाजे के पास ठसाठस भीड़। कमरे में बहुत सारे लोग भरे थे, पर सब चुप-चाप। रूपसी चौकी से उतरी। कदम दर कदम आगे बढ़ती गई। उसके बाद सब दुस्वप्न। जैसे मेले में देखी हुई फोटो मेजीक। जमीन पर जेठानी एकदम सीधी पड़ी थी। उसका सर विचित्र रूप से टेढ़ा होकर लटक रहा था। खून, चारो तरफ खून ही खून फैला था वहीं पर उसी दिन रूपसी होश खो बैठी थी।

घबराहट कम होने पर उसे होश आने लगता है और होश में आते ही उसे जतीन के दूर के रिश्ते की बहन माला का स्वर सुनाई देता है। "जतोदा की चिल्लाहट को सुनकर ही तो हम लोग आएं है। आकर सुना कि छोटी बहु बड़ी बहु को काटकर सो रही है। क्या अपनी आँखों से यह सब देखा था जतोदा ने? इस घर की बातों को तो गाँव भर के लोग जानते हैं। जिसको जो कहना है कहने दो।"

रूपसी को इतना भी ध्यान नहीं रहा कि उसका सर नंगा है, कपडे अस्त - व्यस्त हैं वह एकटक जतीन को देख रही थी। माला के पिता ने कहा, "हल्ला नहीं, सब बंद करो। किसी को थाने भेजो, पुलिस को बुलाओ।"

माला की माँ ने कहा, "हाँ को ना, ना को हाँ काहे कर रहा है जाते? कहत हौं तेरी और बड़ी बहु के खेलन को कौउन नाहीं जानत बा? हम हक की बात करत बानी। गाँव भर मां थू-थू नाहीं हो रही का? शादी से पहले ही ओके कानफूल नाहीं बनवा के देले का। पहन के मलकत-मलकत पूरे गाँव भर मां घूमत रहीन।"

जतीन की मां ने कहा, "सुनो तो जरा इनकी बातें, जाती दुश्मनी निभाने आई गइले। हमहूं कहत हूँ के उ जो संबंध था उ तब था। बिहा से पहले वैसा था----जब से बिहा हुआ था तब से तो जतीन बहु के संग मन मिलाकर हलमल के रह रहा है।"

"हाँ-हाँ हम सब जानत हैं। हमरा कदलीवन के पिछवाड़े ही तो उनका मेल मिलाए होता था। नित हलमल के बातें---अउर केतना कुछ। बड़ी बहू के इसी स्वभाव के रहते ही तो उसकी सभी बेटियों का बिहा मामा के घर से हुआ है कि नाहीं?"

"का बोलत बा चाची।" जतीन फड़फड़ा उठा।

"कछु ना बचुआ, पर ई तो अचरज की बात भईल जते कि रूपसी जेठानी को काटकर जब निश्चित हो सो रही थी तब इन सब बाबत बचूआ तू कहाँ था?"

उसी समय माला के पिता गरज उठे,"जाओ घर जाओ बकू की माँ। माला जा माँ को घर ले जा। बात-बात में बात बढ़ती है। बातों से लंकाकांड भी होता है। चलो सब घर चलो।"

किसी ने कहा छोटी बहु के मैके खबर भेजो।

सास ने रोते-रोते कहा, "वो लोगन रहने से तो कबके खबर कर देती। मौलेश्वर गँए हैं तीरथ करने। छोकरी से मिल के ओके समझा बुझा के तब गईले। मोर छाती में जो होवत है ----।" माला ने चिढ़ कर कहा, "तुम ही सब फसाद की जड़ हो। जवानी के दिनों से ही जतोदा का बडीबहु के साथ लटर- पटर चल रहा था---- काहे भली घर की लड़की की जिंदगी बरबाद की?"

जेलखाने में रूपसी ने इन सभी बातों पर गौर किया था। उससे पहले उसे अवसर भी कहाँ मिला। बहुत दिन के बाद सबसे दूर, बहुत दूर रह कर रूपसी ने क्रमश सब कुछ समझा था। जितना समझती गई उतनी बदलती भी गई रूपसी।

बाबा, माँ, दीदी, जीजाजी, दीदी की बड़ी ननद, सभी रूपसी के छोटे भाई की मनौती की पूजा के लिए उस समय मौलेश्वर गए थे। जाने से पहले बाबा चिउड़ा, खेतर का केला, एक हांडी भर रसगुल्ला लेकर रूपसी से मिलने आए थे। बड़ी बहु ने फितरा कसा, "मौलेश्वर जाकर रहने और पूजा देने में तो केवल तीन दिन लगतें हैं, उ केतना दूर भईल बा के छोकरी को देखकर जावत हो? छोटी बहु तू किस्मत वाली निकली रे, मेरे माँ बाप ने तो कभी मेरी ख़बर ही नहीं ली रे।" सास ने चिढ़कर कहा, "तुम तो पोखर में कपड़े धोने जाने वाली थी न, सो जाओ न।"

बाद में रूपसी को ध्यान में आता है कि उसकी जेठानी हर वक्त साफ़ सुथरे कपड़ों में सजी-धजी रहती थी। बिछौने का चादर, बिछाने की चटाई, अपने कपड़े, पेटीकोट, ब्लाउज़ सब एकदम चकाचक साफ़। न जाने दिन में कितनी बार इनको बदलती और साफ़ करती रहती थी। एक ही आँगन में केवल तीन कमरे थे। बड़ा कमरा बड़ी बहू का, मझला कमरा छोटी बहू का और छोटा कमरा सास का था। हर

घर में चौंकी बिछी थी, अलगनी थी और बरामदे का एक किनारा दीवारों से घिरा था।

इनकी माली हालत तो काफ़ी अच्छी थी। भागेदारी की ज़मीन, अपनी ज़मीन, भागेदारी का पोखर, चार पाँच नारियल का पेड़ सब भरा पूरा था। बड़ी बहु के दो काठा ज़मीन में लौकी, अरबी, मूली, मिर्ची की खेती होती थी। उसमें से कुछ बेच देती थी कुछ अपने लिए रखती थी।

पास बैठकर प्यार से पीठको सहलाते हुए बाप ने कहा था, "यह सब कुछ देखकर ही तो रिश्ते के लिए हाँमी भरी थी मेरी बच्ची, पर जीवन ने हमसे बहुत कुछ छुपाया था, अंदर के सभी बातों का सही खुलासा नहीं किया था उसने। बताने से क्या मैं--- उसका बछड़ा हमारे पोखर में गिरकर मर गया था न, उसी का बदला लिया है उसने। जाने दे बेटी, मौलेश्वर अति जाग्रत ठाकुर हैं तोहर वास्ते भी मनौती मानिहौं। ताबीज़ बाँधके अइहौं। अब तनिक दुख उठाओ बिटिया बाद में फिर सुख ही सुख मिलेगा।" रूपसी ने हांमिभर कर सर हिलाया था," हाँ बाप्पा, जब तुम कह रहे हो तो "सुख" मिलेगा।"

" तोहरा देखे बिना जतीन पगला जईबे।"

" हाँ बाप्पा।"

सास ने समधी को गुड़ पानी और तंबाकू दिया था। कहा था तुम्हारी बेटी लक्ष्मी है समधीजी उसके लिए चिंता मत करना।

बड़े प्यार से सर पर बैठाकर रखने की चीज़ है। षडयंत्रकारी की तरह धीमे सुर में फुसफुसाकर बोली थी आपसी जलन के कारण जाती-पाती के लोग अनेक झूठी बातें करते हैं। उनकी वो सारी बातें झूठ के सिवाय कुछ है नहीं। आप सब तीर्थ- विरथ करके घर वापस जईबे हम जानत हों। पर फिन अईबे करी, गाजन का मेला देखन के वास्ते। बाबा ने विनती की समधन अगले बैसाख में हम ओके कुछ दिन के वास्ते अपने घर लईके जईबे। कुछ दिन हमारा साथ भी उ रहबे करी। बिहा के बाद से उ हियाँ है। एक बार भी हमार पास ना ऑइल।

"का बताई, जतीन ओके छोड़े तब न जई सके। हमार हालत भी वैसन ही है। छोटी बहु का छोड़ के कउनो के हाथ का रसोई मा स्वाद नाहीं लागत। पास पड़ोस मा सभी के साथ मिल मिश के बड़े प्रेम से रहत है। ई बात सभी जानता बा के हमार बहु हज़ार मे एक है।" फुसफुसा कर इन बातों को कह रही थी। बड़ी बहु का डर हर वक्त उस पर सवार रहता था। और बह डरती थी अपने हट्ठे- कट्टे, जवान, मुहफट् निर्मम छोटे बेटे से। रूपसी के पिता गुड़ पानी पीकर चले गए।

ताबीज़ धारण तो रूपसी कर ही नहीं सकी उसके पहले ही सब लंडभंड हो गया। उस दिन की बातें याद करते ही आँखों के आगे अँधेरा छा जाता है। जैसे यात्रा के मैदान में बत्ती गुल होने पर अँधेरे में हाथ को हाथ कुछ सूझता नहीं। वैसा ही घनघोर अँधेरा।

जब शादी की बात चल रही थी तभी जवांई बाबू ने कहा था,“ अच्छा जतीन मान्ना ? मगर हाट के आसपास की जो जगह है, वहीं का जतीन ?” बाबा ने पूँछा था,“ ओके जानत हो का ?”

“बातचीत केतना भईल बा ?”

“ देखो तो भला। बात चित तो एक दम पक्की हो गई है। पैसे वैसे की कोई माँग नहीं। तोहरा माफ़िक़ पढ़ा लिखा नाहीं है, नौकरी भी नाहीं करत है, परंतु मछली भात खाकर आराम से रहत है।”

माँ ने कहा था,“बड़े भाई के मरने के बाद सब कुछ तो जतीन का ही है, फिर बड़े की बेटियों की भी शादी हो गई है। ग्रहस्ती मे माँ, बड़े की विधवा और जतीन।” आंठवीं पास, नस्कर कंपनी का जेनेरेटर अपरेटर, बड़े जंवाई ने और कुछ भी नहीं कहा।

क्यों नहीं कहा ?

रूपसी को बचपन से जवान होते देखा था। रिस्ता पक्का होने के बाद भी तो शादी तोड़ी जा सकती थी।

रूपसी को यह सब कुछ भी समझ में नहीं आता अगर जेल की वेलफेयर दीदी से वह नहीं मिलती तो। उनसे मिलने के बाद ही रूपसी ने इन सभी बातों को समझा था।

बाद में क्रमशः उसे समझ में आया कि आसपास कहीं उन्हें लड़की नहीं मिल रही थी बड़ी बहु के साथ जतीन के संबंध को सभी जानते थे। इस संबंध को लेकर अनेक कलह भी गाँव भर में फैला हुआ था।

दोनों बेटियों को मैके में रखकर बड़ी बहु सदर्प वापस ससुराल चली आई थी। आकर कहा था,“ तुम्हारा बेटा जतीन मोरा पाँव पड़त रहा, ओका वास्ते हम फिर वापस आगईल जानत हो का ?”

चन्ना ने रूपसी को सुना सुनाकर कहा था,“ देवर भाभी में संबंध रहता है री लड़की फिर शादी भी दिखावे का वास्ते ही करते हैं। इसमें नवा का है ?”

कुछ नहीं भी हो सकता है। परंतु ऐसा रूपसी को नहीं लगा था। उसने दिलोजान से जतीन को चाहा था।

जेठानी के साथ जतीन की चुहलबाज़ी, हाथ— पकड़कर खींचा तानी, रात- रात तक जेठानी के बिस्तर पर बैठकर दोनों का आपस में हँसी- मज़ाक करना रूपसी को फूटी आँख

नहीं सुहाता था। जब तक जतीन वहाँ रहता वह अंदर ही अंदर तड़पती रहती।

घटना के दो दिन पूर्व ही रूपसी ने जतीन से कहा," चैत - बैशाख का बहाना छोड़कर मुझे आज ही कातलाहाटी छोड़ आओ।"

" काहे ? हम तोहरा पास नाहीं रहत का ?"

" हम सब जानत बा, तुम कब आवत हो अउर कब जावत हो। दिन भर के काम - काज मा शीरर टूटत बा, बिस्तर मां पड़ते ही निंदर धर लेते है।

जतीन ने उसके टुड्डी को सहलाते हुए कहा था," भैंस की तरह तो सोती है, इसलिए कभी कभार एक पान खाने चला जाता हूँ।"

"इधर के दरवाज़े में हुड़का काहे नहीं बा?"

" करवा दिहिन, करवा दिहिन।"

जतीन कभी भी चीखता चिल्लाता नहीं था, रूखी बातें भी नहीं करता था, जब भी मन होता प्यार भरी बातों से रूपसी को पिघला देता। बाद में उसे अनुभव हुआ जतीन अभिनय करता था। जात्रा - नाटक में अभिनय जो करता था। पौराणिक , सामाजिक अनेक प्रकार के नाटक।

घटना के दो दिन पूर्व किसी कारणवश देवर भाभी में झगड़ा हुआ था। जतीन ने तब रूपसी को आकार कहा था," ई औरत सर्वनाशी है। बत्तीस की हो गई है। हमार से उम्र में बड़ी बा। उसकी छोकरी लोगन सोलह - अट्ठारह साल की हो गईल बा। मामा के घर से उनकी शादियाँ भी हो गई। कहता हूँ अब तो सभँल जाओ।"

"सोलह? हमार उमर की ?"

" छी , छी , छी।"

" छीछीकार करने जैसी ही बात है। मानता हूँ एक हाथ से ताली नाहीं बाजत बा। अब तुम हिंया रहत हो तो सब बिसार के सावधानी से रहो। ना। ना। उ, नाहीं मानता बा।" " क्या कहूँ बोलो? मैं तो सुधरना चाहता हूँ, पर उसने मुझे अपने वश में कर के रखा है री।" क्या जतीन झूठा अभिनय कर रहा था ?

क्या जतीन ने सच कहा था ?

शायद देवर भाभी में कहा सुनी हुई होगी। इसलिए सुबह से देवरानी फुफकार रही थी।

" अरी ओ मरी, जैसा सोच रही है वैसा कुछ नहीं होने वाला। मैने उसके हाथ पांव को लोहे की ज़ंजीर से जकड़ रखा है। तुझसे उसका मन नहीं भरने वाला।"

"छी, छी, छी तुमको लाज नाहीं आवत ?"

"लाज ? कई सन लाज ? लाज लागे मोरा शतरूअन को। एतना साहस ,

अब़ कहत है कि रहना है तो समझ के रहो , नाहीं तो फूटो हींया से।"

" तोहरा छोकरीअन के उमर के हैं हम जानत हो ?"

" अच्छा तो का ?"

" बेटियन के ससुराल वाले जाने तब ?"

" ओ हो , तो जतीन मान्ना आज समझदार बन गया है , क्यों ?"

" हाँ , बन गया है , तो न बने क्या ?"

" उसे अब समझदार बनने दूँगी भला ? मुझे दोष देने से क्या होगा ? मेरे पीछे कुत्ते की तरह रात दिन .... रोक सकेगी तो रोक लेना छोटी। बाँध के पानी को ' आगड' (टुचके बंधन) से रोकना चाहती है? ऐसा तो होने से रहा।"

' आगड' शब्द यहाँ द्विअर्थक रूप में प्रयोग हुआ है। उसह दिन जतीन छिटकनी लाया था। बढ़ई को बुलाने गया था। इसी बात ने पहाड़ का रूप धारण कर लिया। तब तो रूपसी की छाती में बल था और मन साहस से भरा था। बहुत मिन्नतों के बाद उसका पति सही राह पर चलना चाहता है, परंतु ये औरत उसे छोड़ती ही नहीं।

इसी भरोसे रूपसी ने जेठानी को चिल्ला - चिल्लाकर कोसा था। कुलटा , दुराचारी , दोनों बेटियों कें घर दो - दो नाती - नतनियाँ हैं परंतु नाईलन के कपड़े पहनकर अपने शरीर को दिखाती फिरती है। चाल - ढाल , पूरमपूरी वेश्याओं की तरह है।

इतना कहने के बाद रूपसी को एक नई उपलब्धि हुई थी कि कौन कहता है रूपसी के मुँह में जुबान नहीं है ? लो देखो गला फाड़ - फाड़कर रूपसी चीख रही है। जेठानी भी कम नहीं है। चिल्ला के कहा था ,' क्यों आता है तेरा मरद ? इतने साल से ..... मैं अबला औरत....... कितना गुहार किया था।'

इसी झगड़े के बारे में सभी ने कहा था। सास ने विरक्त होकर कहा था, दोनों में क्यों ठन गई पता नहीं है मुझे।

इसके बाद तो वहीं भंयकर घटना , भंयकर सुबह। थाना , पुलिस , गाँव भर के लोगो। पोलिथीन बैग में भरीहुई जेठानी की लाश भैन रिक्सा में जा रही है। दूसरे भैन रिक्सा में रूपसी , जतीन , सास और पुलीस।

पुलीस ने कहा था केवल पूँछ-ताछ के लिए ले जा रहा हूँ और कोई बात नहीं।

रूपसी ने सोचा था, बाद में वह जतीन से पूँछेगी, ' छोटी बहु , बड़ी बहु को काटकर सो रही है ' कहकर क्यों चिल्ला रहे थे। मैने तो वैसे कुछ भी नहीं किया? ' पर जतीन नहीं मिला।

उसे यह समझ में नहीं आरहा था कि जिन बातों को वह पुलिस से कह रही है उससे वहीं फंस रही है।

‘ हाँ , उसकी जेठानी और उसके मरद में संबंध थे।’

‘ नहीं , स्वयं भी देखा था और पड़ोसियों से भी सुना था। जेठानी ने भी सभी के सामने चिल्लाकर इस संबंध को जाहीर किया था।’

‘ हाँ रूपसी ने भी अपशब्द कहे थे।’

‘ नहीं छीटकनी रूपसी ने नहीं खोला था।’

‘ जेठानी के गहने? नहीं रूपसी ने नहीं देखे थे।’

‘ हाँ , उसके पति इन सभी बातों को जानते हैं। ’ बेकार ही रूपसी के पिता अपना माथा पिट रहे थे। बाबू साहब , मेरी बेटी की उमर उन्नीस साल नहीं है। बड़ी शांत है मेरी बेटी। ऐसा काम कभी नहीं कर सकती। अगर जानता जंवाई दूराचारी है, ...? तीन तोला चाँदी और एक तोला सोना दिया है मैंने बाबू.... ।

रूपसी के जीजा ने सुबकते हुए कहा था, “ कोई लाभ न होगा समझ लीजिए? जतीन ने बड़ी चतुराई से जाल बिछाया है। उधर दोनों हाथों पैसा खिलाया है।”

“ अड़ोस पड़ोस के लोग .....?”

“ हे भगवान , तेरा कैसा विचार है ?”

शायद बड़ी बहु से छुटकारा पाना चाहता था..... और शायद रूपसी से भी. ... आस - पास के लोगों के मन में कुछ समय तक यह घटना चंचलता सृष्टि करता रहा। रूपसी को सरकार से वकील मिला था क्योंकि उसके पिता इतने समर्थ नहीं थे कि किसी वकील को नीयत कर सके। एक वर्ष तक मामला विचारधीन रहा। रूपसी पहले बहुत बातें करती थी, उसे तो विश्वास ही नहीं होता था कि उसके नाम से हत्या का आरोप प्रमाणित हो सकता है।

चन्ना उससे उम्र में बहुत बड़ी थी। वो कहती ,“ क्यों प्रमाण नहीं हो सकता है? झूठ कभी सच हो सकता है भला ?”

चन्ना ने समझा दिया था , थाना, पुलिस , अदालत इन सबका एक अलग जगत है। यह पहले से ही तय हो जाता है कि किसे प्रमाण करना होगा और प्रमाण होता भी वहीं है। और यह एक विशाल अदृश्य चक्र है जो घूम रहा है, घूम रहा है। यह चक्र रूपसी को चकना चूर करके निश्चिन्ह कर देता है।

यही होता है भई , यही होता है। 24 परगना के फ़ौजदारी केसों को देख - देख कर सरकारी वकील अभ्यस्त हो गया था, अतः इस केस में उसने अधिक मशक़्क़त नहीं की। यदि रूपसी ने हत्या की भी हो तो इसके पीछे अनेक कारण है , यह

भी प्रमाण न हो सका। कटारी को दोनों हाथों से जकड़कर रूपसी ने पूछा था, "मैने इससे मारा है ? मेरे पति ने देखा है क्या ?"

सभी के सामने दिखा- दिखाकर हाहाकार करते हुए जतीन ने कहा था, " मारूँगी कहा था। सुबह-सबेरे मैदान से आकर देखता हूँ तो.....।"

सास को किसी ने अदालत में नहीं बुलाया।

1979 का वर्ष तो व्यापक वधू हत्या के कारण पति और सास के सर्वप्रथम गिरफ़्तारी का वर्ष नहीं था। उस समय वधू हत्या को लेकर कोई भी इतनी माथा पच्ची नहीं करता था। इस विषय को लेकर समाज में इतनी जागृति भी नहीं आई थी। अतः रूपसी को इससे कोई बेनिफिट नहीं मिला।

दायरा अदालत में ही उसे आजीवन कारावास का दण्ड दिया गया था। किसी ने रूपसी के लिए हाईकोर्ट में अपील नहीं किया।

चन्ना ने कहा था, "कौन करेगा ? मुझे देखो, बाईस दिन के बच्चे को दूध पिला रही थी , पिलाते - पिलाते सो गई। नींद में ही दूध पीते - पीते बच्चे के गले में दूध फँस जाने के कारण उसकी साँस बंद हो गई। बच्चा घुटकर मर गया और मैं सजा भुगत रहीं हूँ।"

चन्ना ने बाद में समझाया था ," क्यों मन मारकर रहती है? तुझे मेहनत मजदूरी करके खाना है, जितना हो सके बचत करना फिर बाहर निकलकर उसी पैसे से एक दुकान खोल लेना। आलू बेच कर, पान बेचकर एक पेट का गुजर बसर करना कोई मुश्किल काम नहीं। या फिर तू अपने पति के घर वापस जाना चाहती है ?"

" कैसा पति? वह आता है क्या ? पहले बाप आता था, आजकल कभी कभार भाई आ जाता है।"

" इस मामले मे तेरी किस्मत अच्छी है। बाहर निकलने पर कहीं जाने का ठौर ठिकाना तो है तेरा।"

" क्या पता , इसकी भी कोई निश्चिंतता नहीं। जो होगा सो होगा।"

" पुरूष कैदी तो सजा काटने के बाद अपने घर वापस जा सकता है। पर औरत.....।"

"बाप भाई को तो पता है कि मै निर्दोष हूँ।"

" पुरूष के रंग-ढंग भी अजीब है। जिसने तुझे फाँसा है, देखना मजे से वो अपना संसार कर रहा होगा।"

" फिर से ब्याह करेगा? उसे लडकी मिलेगी?"

"क्यों नहीं मिलेगी? इन लोगो को लड़की आसानी से मिलती है।"

धीर ,गंभीर ,शांत ,परिच्छन्न दो हजार चार सौ रुपए की मालकिन रूपसी मान्ना अपनी सजा के दिन पूरे करके जेल से बाहर नीकलती है। भाई ने कहा, "अब हम दक्षिण बारासात में रहतें है दीदी।"

"देश की जमीन का क्या किया ?"

"सब बेच बाचकर..... वहाँ केवल अंट -संट बातें होती रहती है। कभी भी हम इन सबसे उबर नहीं पाते।"

"बाबा ने बनाया है ?"

" बनाया है, थोड़ा थोड़ा भीतर की तरफ है , रोड़ से हटकर। रोड़ अभी इतनी दूर तक बनी नहीं , पर बन जाएगी। पोल लगाया है ,बीजली भी कुछ दिनो के भीतर आ ही गई समझ।"

" तेरे कितने रिक्सें है ?"

" एक अपना है। आठ को भाड़े पर लगाया है।"

" बिहा नहीं किया ?"

"किया है। ससुर ही तो यहाँ ले आया है।"

" उसकी कोई खबर रखता है ?"

" कौन रखेगा ?" जमाई दादा कहतें है, माँ मर गई है। फिर बिहा किया था औरत भाग गई है। अब फिर बिहा करने की फिराक में है। लड़की की तलाश की जा रही है। रिस्तेदारों के खिलाफ मामला लड़ने में पोखर, बगीचा सब चला गया। उस दिन जमाई दादा से बतीया रहा था, 'दो गो औरत नाहीं हो तो संसार चलाना मुश्किल बा। मेहनत मजदूरी करके हमरा के पालबे कौन ?"

"ठीक ही तो है। कह भी सकता है।"

" तू वहाँ जाएगी?"

" इस जिंदगी में तो नहीं। तुम लोगोन के उपर भी बोझ ना बनी हौं। एक ठो पेट बा हमार। आलू बेचके ,अंडा बेचके अकेले मजा से रहबो।"

" वो जब होगा तब देखा जाएगा। मेरे ससुर को जानत हो ?"

" वहीं जीवन जिसने हमार बिया का संबंध किया था।"

"हाँ....... पछतावे के कारण.... सभी को समझा बुझाकर ले आया है।"

" बाप का जमीन , पोखर, बाँस के झाड़वन वो सब ?"

" सब बेच बाच्च के तो बापा ने एक जेनरेटर खरीदा है। भाड़े पर लगातें हैं। इधर पैसा भी बहुत मिलता है।"

" सूजनभाई कल एक बार मैं ढायमंड हारबार जाना चाहती हूँ।"

"क्यों दीदी ?"

" उहाँ चन्ना दीदी का घर है। दोनों जना मिलके कोई बेवसा करिहौं।"

" माँ बाप्पा..... सब....?"

"नहीं सूजन, मेरे जाने पर बहुत उजूल फजूल की बातें होगी। तुम लोगोन को सब सुनना पड़ेगा। तुम लोगो को गाँव के सभी लोग हीन नजर से देखने लगेगें।"

" कोई नहीं देखेगा।"

" सभी देखेगें। तुमने दोष किया या नहीं यह कोई नहीं सोचेगा। मियाद काटकर जेल से लौटी औरत.... वो भी खून के इलजाम में , ये क्या छोटी बात है ?"

"तूने तो खून नहीं किया।"

" तो क्या हुआ मियाद तो काटकर आई हूँ।"

घर में माँ, बाप ,दीदी ,जमाई बाबू ,सूजन की औरत ,सूजन का बेटा सबने आकर उसे घेर लिया। दीदी ने कहा, अड़ोस पड़ोस के सभी लोग खुशी से आकर मिलना चाहते थे। मैने कहा आज कोई नहीं आएगा।"

रूपसी ने कहा, " मैंने खून भले ही ना किया हो पर कंलक की भागी तो बन गई हूँ। यह कंलक तो नहीं मिटने वाला।"

बड़े प्यार से माँ-बाप ने रखा। बोले कुछ दिन यहाँ रह कर आराम कर। उसके बाद शुभ दिन देखकर प्रयाश्चित करवा देंगे।

" वो क्यों माँ ?"

" जेल में रहकर आई है। वहाँ अजात - कुजात के साथ उठना-बैठना ,खाना-पीना हुआ तेरा। जात में उठने के वास्ते.... ।"

" वो बाद में करना। कल डायमंड हारबार से हो आऊँ एक बार।"

"ऊहाँ का बा ?"

" यहाँ मेरे रहने से माँ.... । वहाँ चन्ना दीदी का घर बा। बजार में अंडा, अनाज आदि बेच - बाचकर या कुछ काम करके अपना पेट पाल लईबे।" बाप क्या बोलेगा? ना रूपसी मत जा। माँ क्या कहेगी ,बेटी मेरे सीने से लग के रह जा ?

दीदी ने कहा ,"ठीक ही तो कह रही है। यहाँ रहने से लोग बातें बनाते ही रहेंगे। बहुत झूठ - झमेला होगा।"

आँसू पोंछकर माँ ने कहा ,"खा पी कर थोड़ा सुस्ता ले।"

रूपसी को ऐसा लगने लगा जैसे इस घर में उसकी कोई जगह नहीं है। सब कुछ बदल गया है ,इस पन्द्रह साल के अंदर। डायमंड हार बार जाने के लिए ही

निकली थी। सूजन को भी साथ में नहीं लिया। बाप ने पूछा था ,"क्या मैं तुझे नहीं खिला सकता रूपसी।"

"क्यों नहीं बाबा ? परंतु मेरे रहने पर.....।" दीदी ने कहा था, कभी कभार फुरसत में आकर उससे मिलकर जाएगी।

संयमित स्वर से रूपसी ने कहा था ," देख आना ,पहले जाकर खुद को जमा तो लूँ। अगर कहीं जगह नहीं तो सरकारी होम चली जाऊँगी। सब कुछ लिखकर लाई हूँ।"

" अगर चन्ना वहाँ न मिली तो ?"

" मिलेगी , मिलेगी नहीं तो कहाँ जाएगी ? क्यों परेशान हो रहे हो ? अगर ना मिली तो सिधे यहाँ चली आऊँगी। लेकीन मेरे रहने पर तुम लोगों को परेशानी होगी। दीदी है, बच्चें हैं , सूजन है , उसके बच्चे हैं , उनकी शादी होगी। यहाँ न रहने पर भी मेरा आना-जाना लगा रहेगा। आऊँगी सब देखूगीं फिर होम वापस चली जाऊँगी।"

"तुझे सब पता है ?"

वास्तव में रूपसी के पास किसी का भी पता-ठिकाना नहीं था। मां-बाप से वह कैसे कहती कि उसके पास एक का भी ठिकाना नहीं है। वेलफेयर दीदी ने कागज पर जो पता लिखकर दिया था उस पते पर जाना भी मुश्किल है। संध्या चटर्जी , विकल्प आश्रय..... नारी कल्याण.....हावड़ा......। ठिक है ,ढूँढते हुए चली जाएगी वह। पर एक बार पति दर्शन की आशा है मन में। शाम ढलते ही पहुँच गई थी। चुपचाप सब। घर भी आसानी से ढूँढ लिया। बरामदे के एक कोने में रूपसी बैठी रही। लड़खड़ाते हुए जतीन घर आया। ताला खोलकर सांकल खोलने लगा। रूपसी स्थीर बैठी रही। बहुत-बहुत देर के बाद रूपसी अंदर घुसी। उसी चौकी पर जतीन सो रहा है जिस पर वर्षो पूर्व उस काण्ड के होते वक्त रूपसी सो रही थी।

जेठानी के कमरे का दरवाजा खुला हुआ था। अंधेरा। चारों तरफ केवल अंधेरे का ही राज था। उस घने अंधेरे में केवल एक ढिबरी टिमटिमा रही थी। खा - पीकर मस्त मौले की तरह रहने के कारण हट्टा-कट्टा हो गया था। लुंगी गंजी पहने था। कटारी को दोनों हाथों से जकड़कर रूपसी ने जतीन को धक्का दिया।

"सुनते हो , मै कहतीं हूँ सुनते हो जी।"

" सुनो जी।"

जतीन ने आँखें खोली।

"पहचानत हो ?"

"तुम..... तुम..... तू ?"

" हाँ मैं , पहचाना क्या ?"

"तू...... ही...याँ ?"

" कऊन ठिकाने जईबो ?"

" तू......का.....काम बा ?"

" हिसाब लेने आई जी।"

" किसका ?"

" बड़ी बहु को तुमने काट डाला..... मुझे.....।"

"ना......ना.....ना.....रे बहु ना। वो गड़बड़ी में......।"

" नाम भी मेरा ही बदनाम हुआ , मियाद काटकर के भी मैं ही आई..... निर्दोष होकर जब मैं जेल गई तब क्यों न दोष भी कर डालूँ। चौदह साल तक केवल यही एक बात मैं सोचती रही।"

"ना......ना.....ना......बहू....।"

हड़बड़ाकर जतीन उठने लगा।

"ना कहने से कैसे चलेगा ?" रूपसी ने दीपक बुझा दिया।

जतीन मान्ना के रहस्यात्मक हत्या कांड के लिए निरापद मान्ना , भागीदारी में जिसके साथ उसका पिछले तीस साल से दीवानी मामला चल रहा था, अवगारी दुकानदार के साथ उसका झगड़ा , पंचायत के सदस्य के बहन की इज्ज़त हानि आदि ऐसी अनेक घटनाओं को आधार माना गया।

भेनरिक्सा में लेटकर जतीन मान्ना ने प्रस्थान किया। गाँव के लोगों ने मन ही मन कहा, चलो पापी का विनाश हुआ। किसी को भी रूपसी मान्ना का ख़्याल नहीं आया। हाँ , उस दिन सूरज ढलने पर , सर ढंक कर एक औरत घर में घुसी तो थी। पर वो तो नित दिन की बात है।

डायमंड हार बार में भाजी , सजहन की फली , आलू , मूली बेचते समय रूपसी को ख़बर मिलती है कि वह विधवा हो गई है। सूजन ही कहने आया था। रूपसी ने कहा, "बोहनी का समय है , देर तक खड़ा मत रह। मैं कब सधवा थी रे ? जो आज कहने आया है कि मैं विधवा हुई।" सूजन वापस चला गया।

भात

महास्वेता देवी

सुबह से सन्नेसिचरण भात खाने के लिए बैठा है। हाईड्रान्टे के पानी से नहाया है। अपने पहने कपड़े को नंगे खड़े होकर पार्क के रेलिंग पर रखकर सुखाया है। उसके बाद ही वह राय बाबू के गाड़ी बरामदे में आकर बैठा है? रोज़-रोज़ जिस घर में भीख माँगने पर भी उसे भीख नहीं मिलती थी उसी घर से उसे आज भर पेट भोजन का न्योता मिला है।

सन्नेसिचरण इसी पार्क में सोता था। कामवाली बाई को इसकी ख़बर थी। कल काम वाली बाई, फौ फटने से पहले ही ख़बर कर गई कि कल बाबू लोगन के घर में उसको भात खाना है। "मोकरासे कहत हो ?"

"हाँ रे। तोकराको ही बुलाने को कहा रे।"

" भात खावन बा ?"

" हाँ रे। का जाने माँ कछु पूज उजा करतबानी। ठीक दोपहार को कंगाली भोजन होत है। समझगईल न ? फजीरे पहुँच जईबै का समझा ? अउर पेट भरके खईबे ठीक बा ?

"तब तो भीख माँगने नहीं न निकलू ?"

" ना रे। एक ठो रुपया कंगाली बिदाय भी मिलेगा।"

" भात को हिया पर लाकर खाने को मिलेगा का?"

"क्यों? उस लूली को खिलाकर फिर खईबै का?"

"ना रे ना। उ भात खावत नाहीं। केतना दिन हुई गवाल, एको दाना भात पेट मा नाहीं गया। भात मिलेगा सुनकर पूछत हो कि-"

" ना रे ना। हुँआ पर बईठ कर ही सब खाना पड़ेगा। तोकरा से ना बन पड़े तो बोल, भिखारी लोगोन का फुटपाथ में कोई कमी नाहीं। दूसरा भिखारी को खोज लईबै।"

" ना ना ऐसन ना बोलो। हमहू अईबै करी।"

सुबह से सन्नेसि गाड़ी बरामदे के साये मे बैठा है। घर के अंदर न जाने क्या पूजा चल रही है। परंतु आज उसका बहुत मान है। ड्राइवर, काम वाली बाई, रसोइया, सभी उसकी पूछ-परछ कर रहें है। अपनी ओर देखते हुए दरवान की आँखों में उसने कौतूहल, आंतक और करूणा देखा था।

नौकरानी एक बार आकर पान खिला गई। फुसफुसाकर कह गई कि ये कितना महापातक है। सन्नेसि को कुछ सुनाई नहीं दिया। वह दीवार से टेक लगाकर भात का सपना देख रहा है। भात। गर्म- गर्म भात उसके लिए सपने जैसा ही है। न जाने कब से कलकत्ते में वह भीख माँग रहा है। भात उसके लिए सपने से भी बड़ा सपना है। आज उसका पूरा शरीर गल गया है, साँसो में बदबू घर कर गई है, पूरा शरीर दर्द और बीमारी की ज़हर से भर गया है। इस पार्क से निकलकर हाजरा के मोड़ की गलियों तक जाते जाते उसके शरीर के अंजर पंजर ढ़ीले पड़ जाते हैं। चार-आने रोज बट्टा न दे पाने के कारण मागनदास के दखली फूटपाथ में से उसे निकाल बाहर किया गया। तभी से वह पार्क के पेड़ो के निचे अपना निर्वासित जीवन बिता रहा हैं।

दल के भिखारियों को सुबह चाय- रोटी शाम को दाल- चावल खाने में मिलता है। और मागनदास चावल, कपड़ा और चार-आने अपने हिस्से का लेता है। जिस दिन से मागानदास की शर्तो को सन्नेसि पूरा करने में असमर्थ हुआ उसी दिन से वह दल बाहर हो गया। तभी से वह इस पार्क की पेड़ के नीचे अकेला रह रहा है। मागनदास ने उसे रास्ते में लुढ़क लुढ़क कर भीख माँगने की सलाह दी थी कि इसमे पैसा भी बहुत मिलता है।

पर सन्नेसि ने जवाब दिया था, " मुझसे नाहीं होगा, डर लागत बा।"

मागनदास ने चिढ़कर पूछा था, "काहे को रे"?

"जो लोगन हमरा के चलते-फिरते हुए देख रहें है उलोगन हमरा के लुढ़क लुढ़क कर जाते देख चेहरे से चिन्ह के कि ए तो वहीं भिखारी बा मार मारके चमड़ी नाहीं उखाड़ देंगें जैसे ललना को मारा था?

"तब तो भाग हियाँ से। हिस्से का बोरा, टिन का डिब्बा सब कुछ सुखेन के जिम्मे करके जाना। इसमे से कुछ भी तो तेरा नहीं है।"

"सब कुछ वापस कर देना पड़ेगा?"

कान खुजाकर मागनदार बोला,"सब कुछ। ज्यादा बक- बक किया न तो पहनी हुई कच्छी भी उतार लूंगा। छप्पन के कपड़े उतार कर कैसे कागज पहनाकर निकाल दिया था याद नहीं? टिन का डिब्बा, बोरे का हकदार तू कैसे बना रे? जैसे मैं तेरा महाजन वैसे मेरा भी एक महाजन

है कि नाहीं? मुझे उसे भी तो हर महीने हिसाब देना पड़ता है? जा- जा, भाग यहाँ से?"

डर से काँपता हुआ वहाँ से भाग आया था सन्नेसिचरण। मागनदास उसका महाजन मागनदास के ऊपर एक और महाजन है, उसके ऊपर भी और एक महाजन है। तब तो यहाँ कोई भी अपना नहीं है? सोचते- सोचते सन्नेसि का सर चकराने लगा था। भीख मांगो,जो मिलता है मागनदास को दे दो फिर दूसरे कंगालियों से लिपटकर सो जाओ। बस यही था सन्नेसि का सीधा-सादा जीवन और जगत। परन्तु इस जीवन और जगत में भी इतने निर्यातन है- यह किसे पता था?

भीखमांगने वाले बड़े ही निर्दय और निर्मोही होते हैं। दल से निकाल बाहर कर दिए जाने के बाद किसी ने उसकी खबर नहीं ली। किसी ने नहीं पूछा,"क्यों रें तुझे आजकल भीख मिलता भी है या नहीं?"

बुढ़ापा बहुत दुख देता है। रास्ते पर जो भीखारी भीख मांगते हुए घुमते दिखाई देतें है वे सभी एक ही दल के भीखारी हैं। सन्नेसी को पास फटकने नहीं देते, उसे मारेगें कहकर डरातें हैं। इसलिए उन सबके चले जाने के बाद, भरी दुपहरियों में सन्नेसि माँगने निकलता है। भरी दुपहरिया में कोई भिख देता है क्या? इसलिए सन्नेसि महिने के बीस दिन केवल हवा और नल का पानी पिकर ही बीताता था।

पर आज वह भात खाएगा। पेट भर कर भात खाएगा। नौकर ने कहा है, तुझसे जितना हो सके भात खा लेना, जितना हो सके उतना ही दाल और माछ भी उतना ही भर पेट खाना। पर याद रखना प्रसाद मिलते ही उसे सबसे पहले खा लेना

सन्नेसि सपने देखने लगा, भात के सपने, और उसने आँखें मूंद ली।

घर के अंदर अब गुप्त पूजा ख़त्म होने को है। बूढ़े कर्ता बाबू ने दो शादियाँ की थी। दोनों से कुल मिलाकर सात बेटे, चार बेटियाँ हैं और आजतक दोनों पत्नियाँ भी जीवित हैं।

कर्ताबाबू बहुत बीमार हैं। भाईरस कहाँ है, किस तरह, कहाँ- कहाँ, कैसे- कैसे काम कर रहा है खोज -खोज कर डॉक्टर लोगों ने थक हार कर कर्ताबाबू को उनके अपने हाल पर छोड़ दिया है। आपसी पुराने झंझट- झगड़े को छोड़कर अब दोनों पत्नी,ग्यारह बच्चे सब मिल जुल कर एक हो गए हैं। न जाने कब कर्ताबाबू ने वसीयत करके अपनी प्रेयसी हेलेनरानी(अभी मृत) के बेटे को अपनी संपत्ति का एक हिस्सा लिख दिया है।

वह लड़का एक नबंर का लुच्चा और लंपट है। परंतु मुश्किल यह है कि वसीसत के बारे में वह पूरी जानकारी रखता हैं।

अस्वस्थ होने से पूर्व अक्सर कर्ताबाबू कहा करते थे कि मैं वसीयत बदलना चाहता हूँ, मदन को फूटी- कौड़ी भी नहीं दूँगा।

पर किसको पता था कि इस दो-दिन के बुखार मे ही, छिहत्तर वर्ष की आयु में, जबकि उनकी हथेली की रेखाओं में स्पष्ट लिखा था कि उनकी आयु नब्बे वर्ष की है, इतना बड़ा कांड हो जाएगा। वसीयत बदलने से पहले ही अगर कर्ताबाबू की मौत हो गई तो बहुत मुश्किल होगा। सबसे बड़ा झमेला तो यह है कि जिस एडवोकेट के जिम्मे वसीयतनामा है वह बंदा आजकल बहुत ईमानदार बन गया है। कुछ दिन पहले ही किसी तैयार वसीयतनामा में गड़बड़ी करके फँस गया था। इसलिए आजकल हर मामले में फूँफ- फुँककर कदम रख रहा है। इस वसीयत में कोई हेर-फेर न हो इसका पूरा ख़्याल रख रहा हैं।

दरअसर सही बात की ख़बर सबको है। आजकल मदन की क्षमताएँ बहुत बढ़ गई हैं। मदन को नाखुश करके एडवोकेट ज़्यादा दिन अपने क्षेत्र में टिक नहीं सकेगा।

कर्त्ताबाबू स्वस्थ्य होकर वसीयतनामे में अगर फेर बदल करते हैं तो सब मामला सुलझ जाता है। पर सब मुश्किल की ज़ाड़ तो यह है कि बाबू बेहोश है, चेतना के लक्षणों से दूर हैं और डॉक्टरों ने अपने हथियार डाल दिए हैं।

ऐन वक्त पर बड़े बेटे के ससुरजी ने गाँव से तांत्रिक को बुलवाया है। गुप्त पूजा जारी है। सात दिन से बंद दरवाज़े के अंदर क्या हो रहा है किसी को ख़बर नहीं है। परंतु आज, कर्त्ताबाबू के सभी व्याधि और आसन्नमृत्यु की संभावना को एक राई के अंदर क़ैद करके उस राई को एक केले में भरकर उस केले को किसी एक व्यत्ति को खिलाकर उसे इस पूजा में निवेदित अन्न को भी खिलाना पड़ेगा।

वह व्यत्ति मर जाएगा और कर्त्ताबाबू को जीवन दान मिलेगा। वह व्यत्ति खूंसट- बूढ़ा हो सकता है इससे कोई फ़र्क़ नहीं पड़ने वाला परंतु वह लँगड़ा, लूला या विकलांग होने से नहीं चलेगा।

नहीं, कोई स्वस्थ्य देहधारी व्यक्ति नहीं चाहिए। इसलिए सन्नेसि को बुलाया गया है। बड़े बेटे के ससुर इस तांत्रिक से बहुत प्रभावित हैं। अपनी आँखों से इसे होनी को अनहोनी करते देखा है। और तांत्रिक ने भी स्वीकार किया है कि उसका प्रयास कभी असफल नहीं होता हैं।

इसलिए कर्ता बाबू के उच्च शिक्षित, उच्च पद कार्यरत फौरैन रिटर्न बेटे, जवांई- बेटियों ने इस गुप्त पूजा मैं अपनी सहमती जताई। तांत्रिक अँग्रेज़ी भी जानता है। अँग्रेज़ी में ही उसने अपनी इस पूजा की संपूर्ण विधि को समझाया। इससे भी

बैठे सभी लोग अभिभूत हो गए।

मदन भी अपने पूरे दल-बल के साथ पड़ोस के घर में बैठा है। उसने अपना एक भरोसेमंद डॉक्टर को रोगी पर कड़ी नज़र रखने के लिए रोगी के कमरे में बैठा रखा है। जो कर्त्ताबाबू के बनते बिगड़ते सभी स्थिति की ख़बर लगातार बाहर पहुँचा रहा है। कर्त्ताबाबू के वैध बेटों ने इस पर कोई विरोध प्रकट नहीं किया। दरअसल बात यह है कि प्रत्यक्ष रूप से देखा जाए तो रोगी के कमरे में तो कुछ भी नहीं हो रहा हैं। असल में सभी पूजा की विधि तो नीचे के एक कमरे में चल रहा है। मदन को इस बात की कुछ भी जानकारी नहीं हैं। फिर भी उसे इन सबमें आपत्तिजनक कुछ भी नज़र नहीं आया। दूरारोग्य व्याधि से उबरने के लिए लोग पूजा, मानता आदि तो करते ही हैं। मदन आजकल ऊपर महल में जो चहल-पहल हो रही है उसका ज़्यादा ध्यान रख रहा है।

पूजा खत्म हुई।

चीख पुकार से अचानक सन्नेसि का ध्यान टूटा। एक बजकर तीन मिनट अब उसे केले को खाना ही पड़ेगा। सन्नेसि ने देखा नई क़लई की खाली में पहाड़ की नाई भात, माछ, दाल, तरकारी, दही, मिठाई परोसा गया है। तांत्रिक, उसके सर पर हाथ रख कर कुछ बुद-बुदाने लगा फिर घड़ी की ओर देखकर उसे एक छोटा सा केला खाने के लिए दिया, जैसे पूजा का केला होता है वैसा ही, छोटे बच्चे के छोटी उँगली के जितना।

सन्नेसि ने एक ही कौर में केले को रखा लिया। तुरंत सभी की आँखें में आशा की किरणें चमकने लगी। सभी ने राहत की साँस ली।

तांत्रिक ने कहा, अब इसे खाने दीजिए। अब चिंता की कोई बात नहीं हैं। चलो सभी भीतर चलें, थोड़ी चाय पी लें।

सन्नेसिचरण भात पर झपट पड़ा। भात, इतना भात, खेतों में उगने वाले महीन से महीन चावल का भात उसे परोसा गया था। उसकी आँखें धुंधला गई।

हाथ से दबा-दबाकर परख परख कर खा रहा था। धीरे- धीरे उसका पेट फूलने लगा। फिर खाते-खाते ही छाती में दबाव महसूसने लगा। भात के भार से शरीर टूटने लगा फिर भी सन्नेसि ने खाना नहीं छोड़ा। टटोल -टटोल कर वह सब भात खाएगा। एक दाना भी नहीं फेंकेगा। सुगंधि चावल, रोहू मछली के तैलाक्त पेट का टुकड़ा, परवल की तरकारी मूँग की दाल इन सबको क्या वह फेंक सकता है? केवल वहीं क्यों? क्या किसी भिखारी ने कभी भी ऐसा अन्न खाया है? यह खाना तो न्योते के

खाने से भी बढ़कर है। वहाँ तो केवल पत्तल चाट के खाना होता है।

सन्नेसि को देखते हुए नौकरानी ने दरवान से कहा, वो तो इस बार बच गए जी। पर इस भिखारी का क्या होगा?

दूश। भिखमंगा है वो तो।

फिर भी इनसान तो है ना?

दूश। भिखारी कहींका।

सन्नेसि खाता रहा। उसे दिखता कम है और सुनाई भी कम ही देता है। दर वान और नौकरानी की बातें, उसके कान तक ही नहीं पहुँची।

फिर एक समय ऐसा आया जब सन्नेसि लुढ़कता हुआ घर के सामने वाले पार्क तक पहुँच गया। पेड़ के नीचे लुढ़क गया, फिर उसने आँखें मूँद ली।

पौ फटते ही महा गोलमाल शुरू हो गया। पार्क से लगा हुआ रास्ता गाड़ियों से भर गया। कर्त्ताबाबू ने रात को ही आँख मुँद ली। उनके लिए बंबइया खाट, फूलों के पहाड़ आदि लाकर इकट्ठा किया जाने लगा। झूंड के झूंड में लोग आने लगे। पिता के प्रति अपने अधिकार की भावना को जताने के लिए मदन ने शवयात्रा की पूरी व्यवस्था को बड़ी ज़िम्मेदारी के नियंत्रित करने लगा। कर्त्ताबाबू के लड़को ने भी समझा कि जब होनी को टालना संभव नहीं हुआ तो मदन के हाथों में ही सब कुछ छोड़ देने में ही समझदारी है। उससे पंगा लेने से, दुश्मनी बढ़ाने से अब और कोई फ़ायदा नहीं है। बल्कि समय का तक़ाज़ा तो यही है कि उससे साझेदारी रखी जाए। इसी में फ़ायदा है।

किसी को भी कुछ पता ही नहीं चला। कर्त्ताबाबू को लेकर सभी लोग पूरे दिन व्यस्त रहे। शाम को अवसर प्राप्त बूढ़े जब पार्क में बैठने के लिए आए तभी उन्होने, बासमती चावल में लिपटे मर कर काठ होकर पड़े हुए सन्नेसिचरण के मृत देह को देखा।

लीलावती

- आशुतोष मुखोपाध्याय

कहानी की पटभूमि ग्वालियर के दुर्ग का अन्तर्भाग होने पर भी इसका बहुतांश कोलकाता से जुड़ा हुआ है। आर्टिस्ट अम्बरनाथ केवल एक बंगाली ही नहीं है उनके वंश का यश-अपयश सब कुछ प्राचीन कोलकाता के इतिहास में लिखा है। उनके पूर्वजों में से कोई राजा उपाधिधारी थे। उनके बाद के कुछ पूर्वजों को इस बात का बहुत गर्व रहा। पर आज उनका ऐश्वर्य प्रायः नहींवत् सा है, जमींदारी भी राष्ट्रनैतिक व्यवस्था के कारण प्रायः विलीन हो गई है। फिर भी आज अगर उनके संचय का हिसाब देखा जाए तो, कुछेक परिवारों के दो-तीन पूर्वज आसानी से खा-पहन-ओढ सकते हैं। वक्त के बदलाव के साथ-साथ यहाँ के इन लोगों में आज भी कोई बदलाव नहीं आया है। आज भी अपने यार-दोस्तों को लेकर कोई चलचित्र प्रतिष्ठान खोल बैठते हैं या कभी कोई ड्रामा कंपनी। अंधेरा होते ही इनकी नाड़ी की गति का प्रवाह भी द्रुत हो जाता है। परंतु अंदर महल का परिवर्तन स्पष्ट है। एक समय था जब ये लोग असूर्यस्पर्शा थी। पुरूष का संग इनको केवल रात को ही मिलता था। इसके बाद ये लोग आज एक जूट होकर सिनेमा जाते हैं, पिकनिक मनाने जाते हैं, खेल के मैदान में जाते हैं, उत्साह के साथ चेरिटि शो की टिकिटें बेचते हैं।

ऐसे परिवार के लड़के अम्बरनाथ अगर आर्टिस्ट बनने की सोच रहे हों तो कोई विचित्र बात नहीं है। पर उनकी चारित्रिक विशेषताओं ने मुझे काफी हद तक आकर्षित किया। शायद दस वर्ष पहले की बात है। पहली बात ये कि उस समय मैं जवान था और दूसरा ये कि पहलवानी का शौक होने के कारण शरीर भी चुस्त-दुरुस्त था। सुनने में आया कि अपने संगी साथियों के साथ जो धनिक परिवार का लड़का अक्सर हमारे इलाके में विचरण करने आते हैं उनकी मंशा कुछ अच्छी नहीं है। एक दिन मुलाकात हो गई। अचानक रास्ता रोककर उनको पकड़कर झकझोर दिया और आदेशात्मक स्वर से बोला "अगर फिर कभी इस ओर दिखाई दिए तो टांगे तोड़ दूंगा।"

गड़बड़ वाला मामला देखकर उनके संगी-साथी सब भाग खड़े हुए। अम्बरनाथ आचर्य चकित हो खड़े रह गए। मेरे दो एक मित्रों को उनकी ओर बढ़ते देख डर के मारे बोल उठे, "अगर आपको भी ऐसे झकझोरा जाए तो आपकी भी सारी हड्डियाँ चटक जाएगी।" मुझे बड़ी गहराई से देखने लगे। "पहलवान है आप, मेरे अकेले के वश की बात नहीं है।" फिर हँसते हुए बोले, "आपका मकान किधर है?"

ये तो समझ में आ गया कि डर उनको छू तक नहीं गया था। मेरे मित्र भी अवाक् होकर उनको देखने लगे। अतः डाँटते हुए कहना पड़ा कि ये सब दिखावाबाजी यहाँ नहीं चलेगी। याद रहे जो भी मैंने कहा था इधर दिखना नहीं चाहिए।

दोनों आँखें फाड़-फाड़कर देखने लगे। उनको ताकते हुए देखकर मुझे भी अचरज होने लगा। मुस्कुराकर कहते हुए चले गए कि फिर मुलाकात होगी - गुड बाई।

धीमी चाल से लौटने लगे। द्विधाग्रस्त होकर एक मित्र ने कहा "धमकाकर गया क्या, समझ में नहीं आया? फिर एकबार पकड़ूँ क्या?"

मैंने कहा, "रहने दो, दूबारा मिला तो फिर दो टांगों पर वापस नहीं जा पाएगा।"

पर मिलना हुआ और उसी दिन और उसी रात को। गली या रास्ते पर नहीं एकदम मेरे घर के बैठक में। कोई महाशय आपसे मिलने आए हैं सुनकर बैठक में जाकर देखा तो आराम केदार में बड़े मजे से बैठे थे। चकित होकर पूछ बैठा, "यहाँ कैसे?"

हँसकर बोल उठे, "आपके पास ही आया हूँ, कहा तो था कि फिर मुलाकात होगी, बैठिए न।" सकौतुक (कौतुहलवश) देखने-परखने लगे, फिर जोर से हँसने लगे। - "बड़े अद्‌भूत इनसान है आप, आप मुझे बहुत अच्छे लगे। ये क्या, ऐसे क्यों देख रहे हैं, एक बार फिर झकझोरने का इरादा है क्या? मेरा शरीर अभी तक दर्द कर रहा है।"

मैं भी हंस पड़ा था। "अद्‌भूत इनसान मैं हूँ या आप? पर इस वक्त यहाँ कैसे?"

"आपसे मिलने आया था। आप पढ़ते हैं क्या? एम.ए. कर रहे हैं? तब तो आप मेरे सामने बच्चे हैं। चार वर्ष पहले ही मैंने वो काम तमाम कर दिया है।"

मैं बहुत असहज महसूस कर रहा था। फिर उन्होंने कहा, "आपका घर ढूंढते-ढूंढते मैं हैरान हो गया हूँ। बड़ी भूख लगी है। और कुछ हो न हो कम से कम एक प्याली चाय तो पिला ही सकते हैं न?"

उठना पड़ा। कुछ सोचकर माँ से बोला, "चाय के साथ साथ कटोरी भर मुढ़ी

भी भेजना बैठक खाने में, एक बड़े घर के बेटे का सत्कार करना है।"

अवाक होकर माँ ने पूछा, "केवल मुढ़ी क्यों?"

- "हाँ केवल मूढी, और कुछ भी मत देना - चाय के सिवाय।"

पर मुढ़ी की कटोरी को देखते ही मेरे अतिथि उल्लासित हो उठे। उनको परेशान करना चाहता था, पर खुद ही परेशान हो गया। जितना हो सके मुँह से थूक घुटककर बोले, "इसमें घी न डालकर तेल डालने पर भी बहुत स्वादिष्ट लगता है - बहुत पहले एकबार ऐसे खाया था।"

व्यवहार में कोई कृत्रिमता नहीं, होता तो शायद नजर आता। कटोरी के तले पर लगे घी तक को भी जिस तरह से तृप्त होकर खा रहे थे देखने लायक था। अब तक मैंने ऐसा भोजन रसिक नहीं देखा था। खाने से अधिक उनके खाने का आडम्बर चतुर्गुण था।

दो चार घुंट चाय का लेने के बाद बड़े आराम से सांस लिया। निरिह भाव से पूछ बैठे, "आप इस क्षेत्र के मस्तान है क्या?"

- "नहीं पर कुछ हद तक सामाजिक कर्तव्य है।"

- "वो तो ठीक है पर एम.ए. परीक्षा से पहले इस प्रकार के कर्तव्यबोध की मात्र अधिक होने पर फेल होने की संभावना अधिक है। आप क्या सोचते हैं कि इधर क्यों आता-जाता हूँ? यहाँ की लड़कियों को बिगाड़ने के लिए?"

- "वो तो आपको ही पता होगा।"

मेरी ओर देखकर जोर से हँस पड़े। बोले - "नाराज हो गए क्या? ऐसा सोचना गलत नहीं है। हमारे घर में यह आम बात है। पर बहुत फिका फिका लगता है। मैं, आर्टिस्ट अम्बरनाथ हूँ - चित्र बनाता हूँ। ये सही है कि एक दिन बहुत बड़ा आर्टिस्ट बनूंगा। पर घर में कोई विश्वास नहीं करता है। मेरे लिए एक स्टुडियो भी बना दिया है। दादाजी को मना लिया है - मोडेल लाने के लिए पैसा देंगे।"

यह मैं अस्वीकार नहीं करूँगा कि मैं उनके प्रति आकृष्ट हो रहा था। उनके आमंत्रण पर उनके घर भी गया। पहले कभी-कभी, फिर रोज-रोज। अज्ञात रूप से न जाने कब से उन्हें दादा पुकारने भी लगा। उनकी माँ से परिचय होते ही एक बहुत पुराना योगसुत्र निकल आया। हमारे पूर्वज इस वंश में गुरुगिरि करते थे। अंदरमहल में प्रवेश करने का पासपोर्ट निरद्वंद रूप से मिल गया। उनके घर जाने पर जब अम्बरनाथ अपनी माँ को पुकारकर कहते कि माँ आपके गुरूवंश का बेटा आया है तब घर की युवतियों का अवज्ञामिश्रित जिज्ञासा मुझे बहुत दुःख देती। लड़कों की निर्लिप्तता भी कुछ सुखकर नहीं होती। परंतु अकेले अम्बरनाथ का व्यवहार इतना

आंतरिक होता कि वहाँ कोई भी प्रतिकूल अनुभूति का कोई स्थान नहीं रहता था। इसके सिवाय सभी से अलग घर के इस विशिष्ट व्यक्ति का मेरे प्रति विशेष लगाव देखकर सभी लोग क्रमशः मेरे करीब होने लगे।

अब मूल कहानी पर बात की जाय। हमारी घनिष्टता के करीब दो साल के बाद एक अधिवेशन में योगदान देने के लिए अम्बरनाथ को ग्वालियर जाना पड़ा। दस-पन्द्रह दिन के बाद ही वापस आना तय हुआ था। परन्तु आठ वर्ष होने को आए आज भी वो वहाँ से लौटकर नहीं आए। परन्तु यह खबर हमें बराबर मिलती रहती थी कि वे वहाँ पर एकदम मजे में हैं।

और थोड़ा विस्तार से बताता हूँ। पहली खबर उनके ग्वालियर रवाना होने के तीन माह पश्चात आई। खबर यह थी कि एक राजपूतरमणी के रूप जाल में फंसकर अम्बरनाथ उस मरूभूमि के देश में अटक गए हैं। इस खबर से घर का कोई भी यहाँ तक कि अम्बरनाथ के माता पिता ने भी निश्चितता का अनुभव नहीं किया। यार दोस्तों ने हँस बोल लिया कि चलों इतने दिनों के बाद असली चेहरा बाहर आया। इसके कुछ समय पश्चात फिर यह पता चला कि अम्बरनाथ ने उस लड़की से विवाह कर लिया है। यह एक अप्रत्याशित खबर थी। और सभी मामले को सहन कर लेने पर भी शादी ब्याह के मामले में ये परिवार आज भी रक्षणशील है।

सभी के सामने ही अम्बरनाथ के पिता दुःखी हुए कि इतनी जल्दी ब्याह करने की क्या आवश्यकता थी?

दादाजी ने इस खबर को अधिक महत्व नहीं दिया। उन्होंने अपनी प्रतिक्रिया यह कहकर जताई कि - छोड़ो भी ये भी कोई ब्याह है क्या! देखना दो दिन में घर वापस आ जाएगा।

माँ शंकित हो गई कि विदेश में न जाने किसने उसे फांस लिया। यहाँ होता तो चिंता की कोई बात नहीं थी।

पुरुषवर्ग चौंक गए, बात विवाह तक पहुँच गई तब तो उसका रूप भी उपेक्षायुक्त नहीं है। औरतों ने नाक भौंह सिकोड़कर कहा, अगर मेम से विवाह रचाता तो समाज में गर्व के साथ कह सकते थे पर ये तो न जाने कहाँ की राजपूतानी के साथ।

कुछ समय ऐसे ही बीत गया। बाबा ने लिखा कि रूपये भेज रहा हूँ, जैसे भी हो रफा दफा करके वापस आ जाओ। कुछ समय और बीत जाने पर माँ ने पत्र लिखा, लड़की को अपने साथ लेकर ही घर वापस आ जाओ। उसके लिए मैं एक अलग मकान की व्यवस्था कर दूंगी।

पर अम्बरनाथ की ओर से कोई जवाब नहीं आया।

फिर तो यहाँ से एक व्यक्ति को रूपए और सलाह देकर वापस लाने के लिए भेजा गया। कुछ दिन में ही चेहरा लटकाकर जनाब लौटकर भी आ गए। पूछने पर केवल इतना ही पता लगा कि बाप रे बाप! जहर से लिपटी छुरी है एक - मुझे परेशान मत करो, साँस लेने दो, जान बची लाखो पाए।

इसके बाद भी जाने वालों का उत्साह कम नहीं हुआ। उनसे अधिक उत्साह के साथ एक और रितेदार जाने को तैयार हो गए कि जाकर उनको वापस लेकर ही आएँगे। और फिर जब वो वापस लौटकर आए तो उनकी हालत पहलेवाले से अधिक वेदनादायक थी। सर पर पट्टी - पता चला पहाड़ पर से फिसल कर गिर गए थे। अम्बरनाथ की बात के चलते जवाब मिला, उसकी आशा छोड़ दो, वो अब वापस लौटकर नहीं आने वाला।

अपने अभिजात्य को भूलकर, उनकी माँ लगातार दो तीन दिन तक हमारे घर आकर रोना-धोना करने लगी। "विदेश में एक लड़का ऐसे ही बरबाद हो जाएगा और तुम लोग उसके लिए कुछ भी नहीं करोगे?"

मैंने कहा, परेशान क्यो हो रही हैं, सभी ने तो आकर बताया कि वहाँ बड़े मजे से है।

"इसे मजे में रहना कहते हो! तुम एक बार जाओ बेटा। तुमको बहुत चाहता है, तुम्हारी बात वो जरूर मानेगा।"

बड़ी मुश्किल से उनको समझाया कि मेरा वहाँ जाना संभव नहीं है और सुशोभन भी नहीं है। पर मैं पत्र द्वारा उसे समझाने की कोशिश कर सकता हूँ।

पर मैं उसे समझा नहीं सका। इतनी आंतरिकता के बावजूद अम्बरनाथ ने स्वयं कभी मुझे पत्र नहीं लिखा। फिर मैं उपजाचक होकर क्यों लिखूं?

सुनने में आया कि वहाँ के एक स्कूल में अम्बरनाथ नौकरी कर रहे हैं। विद्यार्थियों को चित्र बनाना सिखाते हैं। सुनकर उनकी माँ ने कपाल पीट लिया। अंततः क्या स्कूल मास्टरी करना ही बचा था। लड़की ने क्या उस पर जादू-टोना कर दिया?

सुदीर्घ आठ वर्ष बीत गए। अम्बरनाथ के वापस आने की आशा सभी ने छोड़ दी। यहाँ तक कि उनकी माँ ने भी। पर जब उन्होंने सुना कि किसी काम के संदर्भ में मुझे ग्वालियर जाना है तो मुझसे मिलने दौड़ी चली आई और कातरस्वर से विनती करने लगी कि "अन्ततः और एक बार कोशिश तो करनी ही पड़ेगी। एक लड़की से समझौता नहीं कर सकोगे?"

मैंने जवाब दिया, ''मुझसे पहले बहुतेरे कोशिश कर चुके हैं।''

''उनकी बातें छोड़ दो। तुम मुझे वचन दो तुम कोशिश करोगे।''

मैंने कहा, ''मैं कोशिश करूँगा।''

ग्वालियर में ऐतिहासिक सम्मेलन होने वाला है। अखबार की ओर मुझे उस सम्मेलन में खबरों को कवर करने जाना है। अवसर मिलते ही मैंने लपक लिया। जाते समय मुझे आभास हुआ कि अम्बरनाथ के लिए मेरे मन में कितनी जिज्ञासा पूंजीभूत थी।

वहाँ जाकर मैं अचम्भे में पड़ गया। ग्वालियर बहुत सुन्दर जगह हैं। चारों ओर से पहाड़ों से घिरा छोटा सा शहर। परंतु यहाँ के लोगों से मिलकर यह समझ में नहीं आया कि ये लोग प्रेम कैसे करते होंगे? नारी पुरुष सबकी पोशाक भी अद्‌भूत और चेहरे भी अद्‌भूत, कमनीयता का कहीं नामो निशान भी नहीं है, हर समय हर जगह राजपूत स्त्रियाँ दिखाई नहीं देती हैं।

दूर पहाड़ पर तांबे के रंग का ग्वालियर दुर्ग दिख रहा था। मजबूत ऋजु कठिन ऐतिहासिक दुर्ग। युगों से तिलतिल करके इस दुर्भेद दुर्ग ने प्रसिद्धि अर्जीत की है। इसके लिए कितने युद्ध कितना रक्तक्षय। यहाँ पर शक हूण, राजपूत, पठान, मुगल, अंग्रेजों ने राज किया है। ध्यान से सुनने पर आज भी हवा में झाँसी की रानी की दिल को उद्वेलित कर देनेवाली वज्रवाणी सुनाई देती है - ''मेरी झाँसी, नहीं दूँगी।''

जहाँ मैं ठहरा हूँ उस जगह का नाम है लस्कर। इधर दो एक बंगालियों का घर हैं। दो दिन में ही सब हिलमिल गए। मैंने देखा यहाँ के सभी लोग अम्बरनाथ को जानते हैं। - ''बाबा रे! उनको कौन नहीं जानता है, जो घटना घटी उसे कोई भूल सकता है क्या? मारामारी खून खराबी तक बात पहुँच गई थी। हम लोग भी परेशान हो गए थे। आजकल तो उस लड़की ने उसे अपना पालतू बना लिया है, इधर एकदम आते ही नहीं। उधर उस फोर्ट के उपर ही रहते हैं, वहाँ उनका स्कूल भी है और वहाँ उनका घर भी।''

कुछ समझ में नहीं आया। सोचा धीरे-धीरे सब पता चल जाएगा। परंतु इतिहास सम्मेलन की व्यस्तता के कारण समय नहीं निकाल पा रहा था। उस पर हाथ पाँव जमा देने वाली सर्दी है। शाम होते ही कम्बल ओढ़कर सो जाने का मन करता है। पर दुर्ग पर जाने के लिए भी मन तड़प रहा था।

पहली बार मिलते ही कुछ देर तक एकटक देखते रहे मेरे चेहरे को अम्बरनाथ। फिर बच्चों की तरह कूदा-फांदी और चिखने-चिल्लाने लगे। आसपास के क्वार्टर से लोग ताक झाँक करने लगे, उनके सहकर्मीगण। और इधर से पर्दा

सरकाकर जिन्होंने दर्शन दिया उनको देखकर तो मैं स्थान काल पात्र सब भूल गया। उनका वर्णन करने में मेरी लेखनी असमर्थ है। मूल बात यह है कि ऐसा रूप, ऐसा देह सौष्ठव, ऐसा घनआयत नयन मैंने आज तक नहीं देखा था। साधारण बंगालियों की तरह ही मामूली वेशभूषा। सत्ताईस-अट्ठाईस वर्ष की है मैं जानता हूँ पर बीस-बाईस से अधिक की लगती नहीं। पता नहीं कब तक अभिभूत होकर ताकता रहा। अचानक सचकित होकर दोनों हाथों को जोड़कर नमस्कार किया।

वों तो निष्पलक निहारती ही रही। दोनों आँखों से आग उगलती हुई।

हचकचा गया मैं। अम्बरनाथ के रिश्तेदारों द्वारा की गई उक्तियॉ याद आई। जहर से लिपटी छुरी है एकदम। अविश्वास्य, घृणा और विद्वेष का एक अद्भूत समन्वय था उनकी दोनों आँखों में। अम्बरनाथ की ओर देखा हम दोनों को देखकर मुस्कुरा रहे थे। मैं बोल उठा, लगता है मेरे आने से ये खुश नहीं है। फिर डरते हुए पूछ बैठा, "बांग्ला तो नहीं समझती है न?"

शारीरिक रूप से अम्बरनाथ जितने हृष्ट-पुष्ट लग रहे थे लगता है उनकी हँसी ने भी समान रूप से पुष्टिलाभ किया है। हँसी रूकने पर पत्नी से पूछा, "क्योंजी क्या तुम बांग्ला समझती हो?" फिर मेरे प्रश्न का जवाब देते हुए कहा, "आजकल मेरी बांग्ला में भी वर्तनी की भूलों को निकालना आरंभ कर दिया है। कल रात को रविन्द्रनाथ की कविता सुनते हुए सो गया था इसलिए मेरे सर के बालों को नोच लिया। मेरे सर में जो ये टकलापन नजर आ रहा है न वो इन्हीं की बदौलत है।"

फिर भी उस महिला के चेहरे पर मुस्कुराहट की एक हल्की सी रेखा भी नहीं दिखाई पड़ी।

दूर एक कुर्सी पर बैठकर इधर एकटक ताक रही थी। आनन्दातिरेक के कारण अम्बरनाथ का तनीक भी ध्यान उस ओर नहीं था। लगातार प्रश्न पूछते हुए कहने लगे, "कब आना हुआ?" "तीन दिन हो गए। "ठहरने की व्यवस्था कहाँ पर.....?"

"लस्कर!" "रास्केल, तुझे मैं इतना मार मारूँगा कि ... यहॉ पर आने के तीन दिन बाद तुम मुझसे मिलने आ रहे हो? और फिर ठहरा है तो लस्कर में?" उत्तेजित हो उठ खड़े हुए, स्त्री को सम्बोधित कर कह उठे,, "एक जाड़ी के लिए कह दो तो फोन करके अभी के अभी....।"

"क्या होगा?" इतनी देर में एक स्पष्ट शीतल नारी स्वर सुनने में आया।

"इनके सारे सामान को यहाँ लाना पड़ेगा। देख नहीं रही हो क्या?" अचानक रूक गए। पत्नी की ओर देखकर उनको लगा शायद समाचार कुशल नहीं है। थोड़ा असहज होकर कहने लगे, "तुम्हें न कुछ भी पता नहीं चलता है - अरे ये मेरा

मित्र मानिक है, रिश्तेदारों में से नहीं है।'' शायद विश्वास नहीं दिला सके, ''अरे अगर तुम हाँ न कहो तो ये यहाँ रहेंगे भी कैसे - अभी तक तुमने एक एक प्याली चाय भी नहीं पिलाई इनको। मैंने भी इस ओर ध्यान भी नहीं दिया।''

महिला उठकर चली गई। मैंने पूछा ''तुम्हारे रिश्तेदारों ने क्या कसूर किया है उनके साथ?''

''क्या पता ऐसे तो ठीक ही रहती है पर रिश्तेदारों को देखते ही बिगड़ जाती है।''

एकांत में ज्यादा बातचीत नहीं हो सकी। महिला ने आकर फिर से कुर्सी दखल कर ली। अपने आर्ट को लेकर अम्बरनाथ ने भाषण देना शुरू कर दिया। एक पहाड़ी परिचारिका चाय और कुछ नाश्ता रख गई। बड़ी मुश्किल से चाय पी ली पर नाश्ता वैसे के वैसे ही पड़ा रहा। गृहिणी की अतिथिपरायणता देखकर मेरा भी मिजाज खराब हो गया।

थोड़ी देर में ही उठ खड़ा हुआ। - ''चलता हूँ मिटिंग का समय होने को है।''

अम्बरनाथ वास्तविक जगत में लौट आए।

''चलता हूँ मतलब? फिर कब आएगा? खाना तो वैसा के वैसा ही पड़ा है। ठीक है, फिर तो शाम को ही यहाँ पर अपने सामान के साथ आ जाना। इनके हाथ के बनाये खाना खाने पर ही तू समझ जाएगा कि क्यों मैं दिन-ब-दिन हाथी जैसा हो रहा हूँ।'' - कहते हुए अट्टहास से फट पड़े।

मैंने भी हँसने की कोशिश की। महिला को नमस्कार किया। दृष्टि की उग्रता में अब भी कोई कमी नहीं आई थी। पर इस बार नमस्कार का प्रतिउत्तर मुझे मिला। अम्बरनाथ ने दो तीन बार याद दिलाया कि शाम को अवश्य यहीं पर लौट आना है, भूलना नहीं है और ज्यादा देर भी नहीं लगाना है, क्योंकि हम सभी तेरी राह तकते बैठे रहेंगे।''

हँसी आ गई। बोला, ''हम सभी का मतलब, क्या ये भी?''

फिर अट्टहास्य।

वापस आते वक्त लंबी-लंबी सांसे भरने लगा। इतनी दूर तक आकर भी शायद दुर्ग को देखना मेरे भाग्य में नहीं है। शाम हो गई। फिर रात भी घिर आई। मैं अनुमान लगा सकता हूँ अम्बरनाथ अस्थिर चित्त से मेरी प्रतिक्षा कर रहे होंगे। पर क्या किया जा सकता है।

दूसरे दिन सुबह से ही बारिश हो रही थी। बर्फिली सर्दी। शाम तक कम्बल के नीचे ही पड़ा रहा। अन्यमनस्क रूप से भी जो मूर्ति आँखों में तैर रही थी वह थी रोषदिप्ता अम्बरनाथ की गृहिणी की। शाम को एक मोटर आकर दरवाजे पर रूकी।

विदेशी ड्राईवर के हाथ में अम्बरनाथ की एक चिट्ठी - "स्वयं ही लेने आता पर सरदी लगने के कारण लीलावती ने आने नहीं दिया। गाड़ी भेज रहा हूँ। अभी के अभी सामान बाँधकर चले आओ।"

शांत होकर पत्र का जवाब लिखा, यहाँ मुझे कोई तकलीफ नहीं है। अगर हो सके तो कल एक बार आकर मुझसे मिलकर जाना। कुछ बातें करनी हैं। तीन चार दिन में ही कोलकाता लौट जाऊँगा।

ड्राईवर वापस चला गया। अम्बरनाथ के पत्र के माध्यम से उसकी गृहिणी का नाम आविष्कार हुआ। लीलावती....। यह नाम उस जैसी लड़की के ही योग्य है। मुझे समझ में आ गया था कि माँ के अनुरोधानुसार इस लड़की के चंगुल से अम्बरनाथ को छुडाकर ले जाना संभव नहीं है। परंतु लीलावती से मुझे कुछ कैफियत चाहिए - अम्बरनाथ के आने पर ले लूंगा यह मैंने निश्चय कर लिया।

दूसरे दिन ही अम्बरनाथ आ गए। साथ में आई लीलावती। पवरंतु आश्चर्य हो गया यह देखकर कि उनकी आँखों के अंगारे और चेहरे की उग्र कठोरता एकदम विलुप्त हो गई थी। स्निग्ध स्वच्छता में उनका दूसरा रूप ही देखा मैंने। अपरूप। अम्बरनाथ ने उत्साहित होकर एक जोरदार घूंसा मेरी पीठ पर जमा दिया। कहा "शाबास देयार लाईज योअर ट्रेम्पकार्ड - एकदम से सही पाठ पढ़ाया तुमने - उसकी धारण बन गई थी कि उसे देखते ही सब उससे जोंक की तरह चिपक जाते हैं। कल उसने खोद-खोदकर कम से कम हजार प्रश्न पूछे तुम्हारे बारे में। हमारी पहली मुलाकात के बारे में भी उसे बताया मैंने। चलो उठो - अब चलें -।"

हिचकिचाने लगा। मैंने कहा, "तुम लोगों को तकलीफ होगी, रहने दो न कभी कभार तुमसे मिल लूँगा।"

लीलावतमी कुछ देर तक मेरी ओर देखकर फिर दरवाजे के पास जाकर इशारे से ड्राईवर को बुलाने लगी। उसके आने पर मेरे सूटकेस और बक्से को गाड़ी में ले जाकर रखने का आदेश दिया। बिस्तर को समेट कर अपने साथ ले लिया अम्बरनाथ ने। टेबल पर कंघी, आईना, ब्रश सब समेटकर लीलावती ने मेरे पास आकर गम्भीरता से कहा, "चलिए जी।"

गाड़ी चलने लगी। "तुम्हारे एक दिन के बर्ताव से ही इस बेचारे की जान निकल गई। फिर ताबड़ तोड़ हिन्दी सुनने पर तो और भी घायल।"

लीलावती होठ दबाकर हँसने लगी। -"तुम्हारी हिन्दी भी सुना दो न" मेरी ओर देखकर बोली "कभी सुना है तुमने?" फिर जिभ काटकर बोली - "आप, संबोधन करना पड़ेगा, क्यों?"

"जो ठीक समझे....."

हँस उठी, "जो खुशी वो तो आपसे निकल गया - वो तो ठीक है, लेकिन आपको भी वही बोलना चाहिए - समझे।"

अचरज में पड़ गया मैं। इन्होंने ही उस दिन मुझे अपने आँखों के अंगारो से भस्म करना चाहा था।

हताश स्वर से अम्बरनाथ बोले, "इनके साथ मैंने हिन्दी में प्रेम भी किया था। सोच कर देखो - न मुझे कुझ समझ में आता था, न मैं इनको कुछ समझा सकता था। बड़ी प्राणांतकर स्थिति थी। अचानक उन्हें कुछ याद आ गया, गरजते हुए बोले, "अच्छा चलो मैने माना कि मैं हिन्दी में उस्ताद हूँ, पर तुम्हारे उस दिन की बाँग्ला का क्या?"

लीलावती चकित होकर उनका मुँह बंद करने लगी। परन्तु उनके दोनों हथेलियों को अम्बरनाथ ने अपने मजबूत हाथों में जकड़ लिया। - "जरूर कहँगा। उस दिन मुझे मेरा तोंद बढ़ रहा है कहने के बदले कह बैठी "फोंद" बढ़ रहा है। आठ साल तक बांग्ला सिखने के बाद ऐसा.....।"

गुस्से के साथ लीलावती ने जवाब दिया, "दिन रात तो चित्र बनाने में पड़े रहते हो, मैं किसके साथ बांग्ला में बात करूँगी?"

दो दिन के बदले दो सप्ताह बितने को आए। जाने का नाम लेते ही दोनों हँसना शुरू कर देते हैं। जैसे कोई असंभव बात सुन रहे हो। ऐसा भी नहीं कि मैं जाने के लिए बहुत उदग्रीव हूँ। अम्बरनाथ को तो मैं पहले से जानता था पर लीलावती को देखकर मैं हैरान हो जाता हूँ। अम्बरनाथ के नहाने के पानी का तापमान की जाँच के साथ-साथ खाना पकाना सामने बैठकर खाना खिलाना और जरूरत पड़ने पर सुला भी देती है। नौकर-चाकर काम-काज ठीक से न करें कोई बात नहीं, उन्हें कुछ भी नहीं कहेगी पर अगर कर्ताबाबू (अम्बरनाथ) के काम में कोई भी त्रुटि हुई तो दोनों ऑखें जल उठेगी, अंगारों की तरह। उस दिन मजाक में कहा, "आपने तो इस आदमी को एकदम से अमानुष बना दिया।"

हँसकर बोली, "बना दिया तो दिया, अब और क्या किया जा सकता है?"

अम्बरनाथ के स्कूल रवाना हो जाने के बाद हम हर रोज दुर्ग के किसी न किसी ओर घूमने निकल जाते है। हल्की हँसी मजाक के साथ-साथ इतिहास से परिचय भी लीलावती कराती रहती है। "वो रहा गुजरी महल, वहाँ मानसिंह जी की गुजरी पत्नी मृगनयनी रहती थी।" फिर हँसकर कहती, "उनकी कहानी सुनोगे? सर पर एक पर एक घड़ा सजाकर रास्ते से जा रही थी साधारण सी लड़की मृगनयनी - उधर

से घोड़े पर सवार होकर राजा मानसिंह आ रहे थे। प्यास से उनकी छाती फट रही थी। मृगनयनी के घड़े के पानी से उनकी प्यास तो बुझ गई पर उनको देखने के पश्चात एक और प्यास ने जन्म लिया जिससे उनकी छाती दरकने लगी।'' तरल कंठ से लीलावती हँस उठी।

मान मंदिर से आकर सबसे पहले वो जौहर कूंड की ओर बढ़ जाती है। ''युद्ध में पराजय के पश्चात अपनी मान की रक्षा के लिए इस कूंड की आग में अपने प्राणों की आहुती देती थी राजपूत रमणियाँ।'' मन में चोट लगती है। पर बोल उठा, ''कूंड में तो अब भी राख दिखाई दे रहा है, अपने शरीर में थोड़ा लगा लो न, पुण्य होगा।''

पातालपूरी के बंदीगृह ने मुझे अधिक आकर्षित किया। श्रृंखला की कड़ियाँ आज भी यथावत् हैं। अगणित राजपुरुषों ने यहाँ अपना पूरा जीवन गुजार दिया है - जीवितावस्था में उन्होंने फिर कभी सूर्यदर्शन नहीं किया था। उस लौह की दो कड़ियों से सुना है राजभ्राता हतभाग्य मोराद बंधे हुए थे - निर्मम अस्त्राघात से उनकी मृत्यु की गाथा ने इस दुर्ग के पाषाणों को कलंकित कर दिया है।

मेरी स्तब्धता को देखकर लीलावती ने ठट्टा किया, ''दरअसल पुरुषों में बंदी होने की एक प्रवृत्ति भी दिखाई देती है। आपके दादा को ही देखिए न।''

मैंने जवाब दिया, ''उनको उद्धार करके ले जाने के लिए ही तो मैं यहाँ आया हूँ।''

पल भर में उनकी दृष्टि धारदार हो उठी। फिर हल्के से जवाब दिया, ''ठीक है, कोशिश करके देख लीजिए।''

रानियों के प्रसाधन-कक्ष शिशमहल की दिवारों में जड़े आइनों को हटा दिया गया है। मैंने कहा, ''अगर ये रहते तो अच्छा होता, एक साथ आपकी हजार मूर्तियों को देख पाता।''

उन्होंने जवाब दिया, ''एक से बचना मुश्किल है तो फिर हजार के दर्शन से तो फिर अचेत हो जाते।''

कभी ऐतिहासिक राज्यों के भ्रमण के माध्यम से और कभी बातों ही बातों में अम्बरनाथ के विवाह पूर्व जीवन के बारे में बहुत सारी बातें जानने को मिली।

जरा भी आश्चर्य नहीं हुआ। उनके साथ मेरे प्रथम परिचय के माध्यम से मैं पूरीर घटना की उपलब्धि कर सकता हूँ। .... जमींदार राजपूत सरदार की विदूषी बेटी है लीलावती। घर के मुख्य दरवाजे के पास आज भी तलवारें लटकती हैं। उनके चरणों में अपना दिल न्यौछावर कर देने के लिए अनेक स्वजातीय युवक तैयार थे। न जाने किस लगन में अम्बरनाथ ने उनका प्रथम दर्शन किया कि लगातार पांच दिन तक सुबह-शाम उनका अनुसरण किया। छठवें दिन इस ''सास-बहु'' के मंदिर में उनका

मिलना हुआ। ग्यारहवीं शताब्दी में बनी सास-बहु की दो विख्यात मंदिर है यह। अपनी सहेलियों के साथ घुमने आई थी लीलावती। अचानक तेज चाल से चलती हुई एकदम अम्बरनाथ के सामने आकर खड़ी हो गई लीलावती। हिन्दी में पूछा, "क्या मतलब है?"

हचकचा गए अम्बरनाथ।

"क्यों पीछा कर रहे हो?"

संभल गए अम्बरनाथ। जवाब दिया, "जीवन बचाने के लिए। तुम्हें भूल नहीं पा रहा हूँ मैं -"

"अच्छा....। इनको देख रहे हो?" मूर्तियों की ओर लीलावती ने इशरा किया।

अम्बरनाथ ने देखा। प्रत्येक मूर्ति का नाक और मुँह टूटा हुआ है। विधर्मियों ने इन मूर्तियों का ये हाल किया है ये टूटना ही इसका प्रमाण है।

"तुम्हारे नाक-मुँह भी ऐसे ही तोड़ दूँगी। हम राजपूत हैं। ये भूलना मत।"

राजपूत लड़की को तो अम्बरनाथ भूले ही नहीं पर अपने नाक-मुँह की रक्षा के प्रति भी कोई इच्छा है यह भी नहीं दिखा। अतः लीलावती के हल्के इशारे ने अम्बरनाथ की ऐसी हालत बनाई कि अचेतावस्था में उनके कुछ अनुग्रहप्रार्थियों ने उनको अस्पताल पहुँचा दिया।

इसके बाद की मुलाकात "माता के मंदिर" के पास की छोटी पहाड़ी पर हुई। ऊपर का भाग समतल है। दस-बारह बड़े-बड़े पत्थर जिन पर लेटा भी जा सकता है फैले हुए थे। नजदीक से चौड़ा रास्ता सीधा "आम-खो" जंगल की ओर निकल गया है। एक पत्थर पर पैर फैलाकर अम्बरनाथ कूंची से चित्र बना रहे थे। सर पर बेंडेज बंधा हुआ था।

कलरव करते हुए वहाँ पर आकर रूक गई लीलावती एन्ड पार्टी। केनवास के फ्रेम को हाथ में लिए नजदीक आए अम्बरनाथ। केनवास को उनके सामने धर दिया। लीलावती की प्रतिकृति झलक रही थी। सहेलियाँ चकित। अम्बरनाथ ने कहा "उस पत्थर पर थोड़ी देर के लिए बैठ जाओ न, मन से ठीक-ठीक चित्रित नहीं कर पा रहा हूँ।

लीलावती निर्वाक। कुछ समय के बाद बोल उठी, "जान की पड़ी नहीं है आपको?"

"है, इसलिए तो यहाँ पड़ा हूँ।"

"कैसे?" एकटक ताकती हुई लीलावती बोल उठी।

"यहाँ से चले जाने पर जान भी चली जाएगी।"

"यहाँ रहने पर भी जाएगी।" लीलावती की दोनों आँखें स्थिर शांत।

"वह सहन कर लूँगा।"

अचानक लीलावती को ख्याल आया कि बात करते हुए भी अम्बरनाथ की कूची लगातार चल रही है। नजर एक टक चेहरे पर जड़ा हुआ। दौड़कर वहाँ से भाग गई। सहेलियों की दया से बात शहर के कोने-कोने तक फैलने में समय नहीं लगा। गुस्से से लीलावती ने भी सभी बातें साफ-साफ सामने रख दी। दो दिन के भीतर ही कुछ लोगों ने अम्बरनाथ के अस्ताने पर धावा बोल दिया, देखने कि चित्रवाली बात सही है या नहीं। अम्बरनाथ के हाथों की कारीगरी से चित्र तब तक रंग-रंगीला हो उठा था। वे लोग चेतावनी देकर गए कि मुसीबत तुम्हारे सर पर मंडरा रही है।

अम्बरनाथ ने कहा, "जानता हूँ।"

उन्होंने कहा, "ये हमारी जाति के लिए अपमान की बात है।"

अम्बरनाथ ने कहा, "यह धारणा गलत है। यह आपके जाति के लिए सम्मान की बात है।"

छोटे शहर में बात फैल गई। लीलावती के पिता ने षड़यंत्र रचा, एकदम से हटा दो उसको। दिन तारीख भी तय हो गया।

अचानक अम्बरनाथ के द्वार पर एक गाड़ी आकर रूकी। उसमें से उतरकर आंधी की तरह लीलावती ने घर में प्रवेश किया। उनके हाथ को पकड़कर खिंचती हुई बोली "जल्दी आईए।"

"कहाँ?"

"पहचान नहीं पाओगे, देर मत कीजिए, वो लोग आने ही वाले हैं।"

चित्र को लेकर अम्बरनाथ उठ खड़े हुए।

लीलावती ने कहा, "इसे रहने दीजिए।"

अम्बरनाथ ने जवाब दिया, "नहीं इसे भी लेना पड़ेगा।"

लीलावती चींख उठी, "इसे लेने पर रास्ते में ही पकड़े जाएँगे" मैं तो साथ हूँ न आपके। चित्र लेकर क्या करेंगे?"

अम्बरनाथ ने चित्र रख दिया।

पुराने एक बड़े से मकान के सामने आकर घोड़ा-गाड़ी रूक गई। वहाँ लीलावती के वृद्ध मातामह रहते थें। बाहर इंतजार कर रहे थे। अम्बरनाथ की पीठ थपथपाई उन्होंने। लीलावती से कहा, "अब डरने की कोई बात नहीं, यहाँ जो भी आएगा जीवित लौटकर नहीं जा पाएगा।"

अम्बरनाथ को वृद्ध बहुत महत् व्यक्ति लगे।

मैं यहीं पर खत्म कर सकता था पर तब तो कुछ अंश बाकी रह जाता। 'सास-बहु' के मंदिर पर एक ऊँचे पत्थर पर हम बैठे थे। थोड़ी दूर पर लीलावती बैठी थी। बातों ही बातों में अम्बरनाथ के पारिवारिक प्रसंग की बात छीड़ गई। अस्वाभाविक रूप से गंभीर हो गई लीलावती। फिर भी मैं बोल पड़ा, "आपने उनके साथ अच्छा बर्ताव नहीं किया।"

तेज नजरों से देखकर पूछा लीलावती ने - "वो कैसे?"

"इसमें उनका क्या दोष था? अपने रिश्तेदार को लौटा लेने आए थे। और मेरा यहाँ आना भी कुछ हद तक इसीलिए है।"

लीलावती क्रोधित होकर बोल उठी "अपने रितेदार को लौटा ले जाने आए थे?" रूक गई। फिर हँसकर बोली, "आपकी बात और है, वापस जाकर उन्होंने क्या कहा ये तो बताइए?"

"एक ने कहा, तुम जहर में लिपटी छुरी हो।"

"खैर मनाइए कि मैंने जहर से चिपटी हुई छुरी उनके सीने में नहीं घुसाई। फिर दूसरे ने क्या कहा?"

"वो बेचारा तो फिसलने पर सर तुड़वाकर गया था वो क्या बोलता?"

लीलावती मुस्कुराने लगी। "आपके भैया अगर लौट चलते हैं तो मुझे क्या पड़ी है यहाँ रहने की? मैं भी तो उनके साथ ही चली जाती। पर वे लोग तो उनको लौटा कर ले जाने के लिए नहीं आए थे। पाँव फिसलकर जिनका सर फटा है उनका सर मैंने पत्थर से टकराकर फोड़ दिया था हँसकर बोली, "ऐसा क्यों करना पड़ा? शायद समझ में आ रहा होगा?"

मेरे मन में यह बात नहीं आई थी ऐसी बात नहीं। पर बात इतनी दूर तक जाएगी ये मैंने नहीं सोचा था। निर्वाक दृष्टि से मेरी ओर देखते हुए उन्होंने कहा, "आपको भी मैंने उन लोगों में से ही एक हैं ऐसा सोचा था। इसलिए पहले दिन मैंने आपके साथ ऐसा बर्ताव किया था।"

उनके प्रथम दिन की मूर्ति को स्मरण करके हँस पड़ा। कहा, "उनके जैसे होता तो क्या कर लेती आप? ये मेरी चौड़ी छाती देख रही हो?"

"देख रही हूँजी, बीस हाथ चौड़ी है।" हँस कर बोली।

हँसी खुशी से बीतते हुए इतने दिनों के बाद अचानक सब कुछ पर पानी फिर गया, उस दिन रात को। लीलावती रसोई घर में थी। थोड़ी दूर पर मैं और अम्बरनाथ एकांत में बैठे थे। गंभीर चेहरा। कह उठे, "कल ही जाना है, एकदम से तय कर लिया क्या?"

"कल अगर नहीं गया तो शायद और जाना नहीं हो पाएगा समझे?"

उन्होंने गहरी साँस छोड़कर कहा, "तुमसे एक बात कहना चाहता हूँ। मुझे ऐसे और अच्छा नहीं लग रहा है। चारों ओर से जिस तरह से मुझे जकड़कर रखा है, मैं एकदम से हांफ गया हूँ।"

एकटक उनको ताकता रहा मैं।

"अब तो सचमुच मुझे भागना ही पड़ेगा। लग रहा है तुमसे जल्दी ही फिर मिलूँगा।"

मैं अवाक्, निस्पन्द हो गया। पूरे शरीर का गर्म लहू सर की ओर बहने लगा। उनके खून में ही वंशगत फिसलन है - - - मुझसे ही गलती हो गई है। कुछ समय के बाद धीरे-धीरे कहा, "मेरे और लीलावती दोनों के बीच झगड़े के माध्यम से ही तुम्हारा परिचय मिला। लीलावती से भागकर मेरे साथ ही अगर तुम्हारी मुलाकात होगी तो शायद उसका परिणाम कुछ अच्छा नहीं होगा।"

चेहरे से विरक्ति स्पष्ट झलक रही थी। "वो सब मैं नहीं जानता, तुम्हें तो पता है ऐसे जीना असंभव है, मैं क्या करूँ?"

रात का खाना जैसे तैसे खत्म हुआ। नींद भी नहीं आई रात को। लीलावती से आँख मिलाना भी मुश्किल लग रहा था। दूसरा दिन भी ऐसे ही बीता। दोपहर को जल्दी ही निकल आया, गाड़ी के समय के पूर्व ही। सीना दर्द से फटा जा रहा था। अम्बरनाथ के मन में जब एक बार यह शिथिलता आई है तब तो वह जरूर भाग जाएगा। सारी दुनिया के लोगों पर अविश्वास का भार वहन कर स्तब्ध होकर बैठी है लीलावती। घूम-फिरकर वही चित्र लगातार आँखों के आगे नाच जाता है। दो चार दिन इधर-उदधर भटककर पीड़ित मन से कोलकाता लौट आया। नहा-धोकर अपने कमरे में आने पर टेबल पर एक लिफाफा नजर आया। लिखावट औरत की लग रही थी। ग्वालियर का सिक्का लगा था।

"अंतिम दिन की वह छलना आपके दादा को मैंने ही करने के लिए विवश किया था। आपने दो-दो बार कहा था, कि आप आपके दादा को कैदखाने से आजाद करवाने आए हैं। इसलिए आपकी क्षमता को परखने का मन हुआ। परंतु आपके वापस जाते ही मुझ पर नाराज होने लगे। क्यों मैंने जाने से पहले आपको खिन्न कर दिया।"

दस तरह के कटलेट के साथ-साथ स्वयं को भी परोस दिया, फिर भी नाराज के नाराज ही रहे। लगातार डाँट पड़ती रही। इसलिए आपको जल्दी से पत्र लिखने बैठ गई। कृपया मुझ पर नाराज मत होइएगा।" लीलावती।

ऐसा लगा जैसे एक बहुत भारी पाषाण का भार मन से उतर गया हो। कदमों की आहट पाकर सचेत हो गया। मन ही मन मुस्कुरा रहा था। अम्बरनाथ की माँ।

चिट्ठी उठाकर जेब में रख ली। सोच में पड़ गया।

निरव रहकर भी अनेक प्रश्न कर डाले उन्होंने।

जरा सोचकर जवाब दिया, "आपके बेटे को शायद यहाँ लाया जा सकता है, परंतु उसके प्राण वहीं रह जाएंगे। इस तरह से उसको पाना शायद आपको अच्छा नहीं लगेगा।"

उन्होंने क्या समझा वही जाने। केवल विमुढ नेत्रें से मेरी ओर देखने लगी।

कीड़ा

शीर्षेन्दु मुखोपाध्याय

कीड़े को मार डालने के बाद बहुत अस्वस्थीबोध कर रहा था बद्दीनाथ। अस्वस्थी का कारण यह है कि उस कीड़े ने न उसकी कोई क्षति की थी, न ही डंक मारा था और न ही काटा था। यहाँ तक की वह कीड़ा विषैला है या नहीं यह भी बद्दीनाथ नहीं जानता है। कीड़े मकोड़ों की इतनी पहचान नहीं है बद्दीनाथ को। भीमरूल, बोलता, मधुमक्खी या इस जात के कीड़े के बारे में हल्की फुल्कि जानकारी मात्र रखता है, सही रूप में उनमें फ़र्क़ करने की क्षमता उनमें नहीं है। यह कीड़ा देखने में भीमरूल की तरह ही है परंतु बहुत दुबला, छोटा और कमज़ोर है। कुछ दिन से वह बार- बार उड़कर खिड़की के अंदर आकर उसके घर में इधर- उधर बैठ जाता है। उसके हाव- भाव से तो लगता था जैसे इस घर में अपना बसेरा बनाने के फ़िराक़ में है। यदि ऐंसा है तो सोचने वाली बात है। घर के अंदर अगर एक कीड़े का बसेरा हो तो वह निरापद नहीं है चाहे वह जिस किसी का भी हो बोलता, भीमरूल या मधुमक्खी का बसेराही क्यों न हो।

आज सुबह बद्दीनाथ अपने पढ़ने के टेबल पर बैठकर कुछ हिसाब-किताब करने की कोशिश कर रहा था। उसी समय वो पीला और काले रंग वाला कीड़ा उड़कर टेबल लैंप के ऊपर बैठकर कुछ देर तक इधर-उधर घूमता रहा। फिर बड़े भयानक रूप से बद्दिनाथ के चेहरे के सामने से होकर मोछ को छुते हुए शून्य में चक्कर लगाकर पानी के बोतल के ऊपर जाकर बैठ गया। उसका दूसरा स्टेशन था बद्दिनाथ का नोकिया मोबाईल फ़ोन। उसको छोड़कर टेबल पर रखे किताबों के अंदर घुसकर फिर निकलकर जाने क्या ढूँढने लगा कह पाना मुश्किल है। कीड़ा कितना ख़तरनाक है, डंक मारता है कि नहीं, अगर मारता भी है तो वह क़ितना ज़हरीला है इन विचारों ने बद्दीनाथ के हिसाब -किताब को आगे बढ़ने से रोक दिया। कोलकाता शहर में ये कीड़े- मकोड़े जाने कहाँ से आ जाते है।

बद्दिनाथ हृदयहीन या निष्ठुर प्रकृति का आदमी नहीं है। अपितु वह थोड़ा बहुत दयालु, अत्यंत डरपोक और कापुरुष है। अबतक उसने जितना भी ग़लत काम

किया है उसमें अधिकांशतः उसने डर के मारे और बुद्धिहीनता के कारण किया है। आज भी किया। कीड़ा मारने वाले स्प्रे को सीढ़ी के नीचे से लाकर मौके की तलाश में बैठ गया। किताबों के बीच में से कीड़े के निकलकर उड़ते ही उसने स्प्रे को दबा दिया। बहुत ज़्यादा नहीं, मारने की मंशा भी नहीं थी, बस खदेड़ने के लिए बहुत हल्की फुहार। पर उससे ही वह कीड़ा एकदम से चक्कर खाकर गिर पड़ा। एक-दो बार उडने की कोशिश की पर कुछ दूर जाकर अंततः और नहीं उड़ पाया। गिरकर कुछ समय तक सिकुड़कर रेंगने की व्यर्थ कोशिश करते हुए, बीना आर्तनाद के, बीना प्रतिवाद के और पलटकर आक्रमण करने की कोशिश किए बग़ैर ही मर गया।

बद्दिनाथ की सोच- यात्रा अर्थात पछतावे की परंपरा का आरंभ कीड़े के मर जाने के बाद से ही हुआ। क्या इससे उसे पाप लगा? अगर लगा भी हो तो इस पाप के लिए अलक्ष्य रूप से अंतरिक्ष में दंडाज्ञा निर्धारित हुआ क्या? और उस दंड का अर्थ है भविष्य में ऐसा ही क्लेश दायक मृत्यु? या दूसरा कुछ और?

वह नास्तिक तो है ही, परंतु दुर्बल नास्तिक की अनेक समस्याएँ हैं। उसके हाथ की रेखाओं को देखकर अगर कोई ज्योतिष यह कहता है कि जनाब आप मुश्किल में पड़ने वाले हैं तो वह डर जाता है। ज्योतिष शात्र में विश्वास न करने पर भी उसे डर सताता रहता है। ये पाप और प्रायश्चित वाली बात भी उसके दुर्बल नास्तिकता का ही फल है।

यह एक अभावग्रस्त घर है। परंतु यह घर बहुत बड़ा है और इसमें रहने वालो के आपसी झगड़े भी बहुत है। बद्दिनाथ और उसकी विधवा माँ इसके एक कोने में चुपचाप पड़े रहतें हैं। सुनने में आता है कि यह उसके मामा का घर होने पर भी यहाँ उसकी माँ का कानूनी हक़ और हिस्सा है। पर वो तो हुई कानून की बात। वास्तविक चित्र यह है कि उसके मामा उसको धक्का मारकर निकाल देने का अवसर ढूँढ रहें हैं। दो कमरे की छोटी सी खोली में अपने को क़ायम रखने के लिए वह और उसकी माँ कहीं भी एक-साथ नहीं निकलते हैं। निकलते ही अगर बेदख़ल हो जाएँ तो? पाँच सतानेवाली मामियाँ और ममेरे भाई बहनों के अत्याचार, झगड़ा और संत्रास से वे हरदम डरे सहमे रहते। नहाने के घर को लेकार समस्या, रसोई के घर को लेकर समस्या, कपड़ों को सुखाने की समस्या। मान सम्मान की समस्या तो है ही। बद्दिनाथ तो स्वंय ही एक मूर्तिमान समस्या है। विधवा माँ की एक मात्र संतान होने के कारण वह माँ के आँचल तले ही पला बढ़ा। कभी किसी मुसीबत का सामना नहीं करना पड़ा। अतः कभी उसे वास्तवबोध नहीं हुआ, वह तेज़ी और फुर्तीला भी नहीं बना, वाचाल या बातूनी भी नहीं बना। एक डरपोक और बहुत ही कोमल स्वभाव का

बनकर रह गया। पढ़ने-लिख़ने में भी वह कमज़ोर ही रहा। एलईई पास करके नौकरी में कुछ सुविधा न होने के कारण फिर से बड़े तेवर के साथ उसने बी.ए पास किया। फिर बहुत चहलकदमी धर पकड़ करने के बाद गडिया से तीस मील दूर स्थित एक स्कूल में पार्श्वशिक्षक की नौकरी मिली। दो बार बस बदलने के बाद दो मील चल कर जाना पड़ता है। गाड़ी भाड़ा में ही पूरा वेतन स्वाहा हो जाता है।

आज बद्दिनाथ को बस में खिड़की के पास वाली सीट मिल गई थी। खिड़की के पास वाली जगह के मिलने पर मन खुश हो जाता है। पर आज मन खुश नहीं है। आज सुबह- सुबह उसके हाथ से एक पाप हो गया है। एक अनजान कीड़ा बिना किसी दोष के उसके हाथ से मारा गया। अगर उसने काटा होता या डंक मारा होता तो कोई बात होती। अब उसे मारने का कोई कारण ढूँढे नहीं मिल रहा था।

इस स्कूल में मीड-डे मिल दिया जाता है। और बद्दिनाथ के लिए यह एक बहुत खुशी की बात है। वह भी बहुत ग़रीब है फिर भी माँ तो उसे रोज़ भर पेट चावल खिलाकर ही भेजती है। आज भी वह चावल के साथ तले हुए करेले, दाल और उबाल कर मसले हुए आलू खाकर आया है। टिफ़िन में रोटी तरकारी लाया है। पर इन बच्चो को इतना भी कहाँ मिलता है। चूडानि की माँ एक बहुत बड़े कढ़ाई में पकाती है। और जब बच्चों को खाने के लिए बुलाया जाता है तो वहाँ उत्सव जैसा माहौल बन जाता है। जब वो खाना खाते हैं तब बद्दिनाथ रोज़ जाकर उनको खाते हुए देखता है।

आज भी देख रहा था। खुले मैदान में जैसे भोजबाजी। बहुत ही सामान्य आयोजन था। एकदम से मोटे और सस्ते चावल, पानी की तरह पतली दाल जैसी कुछ। उसमें थोड़ी बहुत सब्ज़ी इधर- उधर पड़ी हुई दिखाई देती है। उससे क्या! परितृप्त होकर उसे ही खा रहें हैं। वही असली है। वह आंनद। जो लोग रोज़ मांस चवाल खाते है क्या वे इस आंनद को महसूस कर सकतें हैं?

इस स्कूल में शिक्षक के रूप में उसकी कोई कद्र नहीं हैं। कोमल स्वभाव के होने के कारण कोई उसे इतना महत्व नहीं देता है। टीचर्स रूम के एक कोने में वह बैठा रहता है। पढ़ते रहता है उमाकांतबाबू ने आज अचानक उसे बुलाकर कहा, उहे बद्दिनाथ।

जी कहिए।

सूनने में आया था तुमने इलेक्ट्रिकल इंजिनियरिगं या ऐसा कुछ पढ़ा है।

बहुत संकुचित होकर बद्दिनाथ ने जवाब दिया, वो तो केवल मात्र एक डिप्लोमा का कोर्स था।

अरे उससे क्या,कुछ हद तक इलेक्ट्रिक का काम तो जानते हो।

कुछ- कुछ जानता हूँ।

उससे ही काम चलेगा। हेडसर के घर में एक इलेक्ट्रिक का टेबल फ़ैन है। उसे हाथ लगाने से ही करेंट मारता है। यहाँ तो कोई मिस्त्री वग़ैरह नहीं मिलता है। जरा देखोगे क्या?

वो तो सामान्य सी बात है।

मैं कहकर रखूँगा। छुट्टी के बाद उनके साथ उनके घर चले जाना।

जी ज़रूर।

गया तो था बद्दिनाथ। पंखे को खोल कर सब टर्मिनलों को खोलकर उनको अच्छी तरह से जोड़कर मशीन का तेल डालकर चालू कर दिया। कहा, मेरे पास टेस्टर नहीं है, पर हाथ लगाकर देखिएगा अब और करंट नहीं लगेगा।

हेडसर बहुत खुश हुए थे। कहा, एक घिसटे जैसा आवाज़ आ रहा था वह भी अब नहीं हैं।

जी, अब नहीं हैं।

बेटी को आवाज़ देकर कहा, ओरे चूनी, ये देख तेरा पंखा ठीक हो गया हैं।

बैठो बद्दिनाथ,चाय पीकर जाओ।

चाय आई, उसके साथ मूढ़ी भी और बैगंन के पकौड़े भी आए। एक खुशनुमा शाम बीत गई।

वापसी में भी खिड़की के पास वाली जगह मिली। बद्दिनाथ अनमने होकर बाहर का नज़ारा देखते- देखते न जाने कब सो गया। गडिया में आकर बस के रुकते ही जल्दी से वह उतर गया।

शाम तक कीड़े को मारने का शोक थोड़ा कम हो गया था।

मनुष्य की सभ्यता का अग्रगमन का अर्थ ही तो जीव जंतु, कीड़े-मकोड़े और वृक्षों का निधन है। अतः लगता नहीं कि उसने बहुत बड़ा पाप किया है।

घर आकर टेबल के नीचे से विस्मृत प्रायः टूल बॉक्स को बद्दिनाथ ने खींच निकाला। बद्दिनाथ की चाह एक मिस्तिरि बनने के नहीं थी, वह एक इलेक्ट्रिक इंजीनियर की सम्मान जनक नौकरी करना चाहता था। परंतु आज टूल बॉक्स खोलकर अलग- अलग साइज के प्लायर्स, स्क्रू ड्राईवर, एम्यमिटर, वोल्टमिटर सब देखकर उसका मन भर आया। बड़ी मुश्किल से सीखी हुई एक कला को यूँ ही भूल जाना क्या ठीक है? बहुत देर तक उन यंत्रों से बद्दिनाथ खेलता रहा।

कुछ दिन के बाद शशांक बाबू एक झोले में टोस्टर लाकर बद्दिनाथ को दिखाते

हुए कहा, इसको ठीक कर दो भाया। सुना है तुम इस मामले में उस्ताद हो।

शलिनता से मुस्कुराते हुए उसे उलट- पलट कर देखते हुए बद्दिनाथ ने जवाब दिया, क्वाथल ख़रीदना पड़ेगा। इसका तो क्वायल जल गया है।

तब तो भई इसे तुम अपने साथ ले जाओ, कल परसों तक ठीक करके ले आना। यहाँ पर भी वो सब क्वायल वग़ैरह नहीं मिलता है।

उनकी माँग को रखना पड़ा। गडिया के बाज़ार से क्वायल ख़रीदकर रात को बैठकर उसे ठीक कर दिया। दूसरे दिन यंत्र पाकर शशांक बाबू बहुत खुश हुए।

भई तुम्हें कितना देना पड़ेगा?

कुछ नहीं।

ऐसा कैसे चलेगा। क्वायल ख़रीदने में पैसा लगा होगा न।

एक दिन चाय पिला दीजिएगा, बस और क्या।

इस प्रकार की छोटी-मोटी फरमाईसे अक्सर आने लगी। वह केवल मात्र एक इलेक्ट्रिक मिस्त्री है यह प्रचार हो गया क्या?

महीने के अंत तक हेडसर ने अपने घर बुलाकर एक छोकरे के साथ उसका परिचय करवा कर कहा, ये मेरा भतीजा है। प्रोमोटरी करता है। इसे तुम्हारी मदद चाहिए है।

मेरी मदद! बद्दिनाथ नाथ अवाक हो गया।

उस छोकरे ने कहा, दरअसल मैंने एक प्रोजेक्ट लिया है। परंतु इलेक्ट्रिसियन को लेकर मुसीबत में हूँ। कॉनस्लिड वायरिंग का काम है, सब फ़्लैट में ही हेभी ड्यूटी एसी लगेगा। प्लेन में गड़बड़ होने पर मुश्किल होगी। आप यदि थोड़ा सुपरवाईज करें- दिन में दो-तीन घंटा लगाएगें तो भी चलेगा- मैं आपको फ़ीस दूगाँ। इन लोगों में से कोई भी पास किया हुआ इलेक्ट्रिसियन नहीं है न, सभी ने देख- देख कर सीखा है। इससे पहले वाले प्रोजेक्ट में सर्किट ब्रेकर को लेकर बहुत प्रोबलम हुआ था।

जब हेडसर कर भतीजा बोल रहा है तो मानना ही पड़ेगा।

केवल सुपरवाईज ही नहीं, अपने हाथों से बहुत कुछ किया बद्दिनाथ ने। नए सिरे से प्लान भी तैयार करना पड़ा।

हेडसर का भातीजा एक अच्छा इंसान है। काम के ख़त्म होते ही पाँच हज़ार रुपये पाकेट में खोंसते हुए बोला मेरे साथ ही रहिए सर। और भी प्रोजेक्ट मेरे हाथ में हैं। मैं आपको नहीं ठगूऊँगा।

उसे रुपये लेने में थोड़ी हिचकिचाहट हो रही थी। मिस्तिरीगिरी करने की मजूरी मिली क्या?

दो वर्ष के बाद के बद्दिनाथ को स्वयं बद्दिनाथ भी अब पहचान नहीं पता है। गडिया के बड़े रास्ते में ऑफ़िस- कम- दुकान है। बारह- तेरह कर्मचारी हैं। और आदमियों की गमनागमन से उसकी दुकान में बहुत चहल- पहल हैं। शादियों के मंडप, पूजा का पंडाल, लेज़र शो सभी जगहों में उसकी काफ़ी माँग है। बद्दिनाथ के पास अब समय ही नहीं है। तलाव के उस ओर उसका दुमंजीला मकान है। मामा के साथ अब कोई संबंध है ही नहीं। वह अब गाँव के स्कूल का पार्श्वशिक्षक नहीं है। गत अगहन में ही उसका विवाह हो गया है। नई दुल्हन देखने में बहुत आकर्षक है।

सुबह-सवेरे अपने टेबल में बैठकर कंप्यूटर पर इन्टरनेट से काम कर रहा था बद्दिनाथ। ठीक उसी समय कीड़े ने प्रवेश किया। कमज़ोर, दुर्बल पीले और काले के मिले जूले रंग वाला। खिड़की से घुसते ही सबसे पहले उसने कमरे का एक चक्कर लगा लिया। फिर कट् आवाज़ के साथ सीधा आकर कंप्यूटर के मनिटर पर्दे पर बैठ गया। मज़े से घूमने लगा।

जब काम करने में व्यस्त हों तो ऐसी बातें विरक्त करती है। फिर डंक मारेगा या काटेगा या नहीं ये सब बातें भी हैं। बद्दिनाथ उठकर स्प्रे ले आया। फिर बिना किसी द्विधा के एक झोंका ज़हर का स्प्रे झोंक दिया उस कीड़े पर।

डरकर वह कीड़ा शून्य में थोड़े ऊपर तक उड़ा। पर नहीं। चक्कर लगाकर टेबल पर गिरा। फिर उड़ने की एक अक्षम कोशिश। फिर अपने को समेटकर टेबल के काँच पर ही दो-एक चक्कर लगाकर स्थिर हो गया। बद्दिनाथ ने एक कागज़ के टुकड़े पर उस मृत कीड़े को उठाकर खिड़की से बाहर फेंक दिया। फिर झुककर मनोयोग से इन्टरनेट अपरेशन में डूब गया।

अब कीड़े की बात उसे याद ही नहीं।

ढूंढने जाऊँगा प्राण गंगा के घाट में

- समरेश मजूमदार

परीक्षा, नौकरी के लिए की थी। देते ही समझ गया था बुलावा नहीं आएगा। ऐसे बहुत प्रश्न थे जिसे उसने कभी सुना ही नहीं तो जवाब कैसे लिखेगा। आधे घंटे के बाद ही उसे बाहर आ जाने का मन हो रहा था। पर नहीं वह बैठा रहा। जैसा तैरना न जानते हुए भी तालाब के तले गुगली ढूंढने वाले की जैसी हालत होती है वैसे ही बाकी के समय बैठा रहा। प्रशान्त जानता है नौकरी जीवन की यही उसकी अंतिम परीक्षा है। कुछ महिने में ही उसकी उम्र उस सीमारेखा को पार कर जाएगी।

सुबह सबेरे ही वह हाउडा के कदमतला से निकलकर ट्रेन से खडगपूर में आया था, परीक्षा देने के लिए। घर के सभी लोगों ने उत्साहित किया था। इससे पहले जितनी बार उसने दरख्वास्त किया कभी भी बुलावा नहीं आया था। बांग्ला अनार्स में जिसे पचास नम्बर मिले हो ऐसे केन्डीडेट को बुलाया नहीं जाता इसे वह भलीभांति समझ गया था। इस बार बुलावा आने पर जितना आचर्य उसे हुआ था उतना ही उत्साह घरवालों का भी बढ़ा था। नौकरी लग जाने पर ये लड़का चौबीस घंटे मुँह लटकाकर नहीं बैठे रहेगा। अडोस-पडोस की बात छोड़ो ये तो घर वालों से भी खुलकर बात नहीं करता है। लड़की की तो बात ही नहीं कोई लड़का भी उसका दोस्त नहीं है। प्रशान्त जो कापी लेकर बैठा रहा, कुछ लिखा नहीं ऐसा नहीं था। दूसरे पेज पर उसने केवल तीन लाइन लिखी -

"ढूंढने गया उसे मैं पूर्व पाड़ा के हाट में
ढूंढ़ आया उसे मैं कृष्णचूडा के मैदान में
ढूंढने जाऊँगा मैं उसे प्राण गंगा के घाट में।"

वह किसे ढूंढ रहा है, ऐसे वाक्य क्यों उसके मन में आए और अगर आए भी तो इन सब को परीक्षा की कॉपी में लिखने का क्या मतलब इसे वह खुद भी नहीं जानता है।

घर वापसी के लिए खड़गपूर स्टेशन में दोपहर की निर्जनता में उसे लगा कि परीक्षा की कॉपी में यह सब लिखना सही नहीं था। अब उसे लगने लगा कि ये सब

उसकी अपनी बाते हैं। अपनी निजी बातों को दूसरों को बताने की क्या जरूरत है? जाँचने वाले को इसका मतलब समझ में नहीं आएगा। अगर देखा जाए तो उसे ही इसका मतलब नहीं मालूम। कुछ-कुछ ऐसी बातें भी होती हैं जिनका मतलब समझना मुश्किल होता है।

प्रशान्त एक बेंच में बैठ गया जिसके दूसरे सिरे पर दाढ़ीवाला एक प्रौढ बैठा हुआ था। उसे देखते ही लग रहा था कि उसकी आर्थिक स्थिति अच्छी नहीं है। दो ऊँगली से दाढ़ी खुजाते हुए उस आदमी ने कहा - "आपको देखने से ही पता चल रहा है कि आप उदभ्रांत है।"

पाकेट से बीड़ी निकालकर दो हाथों से ढककर उस आदमी ने बीड़ी सुलगाई। फिर धुआँ निकालते हुए बोला "लोग कहते हैं फलाना-फलाना प्यार में पागल हो गया है। अरे प्यार में क्या पागल होना? पागल के पास प्यार होता है क्या? पागल उदासी होते हैं। प्यार रहा या गया इससे उन्हें क्या फरक पड़ता है?"

उसकी बातें सुनना प्राान्त को अच्छा लग रहा था। वह हँसा।

"साहब जी, आपकी क्या समस्या है?"

"क्या बोलुं?" प्राान्त ने देखते हुए कहा।

"वो तो ठीक है। समस्याएँ अधिक हों तो कौन सा कहेंगे। वैसे मेरा नाम शिवशम्भू है। दादी ने रखा था। रहता हूँ कोलाघाट के काठिबाबा के डेरे पर। जीवमुक्त महापुरुष। एक पल देखकर ही कह देंगे आपकी असली समस्या कौन सी है?"

"आप वहाँ क्या करते हैं?"

"बाबा के वहाँ पड़ा रहता हूँ। जो कहते हैं सुनता हूँ। मन भर जाता है। अरे साहब, मन भर जाए तो और क्या चाहिए? यह शरीर...? दो वक्त कुछ पेट में जाए तो शरीर ठंडा। चलेंगे क्या? एक बार दर्शन करके लौट आइएगा। जाना कहाँ है?

"कोलकाता" हाउड़ा न कहकर प्राान्त ने कोलकाता कहा।

"अच्छा। तब तो रास्ते में ही पड़ेगा। ट्रेन आ रही है चलिए।"

"पर मैंने तो हाउड़ा तक का टिकट बनाया है।"

"रखिए। बाद में काम आएगा। कोलाघाट तक जरूरत नहीं पड़ेगी।"

दोपहर की लोकल। हल्की भीड़। बैठने की जगह मिल गई।

शिवशंभू ने पूछा "आपको पता है कोलाघाट क्यों विख्यात है?"

प्रशान्त को याद आया हिल्शा मछली। पर इस सामान्य सी बात के लिए जरूर ही शिवशंभू ने प्रश्न नहीं किया होगा। उसे विचार मग्न देखकर शिवशंभू हँसने लगा,

"अरे हिल्शा मछली। कोलाघाट में रहकर भी खाने को नहीं मिलता है। इतना महंगा है खरीदें कैसे? फिर काठीबाबा के डेरे में तो मांसाहार एकदम वर्जित है। पेट में कुछ है या चूहे कूद रहे हैं?"

"खाने का मन नहीं है।"

कोलाघाट में उतरकर स्वच्छन्द रूप से वे बाहर निकल आए। टीटी को "मेरा भाई है।" कहा। उस व्यक्ति ने कुछ नहीं कहा।

"अगर जेब में पैसे हों तो यहाँ खाना खा सकते हैं।" स्टेशन के बाहर झोपड़ी दूकान की ओर इशारा किया शिवशंभू ने। प्रशान्त ने सर हिलाकर मना कर दिया। हताश होकर शिवशंभू ने कहा "मुश्किल क्या है जानते हैं? भूखे पेट काठिबाबा के सामने जाना मना है।

"क्यों?"

"खाली पेट हजम कैसे करेंगे?"

अंततः झोपड़ी में घुसना पड़ा। हाथ की बनाई रोटी और सब्जी। प्रशान्त ने एक खाया तो शिवशंभू छे रोटियाँ खाई। फिर चाय। दस रूपये में हो गया। शिवशंभू ने कहा, ये तो कुछ भी नहीं है। किसी भी देवस्थान में जाने पर इससे अधिक ही खर्च होगा।"

चलने लगे। जनबस्ती के बाद केवल मैदान ही मैदान। हाथ ऊपर करके शिवशंभू ने कहा, "वो देखो, आसपास में जो काला बिन्दु दिख रहा है वो है एक बहुत बड़ा पीपल का पेड़। उसके नीचे ही काठीबाबा का डेरा है। आराम से चलिए। कोई तकलीफ नहीं होगी।"

मैदान के बाद एक बहुत बड़ा पीपल का पेड़ दिखा। उसके नीचे पुआल की छत के नीचे लीपे पुते दो बरामदे। औरत, आदमी मिलाकर आठ दस जन बैठे हैं। शिवशंभू ने कहा, "बैठ जाइए अभी बाबा आराम कर रहे हैं।"

पीपल के पेड़ के कुछ दूर पर ही नदी है। नदी में पानी बहुत कम है। प्रशान्त उस तरफ बढ़ गया। पानी के नजदीक जाते ही सुनाई दिया, "ओ माँ, ये कौन है?"

मुड़ते ही उसे जो नारी दिखाई दी, उसके बाल खुले हुए थे। घुटने तक फैले लम्बे रूखे बाल। गेरूआं वस्त्र। धोये बर्तन लिए हुए। नारी पचीस से पैंतीस की होगी। स्वस्थ्य। होठ मरोडकर आँखे मटकाते हुए कहा, "क्या देख रहे हो ? भला चाहते हो तो भाग जाओ, नहीं तो मौत का फंदा न्रिचित है।" फिर काठीबाबा के डेरे की ओर उठकर चल दी।

मौत का फंदा। वो क्या चीज है? प्रशान्त ने सर हिलाया। फिर उकडु होकर

नदी के पानी से चेहरा धोने लगा। वाहः बहुत ठंडा है शरीर शीतल हो गया।

शिवशंभू ने कहा, ''बाबा का विश्राम भंग हो गया है मैंने तुम्हारे बारे में उनसे कह दिया है कि तुम्हें बहुत दूर जाना है। जल्दी निबटा देंगे।''

वही नारी आकर एक चटाई बिछा देती है बरामदे में। बालों को अब विशाल जुड़े का रूप दे दिया है। साधिका जैसी लग रही है। निम्न स्वर में शिवशंभू ने कहा ''काठिबाबा की सेविका है।''

इसके बाद काठिबाबा बाहर आए। धीरे-धीरे चटाई पर बैठे। अति शिर्ण शरीर। पसलियों की एक-एक हड्डी गीनी जा सकती हैं। सफेद दाढ़ी गले के नीचे तक। सर पर एक भी बाल नहीं। चमचमाता हुआ सर। निसंदेह अस्सी के आसपास की उम्र होगी। शिवशंभू ने जाकर काठिबाबा को षाष्टांग प्रणाम किया। एक हाथ उपर करके आशिष दिया। प्रणाम के बाद शिवशंभू ने उनसे कुछ कहा। काठिबाबा ने सर हिलाया।

शिवशंभू ने खड़े होकर कहा, ''आप लोगों में से कौन-कौन बहुत दूर से आए हैं? हाथ उठाइए।''

सामने बैठे एक दम्पत्ति ने हाथ उठाया।

''आप लोग आइए।''

दूर से उन लोगों ने प्रणाम किया। काठिबाबा ने कहा ''मैं भगवान नहीं हूँ कि आप जो मांगेगें मैं उसे दे दूंगा। डॉक्टर नहीं हूँ कि निरोग कर दूंगा। आप लोगों का मन अशान्त है इसलिए यहाँ आए हैं। सही है न....

पुरुष ने कहा ''बाबा हमारे विवाह को दस वर्ष हो गए हैं आज तक निःसंतान है। बहुत डॉक्टरों को दिखाया। मेरी पत्नी ने दूसरे विवाह की सलाह दी। पर कलकत्ते के डॉक्टर ने कहा है संतान न होने के लिए मैं ही जिम्मेदार हूँ। मैं कभी बाप नहीं बन पाऊँगा। पर मेरी पत्नी माँ बन सकती है। डॉक्टरों ने नल द्वारा गर्भधारण की बात कही है। उसको वही धारण करेगी। यही जन्म भी देगी। पर यह राजी ही नहीं हो रही है। इससे हमारे बीच बहुत क्लेश हो रहा है। उपाय बताइए प्रभु।''

काठिबाबा ने उस रमणी की ओर देखा। पूछा ''महाभारत की कथा जानती हो?''

''जानती हूँ। टी.वी. में भी देखा है।'' पत्नी ने कहा।

''महाभारत, गीता कुछ भी नहीं होता यदि व्यास देव नहीं होते। राजा निःसंतान था संतान उत्पन्न करने में अक्षम। पर इसका विकल्प था नियोग प्रथा। उन्होंने महामति व्यासदेव के पास अपनी रानियों को भेजा। इसके फलस्वरूप युधिष्ठिर एवं दुर्योधन के पिताओं का जन्म हुआ। आज नियोग प्रथा नहीं है। परंतु

नलप्रथा का आविष्कार हुआ है। इसमें आपत्तिजनक कुछ नहीं है। तुम्हारा सतीत्व इससे अक्षूण रहेगा। फिर मिलेंगे।'' काठिबाबा ने आँखें मूंद ली।

सामने एक पोटली रखकर पुरुष ने प्रणाम किया। फिर पत्नी ने भी। उनके उठ जाने पर शिवशंभू ने प्रशान्त को बुलाया। प्रशान्त ने प्रणाम किया। शिवशंभू ने कहा, ''बैठिए।''

कुछ समय तक स्थिर दृष्टि से ताकने के बाद काठिबाबा ने पूछा, ''क्या समस्या है? मन इतना उतावला क्यों है? तुम्हें तो कहीं भी शांति नहीं मिलेगी। पूरी पृथ्वी चक्कर लगाने पर भी नहीं।''

''हाँ मुझे कुछ अच्छा नहीं लगता है। स्वयं पर आस्था नहीं रही। नौकरी नहीं है। घर में रहना भी अच्छा नहीं लगता है।

''तुम्हें अगर आज अच्छे वेतन पर नौकरी मिल जाए तो मन शांत हो जाएगा?''

''नहीं जानता। सच मानिए मुझे आजकल कुछ भी अच्छा नहीं लगता है। लगता है कहीं चला जाऊँ।'' प्रशान्त ने अपनी मन की बात कह दी।

काठिबाबा ने कहा, ''अच्छा। अब मेरी ओर देखो।''

प्रशान्त ने देखा। पर उसे काठिबाबा के मुरझाए चेहरे के सिवाय और कुछ भी दिखाई नहीं दिया। काठिबाबा ने कहा, ''मैं तुम्हें एक ऐसी चीज दे सकता हूँ जिससे तुम्हें कहीं बाहर जाने की आवयकता नहीं पड़ेगी। तुम जहाँ हो वहीं पर चिंतामुक्त होकर रह सकोगे। तुम आनेवाले शनिवार को आओ। घर पर कहकर आना कि रात को वापस नहीं जाओगे। अच्छा।''

प्रशान्त हाउड़ा वापस आ गया था। यह उसका पहला अनुभव था। नौकरी की परीक्षा के उस काण्ड के बाद वाली हताशा न जाने कब हवा हो गयी थी। उसे पता भी नहीं चला। इस मामले को सुनकर घर वाले सब गम्भीर हो गए। इससे वह एकदम विचलित नहीं हुआ। उसके मन में यह उत्सुकता बनी रही कि काठिबाबा उसे क्या देने वाले हैं?

काठिबाबा ने शनिवार को बुलाया है। कब आना है यह नहीं बताया। शंभू से भी पूछा जा सकता था। शनिवार दोपहर को घर से निकलते समय ही कहकर निकला कि अगर देर हो जाय तो रात को वहीं रूक जाऊँगा। कल लौटूंगा। उसने यह नहीं देखा कि उसके यह कहने पर घरवालों ने कोई प्रतिक्रिया नहीं जताई।

कोलाघाट स्टेशन पर उतरकर वह अवाक हो गया। पूरा प्लेटफॉर्म पुलिस से भरा हुआ था। सब एकदम तटस्थ। कुछेक यात्री ही दिख रहे थे। पूछने पर पता चला कि आज सुबह ही संत्रसवादियों अथवा उग्रवादियों से पुलिस की गोलाबारी हुई है। दो पुलिस

और एक उग्रपंथी मारे गए हैं। उग्रपंथियों ने कोलाघाट बंध का ऐलान कर दिया है। रेल लाईन पुलिस के पहरे पर होने के कारण ट्रेन यथावत चल रही है। प्लेटफॉर्म से बाहर निकलते ही दो पुलिस ऑफिसर ने उसे धर लिया, "कहाँ रहते हो?"

"हाउड़ा"

गम्भीरता से दूसरे ने कहा, "इधर कहाँ?"

"काठिबाबा के पास।"

"कौन बाबा?" आँखे टेढी करके दूसरे ने पूछा। पहलेवाले ने कहा, "एक साधू है। नदी किनारे रहता है।"

"क्यों जाना है उसके पास?" दूसरे वाले ने पूछा।

"मिलने के लिए।"

"आज भोर में जिन लोगों ने पुलिस को मारा है उन्हें जानते हो?"

"नहीं"

"आईडेन्टीटी कार्ड है?"

"नहीं"

"नाम क्या है?"

"प्रशान्त बन्दोपाध्याय"

"क्या करते हो?"

"कुछ नहीं।"

दूसरे ने पहले वाले से कहा, "सुना। ये लोग उसी दल के मेम्बर है। इसे छोड़ देना सही नहीं होगा। थोड़ा रगड़ने से ही सब खबर निकल जाएगा।"

पहलेवाले ने पूछा "काठिबाबा से क्यों मिलना है?"

"उन्होंने मुझे कुछ देने के लिए बुलाया है जिससे मन शान्त रहेगा।"

"ये काठिबाबा कहीं उनका एजेन्ट तो नहीं?"

पहले वाले ने हँसकर कहा, "अरे नहीं वो तो सही मायने में एक साधक हैं। तो फिर भई प्रशान्त आपके मन को शान्त करने की क्यों आवश्यकता है?"

"मुझे नहीं मालूम। मुझे कुछ भी अच्छा नहीं लगता है।"

"गवर्मेन्ट के विरुद्ध आक्रोश है क्या? क्या समाज व्यवस्था को बदलने की चाह है?"

"नहीं। मैं ऐसा कुछ भी नहीं सोचता हूँ।"

पहले वाले ने कहा, "छोड़ दो लुंजपुंजा माल है"

अतः प्रशान्त ने चलना शुरू कर दिया। झोपड़ी की सभी दुकाने बंद है? अच्छा

ऐसा क्यों कहा कि लुंजपुंजा माल है? वो जिनको ढूंढ रहे है क्या वे बहुत शक्तिशाली है? एकदम तरोताजा? मन विषाद से भर गया।

काठिबाबा के डेरे के सामने आज एक भी भक्त नहीं है। शायद हड़ताल के लिए नहीं आए होंगे। चारों ओर उसने खोजी निगाह फेरी। शिवशंभू भी नहीं है। अपनी कुटिया में जरूर काठिबाबा होंगे। पर उन्हें बुलाए कैसे?

अंततः उसने इंतजार करने की सोची। कुटिया के सामने पेड़ की छाँव तले आराम से बैठ गया।

शायद यहाँ आने का यह सही समय नहीं है। पर दोपहर में जरूर काठिबाबा आराम कर रहे होंगे। अचानक उसने सुना, "देखो तो भई इसे तो हड़ताल भी नहीं रोक सका?"

प्रशान्त ने उस नारी को देखा। नदी से नहाकर आ रही थी। भीगे वस्त्र से शरीर को ढक रखा था। पर गीले वस्त्र शरीर को इतना आकर्षक बनाते हैं यह उसने आज पहली बार जाना।

"नहीं ट्रेन तो चल रही है न। इधर की ये हालात हाउड़ा में रहकर कैसे समझता?"

"पुलिस ने नहीं पकड़ा?"

"पकड़ा था फिर छोड़ दिया।"

"जब पुलिस ने छोड़ दिया तो बाघ भी तुम्हारा कुछ भी बिगाड़ नहीं सकेगा। खाना-पिना कुछ हुआ है या यों ही....।"

"नहीं नहीं मैं खाना खाकर आया हूँ।"

"अच्छा किया।" और वो अन्दर चली गई।

दो घंटे के बाद काठिबाबा आए। पेड़ों पर तब भी धूप खेल रही थी। आज प्रशान्त सामने जाकर नमस्कार करके बैठ गया।

"घर में कौन-कौन है?"

"बाबा, माँ भाई।"

"विवाह नहीं हुआ?"

"नहीं। मैं कमाता नहीं"

"जी खोलकर कहो क्या चाहते हो?"

मैं अस्वस्ती बोध से घिरा रहता हूँ। घर में रहने का मन नहीं होता। फिर बाहर क्या करूँगा समझ नहीं पाता। घर में रहूँगा तो नौकरी करना पड़ेगा। परिवार बसाना पड़ेगा। नौकरी नहीं मिली। इस बार तो नौकरी की परीक्षा में सब उलटा-पुलटा लिख

आया।"

"क्या लिखा?"

सर हिलाकर, "बच्चों जैसी सब। आप हँसेंगे।"

"थोड़ी हँसी की बात ही सही।"

याद करके प्रशान्त ने कहा -

"ढूंढने गया उसे मैं पूर्वपाड़ा के मैदान में,
ढूंढ आया उसे कृष्णचूड़ा के हाट में,
ढूंढने जाऊँगा उसे प्राणगंगा के घाट में।"

काठिबाबा ने कहा, "अपूर्व। तुमने तो असली बात ही कह दी। तुम्हारा मन खोज रहा है। किसे खोज रहा है? इस्ट को। पर उसे पाने के लिए बाहर जाने की जरूरत नहीं। घर में उसे पा सकते हो। तुम्हारा मन यदि घर में शांत हो जाता है तो बाहर जाने की कोई जरूरत नहीं।"

काठिबाबा ने कुछ देर तक सोचा। फिर कहा, "मैं तुम्हें दूँगा। पहले बताओ मातृगर्भ से निकलने के पश्चात् तुम्हारे शरीर के अभ्यंतर में कोई आन्दोलन हुआ था?"

प्रशान्त को कुछ समझ मे नहीं आया।

काठिबाबा ने पूछा, "तुम्हारा किसी नारी शरीर से मिलना हुआ है?"

चिल्ला उठा प्रशान्त, "नहीं, नहीं।"

"बहुत अच्छा। जाओ पास में जो नदी है वहाँ निर्वस्त्र होकर स्नान कर आओ। तीन डूबकी लगाना। दिगम्बर होकर। उधर कोई नहीं आता जाता। निर्भय होकर, लज्जा की कोई बात नहीं।"

प्रशान्त उठ खड़ा हुआ। नदी किनारे जाकर चारों ओर देखभाल लिया। काठिबाबा के निर्देशानुसार स्नान किया। फिर गीले शरीर में ही कुर्ता पजामा पहनकर कुटिया में आ गया। बाबा ने उसे अपने सामने एकदम सीधे होकर बैठने को कहा।

प्रशान्त बैठ गया।

"कपड़े उतार दो।" काठिबाबा ने आदेश दिया।

उसने उतार दिया। भीग गये थे कपड़े।

"पजामे की डोरी को ढीला कर दो।"

पजामे की गाँठ खोल दी प्रान्त ने। कमर पर ही पजामा चिपका रहा।

"मैं तुम्हें इस्ट लाभ का रास्ता बतला दूंगा। पर चलना तो पड़ेगा तुम्हें ही उस रास्ते पर। तुम्हें पूर्णता तभी मिलेगी जब तुममें एकाग्रता होगी। जब तुम्हें प्राप्त होगी तब तुम स्वयं ही समझ जाओगे। तब तुम उस प्राप्ति के अहंकार को एक जटाधारी

सन्यासी की तरह शिष्यों को इकट्ठा करके आश्रम बनाकर वहाँ शिवलिंग स्थापित करके भोग विलास में भी जीवन बीता सकते हो। काठिबाबा ने आँखें मूंद ली। फिर प्राण की क्रियाएँ दिखाने लगे। जप करने की प्रक्रिया सिखाकर बीजमंत्र दिया। मात्रानुसार जीभ के साथ मंत्र जाप की एक क्रिया दिखाई और कहा, "वहीं पर निरबच्छिन्न जप चलता रहेगा। बाहर का कार्यकलाप भी चलेगा और जप भी चलेगा। इस निरविच्छिन्न जप के फलस्वरूप ही जपसिद्धि की अवस्था फिर ध्यान की धारा आएगी। पवित्र स्थान में प्राण की क्रियाओं के साथ जप के चलते रहने पर जो अवस्था आएगी तभी सृष्टि का रहस्य और उससे तुम्हारा संपर्क समझ में आएगा।"

अपने शरीर और मन में प्रशान्त ने एक नई अनुभूति का आविष्कार किया। काठिबाबा ने कहा, तुम्हारा क्षेत्र लगभग तैयार है। अब तो लगातार बारबार तुम्हें मेरे पास आना होगा। नहीं तो तुम संभाल नहीं पाओगे। तुम्हें शक्ति मिलेगी ही। मोहमुक्त होने पर इष्ट लाभ की संभावना है। पर गृहत्याग नहीं। करने की आवश्यकता ही नहीं है। लौट जाने से पूर्व कम से कम एक घंटा यहीं बैठकर मेरी सिखाई गई क्रियाओं का अनुसरण करो। क्योंकि गलत होने पर मैं तुम्हें सुधार सकता हूँ।

काठिबाबा कुटिया के भीतर चले गए।

प्रशान्त काठिबाबा द्वारा बताए गए प्रणायाम की क्रियाओं को याद करके करने की कोशिश करने लगा। एक विचित्र अनुभूति के सिवाय वह कुछ भी अनुभव नहीं कर पा रहा था। मन को स्थिर रखना आसान नहीं था।

"वापस नहीं जाना है?"

आवाज की ओर प्रशान्त ने देखा। वही नारी दरवाजे पर खड़ी है। बाहर की दुनिया साए की ओट में चली गई है। सजधज के आई है। पान के रस से होठों की लालीमा बढ़ गई है।

धड़फड़ाकर उठ खड़े होते ही ध्यान आया कि......।

पाजामें को जल्दी से पकड़ लिया और पीछे होकर गांठ बांधने में लग गया।

नारी ने हँसते हुए कहा, "ये गांठ ही असली है। गाठ के खुलते ही सर्वनाश।"

कुर्ते के पहनते ही नारी बोल पड़ी, 'बस सोचा और चल पड़े। कुछ खाया पिया ही नहीं। कुछ क्षति तो नहीं होगी न? थोड़ा और रूक जाओगे तो?"

अतः प्रशान्त को बैठना पड़ा। कुछ देर में ही वह नारी एक कटोरी भर मुढ़ी और एक हरी मिर्च लेकर आ गई और खाने को कहा।

भूख नहीं लगी थी। मन कुछ और की आशा से उन्मुख। फिर भी हाथ बढ़ाना पड़ा। उसे खाते देखते हुए नारी ने पूछा, "घर जाने की कोई जल्दी नहीं है, क्यों?"

"घर में सभी लोग हैं।"

"पत्नी है, पत्नी।"

अस्वीकृति में सर हिलाया।

सस्वर हंसी के साथ बोली, 'फिर तो घर लौटने की कोई जल्दी नहीं।" धीमें स्वर से पूछा "ये सब करने की क्या आवश्यकता थी? पूरी जिंदगी सूखकर मरने के लिए?" कहते हुए कुटिया से उतरकर पेड़ों के पीछे चली गई।

प्रशान्त हचकचा गया। क्या कहा नारी ने, काठिबाबा के साथ रहकर भी ये कैसी बातें कर रही है? पर है कौन ये नारी? तांत्रिकों के साथ भैरवी रहती है इतना उसने सुना है। क्या काठिबाबा तांत्रिक है? देखकर तो ऐसा नहीं लगता। इस नारी के पोशाक के सिवाय और कुछ भी साधिकाओं जैसी नहीं है।

मुढ़ी खाने पर प्यास सताने लगी। पर पानी देने वाला कोई नहीं। पास में ही नदी है पर क्या उसका पानी पीने जैसा है? प्रशान्त ने सोचा, स्टेशन जाकर ही पानी पिएगा। धरती पर अंधेरा फैला होने पर भी आसमान पर की लालिमा अभी शेष थी।

उसने चलना शुरू किया। कुछ देर बाद ही वही नारी फिर दिखी। हँसते हुए कहा, "जा रहे हैं?"

"हाँ"

"बात को गॉठ बांधकर रखना।"

"इष्ट लाभ के लिए प्रयासरत होना क्या अन्याय है?" उसने अचानक पूछा।

"इष्ट? इष्ट मतलब क्या? भगवान? आपके उस बाबा ने भगवान को प्राप्त किया है क्या? जप के द्वारा, प्रणायाम के माध्यम से शरीर में लहर लहराकर सोचते हैं भगवान के पास पहुँच गए हैं। जिससे लोग उनसे मिलने आकर मुढ़ी, केला चढाकर जाते हैं। जो मिलता है उससे ही चलाना है। अपने मन की कुछ खा नहीं सकते। जीवन तो एक बार ही मिलता है। मरना तो है ही। मरने के बाद भगवान गोद मैं बैठाकर दूध पिलाएंगे इसकी गारंटी कोई नहीं दे सकता है। तब? केवल अपने लिए जपतप करके सूखा जीवन न बीताकर सभी के साथ हिलमिलकर जीवन गुजारो। कोई भूखो मर रहा है, जप के द्वारा उसे भोजन करवा सकोगे? नारी हँस उठी, समझने में कठिनाई हो रही है। विवाह नहीं किया, नारी के संग नहीं रहे। आप जैसे मूर्ख ही सब मुसीबत की जड़ है।"

"आप कौन है?"

"मैं? मेरा नाम नयनतारा है। आपके काठिबाबा की बेटी हूँ। हाँ जी हाँ। दो-दो बार विवाह किया था। निभा नहीं पाए। फिर कब पधार रहे हो?"

"पता नहीं"

"आना तो तुम्हें पड़ेगा ही। काठिबाबा से खींचे चले आओगे। चलो वो भी ठीक है। अच्छा मुझे थोड़ा स्पर्श तो कीजिए। कुहनी पर जरा ऊपर की ओर।

"क्यों?"

"अरे! मेरी बात तो मानिए।"

कांपते हाथों से नयनतारा की कुहनी को ऊँगलियों से स्पर्श किया प्रशान्त ने।

फिर हँसते हुए उसे विदा किया नयनतारा ने।

नरम कोमल स्पर्श ऊँगलियों पर चिपक गया। क्यों नयनतारा ने उसे स्पर्श करने को कहा? एक भिन्न अनुभव के साथ वह बढने लगा। उसके चारों ओर हल्का अंधेरा फैला हुआ था। काठिबाबा ने जो दिया और नयनतारा ने जो कहा इन दोनों के बीच वो भटक रहा था।

स्टेशन पहुँचते ही उसे चारों तरफ की निस्तब्धता का ध्यान आया। कहीं कोई नहीं। अचानक एक चीख सुनाई दिया, "वो देखो, एक और आया।"

कुछ समझने से पहले ही पुलिस के कुछ लोग उस पर झपट पड़े। अचानक अपने को जमीन पर लेटा पाया। फिर तो भारी बुटों की धड़ाधड़ मार। चोट पर चोट से शरीर की हड्डियाँ चूर-चूर हो रही थी।

"रूको। चेहरा तो देखने दो इसका।" एक भारी भरकम आवाज आई। फिर तेज रोशनी से प्रशान्त नहा गया। दर्द से विकृत चेहरा लिए।

"छोड़ो। ये तो वो नहीं है।" ऑफिसर का हताश स्वर।

"सर। वो भी तो इसी उम्र का ही है।"

"उम्र तो एक हो ही सकता है। ठीक है, इसे भैन में डाल दो।"

तुरंत उसे उठाकर भैन में फेंक दिया गया। धडाम से भैन का दरवाजा बन्द हो गया अंदर घना अंधेरा।

कुछ देर के बाद एक फुसफुसाहट सुनाई दी "कौन है?"

प्रशान्त उठकर बैठने की कोशिश करने लगा। पसलियाँ दर्द से फटी जा रही थी। शायद टूटी भी हो। उसे लगा नजदीक ही कोई लेटा है। जवाब न देकर उसने उलटा पूछा "आप कौन है?"

उस आदमी ने कोई जवाब नहीं दिया। उधर से आवाज आई, "अब ये कभी नहीं बोलेगा। लाश बन गया है।"

“आप कौन?”

“मैं? मैं रतन हूँ। क्या आप असित हैं?”

“नहीं। मैं प्रशान्त हूँ।”

“आप यहाँ क्यों आए? आपका नाम तो आज के एनकाउन्टरों की लिस्ट में नहीं था?”

प्रशान्त का गला सूख गया। अब उसे सब कुछ समझ में आने लगा। आज के अखबार में इनके बारे में ही लिखा था। आज सुबह पुलिस से इनकी मुठभेड़ हुई थी। शायद शाम को भी हुआ हो। उसे पता है, उसने अखबार में पढ़ा था ये लोग भारत देश में आमूल परिवर्तन लाना चाहते हैं। ये संसदीय राजनीति में विश्वास नहीं करते हैं। ये भारत देश की स्वाधीनता के लिए लड़ना चाहते हैं। रतन नामक लड़का क्या उसे भी स्वाधीनता का योद्धा समझ रहा है?

“सुनो प्रशान्त थोड़ी देर के बाद ये लोग इस भैन को एक मैदान में ले जाएंगे। फिर भैन खोलकर हमें भाग जाने के लिए कहेंगे। हमारे भागते ही पीछे से हमें गोलियों से भून दिया जाएगा। इसके लिए उनको कोई कैफियत नहीं देनी पड़ेगी। समझे?”

“तब?”

“हमें अभी भागना होगा। बहुत काम करना है।”

“भागें तो कैसे? दरवाजा तो बाहर से बंद है?” प्रशान्त ने कहा।

इंतजार करो। दरवाजा तो खोलेंगे ही। मैदान में भी गोली मारेंगे और यहाँ भी गोली मारेंगे। यहाँ पर फिर भी बचने की कुछ गुंजाईस है।

भारीभरकम आवाज के साथ भैन का दरवाजा फिर से खुल गया। हुकम हुआ, “जो लोग जिन्दा है उतर आएँ।”

प्रशान्त धीरे-धीरे नीचे उतरा।

उधर से दोपहर के एक ऑफिसर ने कहा, अरे! “आप दोपहर को हावड़ा से आए थे न?”

“हाँ।”

“काठिबाबा के आश्रम में।”

“भैन में फिर क्यों बैठे हो?”

“जी, मार-पीटकर मुझे यहाँ डाल दिया गया है।”

“हाँ, इस ओर फिर क्यों भटक रहे थे?”

"स्टेशन आया था, ट्रेन से घर जाने के लिए।"

"अच्छा! फिर काठिबाबा ने क्या कहा?"

"मुझे मंत्र दिया है। जप करने के लिए कहा है।"

ऑफिसर ने दूसरे को देखा, 'दैट्स गुड। जप पूजा में व्यस्त रहने पर दिमाग देश के उद्धार के भूत से दूर रहेगा।"

"सर। शायद ये झूठ भी बोल रहा हो। अच्छा भाई किस प्रकार से जप करना सिखाया है काठिबाबा ने। एक बार करके बताओ तो।"

प्रशान्त नर्वस हो गया। काठिबाबा ने जो कुछ भी सिखाया है वो किसी को दिखाने के लिए नहीं है। इसे उसने अच्छी तरह से समझ लिया है। पर दिखाए बिना तो ये लोग उसे अब नहीं छोड़ेंगे। दिमाग घुम जाए तो लाश बनाकर रख देंगे।

अतः वो जमीन पर पालती मारकर बैठ गया। सीधे होकर बैठते ही पसली में दर्द लहरा गया। दर्द से चेहरा विकृत हो गया। ऑफिसर ने पूछा क्या हुआ?

"नहीं, कुछ नहीं।" फिर जप करने की कोशिश करते ही उसे लगा कि उसे कुछ भी याद नहीं आ रहा है।

"चलो रहने दो। रिलिजियन को लेकर मजाक मस्ती करने की कोई आवश्यकता नहीं। उठो।" ऑफिसर ने आदेश दिया। "लोकल ट्रेन पकड़कर सीधे हावड़ा चले जाना। ठीक है?"

"सर, कृपया उसे भी छोड़ दीजिए।"

"जाओ। निर्दोष है। कहावत है न। सौ दोषी अगर मुक्त हो गए तो ठीक है। परंतु एक निर्दोष को सजा नहीं होनी चाहिए।" ऑफिसर हँसने लगे।

"पर सर वो वापस जाकर सभी से कहता फिरेगा।"

"नाम पता वेरीफाई करके छोड़ दो। कुछ सुनने में आया तो वापस फिर यहाँ। पर यह बंदा जरूर फिर काठिबाबा से मिलने जाएगा। ऐसे में ये जरूर मुँह बंद रखेगा।"

"एक ऑफिसर उसे स्टेशन के एक कमरे में ले गया। नाम पता लिखकर परिचित लोगों के फोन नंबर भी लिखवाना पड़ा। परिचितों को फोन करके सच्चाई का पता लगाया गया। उस व्यक्ति ने फिर कहा, "जा भाग।"

प्रशान्त ने पूछा, "रतन को नहीं छोडेंगे?"

"रतन? कौन रतन?"

"भैन के अंदर जो है। वही।"

"अच्छा, तो इतने में ही दोस्ती हो गई? हाँ, भई उसे भी छोड़ देंगे। मैदान में

ले जाकर छोड़ देंगे। रतन अपने घर पहुँच जाएगा। ऑफिसर की बात खत्म होते ही बाहर हल्ला-गुल्ला सुनाई दिया। साथ में गोलियों की आवाज भी। प्रशान्त को छोड़कर ऑफिसर दौड़ गया। उधर से चिल्लाने की आवाज आई, "भाग गया, भाग गया।"

सुनकर खुशी हुई। रतन भागने में सफल हो गया। एक प्राण की रक्षा होने पर उसे खुशी हुई। अचानक वो डर गया। रतन के भाग जाने पर यदि वो उसे फिर से पकड़ ले तो? वो छुपने के लिए अँधेरे की तलाश करने लगा।

ट्रेन, एक चोर की तरह चुपके से आकर खड़ी हो गई। झट से प्रशान्त उसमें चढ़ बैठा। जितनी जल्दी यह ट्रेन हावड़ा पहुँच जाए उतना अच्छा।

स्टेशन आने में रात हो गई। अगल-बगल के लोग उसे ताक रहे थे। अन्ततः एक ने पूछा, "क्या हुआ है भाई?"

"क्या होगा?"

"आपका चेहरा सूज गया है और कपड़े भी कीचड़ से सने है।"

प्रशान्त बीना कुछ कहे ही चलने लगा। उस व्यक्ति ने अपने साथ वाले से फुसफुसाकर कहा, "ये महाशय कोलाघाट से चढे हैं। मैंने अपनी आँखों से देखा है। अवश्य की उग्रपंथी है।

घर में घुसते ही बाबा से टकरा गया। डटकर सामने खड़े हो गए।

"ये सब क्या हो रहा है? भारतवर्ष को मुक्त करोगा? बारंबार पुलिस यहाँ आकर तुम्हारी गतिविधियों के बारे में पूछताछ कर रही है। परीक्षा का बहाना बनाकर पुलिस से भीड़ने जाते हो? सुनो ऐसे में तुम इस घर में नहीं रह सकते।"

"आपको गलत फहमी है बाबा।"

"ठीक है। अगर पुलिस आकर कहे कि मैं गलत हूँ तो मैं मान जाऊँगा। तुम्हारा चेहरा, पोशाक बता रहे हैं कि अब तक तुम कहाँ थे?"

भीतर से माँ की आवाज सुनाई दी। "ठीक है आज की रात तो उसे रहने दो।"

"ठीक है केवल आज की रात।" बाबा हट गए।

आधी रात तक नींद कोसो दूर रही। सर्वांग दर्द से चूर-चूर। अब वह क्या करेगा? काठिबाबा का सीखाया सब धुल पुछ गया है। रतन कह रहा था, बहुत काम अभी बाकी है। क्या है वो सब काम? किसके लिए है ये सब काम?

रतन अब न जाने कहाँ मिलेगा? रतन को ढूंढना होगा। काठिबाबा ये सब जरूर जानते होंगे। क्या नयनतारा भी जानती होगी? प्रशान्त ने आँखें बन्द कर ली।

खूरशिद

- सुचित्रा भट्टाचार्य

दस बारह साल पहले की बात है या उससे भी ज्यादा हो। साल तारीख ठीक से याद नहीं है। पर सर्दियों की शुरुआत थी। शायद भाईदूज के एक-दो सप्ताह के बाद की बात है। कुछ काम से गई थी रानीकुठी, देखा तो दीदी जीजाजी के फ्लेट में एक कश्मीरी युवक बैठा है।

हाँ, वो कश्मीरी ही था इसमें कोई संदेह नहीं! ऐसे में ये लोग एक नजर में ही पहचाने जाते है। एकदम ज्योतिर्मय भव्य रुप। उतना लम्बा चौड़ा नहीं, पर रुपवान गोरा चिट्टा चाकू की नाई तेज नाक - आँख जैसे पैरीस का राजकुमार हो। सर्दियों में ऐसे राजकुमार अपने शाल की गठरी के साथ कोलकाता में यत्र-तत्र देखे जाते हैं।

पोटली जमीन पर रखी थी। पूरे कार्पेट पर रंग-बिरंगी शाल बिखरा पड़ा था। दीदी झूककर उन शालों को परख रही थी। उल्टे तरफ के सोफे पर जीजाजी बैठे बड़ी गहराई से दीदी की गतिविधियों को परख रहे थे। असीमदा पैसे-पैसे का हिसाब रखनेवाले इनसान है। दीदी के कुछ खरीदुंगी कहते ही त्रस्त हो जाते हैं।

मुझे देखते ही असीमदा की चिंता फूर हो गई। मुस्कुराते चेहरे से कहा - ये लो, शाल की असली खरीददार आ गई। कहकर शालवाले को पूछने लगे - अरे भाई जी सुनो तो..... क्या नाम बताया आप का?

- जी ! खुरशिद बाबूजी। खूरशिद आलम।

- हाँ हाँ खूरशिद। उर्दू में खूरशिद का क्या अर्थ बताया आपने?

- जी ! सूरज । सन

- हाँ हाँ सूरजभाई, सुनिए सूरज भाई।

इस दीदी को छोड़कर अब इस दीदी को शाल दिखाओ। ये असली रईस है। खूब कमाती है। घर में कुछ नहीं देना पड़ता है। सब पैसा साड़ी में उड़ाती है। अगर पसंद आया तो धड़ाधड़ पाँच सात शाल तुम्हारे यूँ ही बिक जाएंगे।

असीमदा का ऐसा मज़ाक मुझे एकदम नहीं भाता है। असीमदा की निश्चित धारणा है नौकरी करना मेरा शौक है। उनको समझाना कठिन है कि अगर हाथ पाँव फैलाकर अपने मन मुताबिक जीना हो तो एक व्यक्ति की आय से यह संभव नहीं है। शायद समझते भी हो। शायद मन में खेद यह भी है कि उनकी एम.ए. पास पत्नी ने कभी नौकरी-वौकरी करने की कोशिश भी नहीं की।

और दिन होता तो शायद मैं भी पलटकर उनको डंक मारती पर उस दिन वैसा कुछ भी नहीं किया। सचमुच दो एक शाल खरीदने की बात दिमाग में घुम रही थी। विशेषतः दीपक के लिए तो एक लेना ही है। कुछ दिन से दीपक भुनभुना रहे है कि उसकी इकलौती शाल एक दम लच्चर हो गई है। मैं भी इसे देखकर भी अनदेखा कर रही हूँ। अब उसकी हालत इतनी बदतर है कि भद्र समाज में इसे ओढ़कर निकलना मुश्किल हो रहा है। एक मात्र यही कारण है कि उनको आजकल न्योते में पेंटशर्ट पहनकर जाना पड़ता है। ऐसी और अनेक भुनभुनाहटे हैं। ऐसे ही पूछ बैठी, "आपके पास जेन्टस शाल है?"

शायद ऐसे ही एक प्रश्न की अपेक्षा में था खूरशिद। असीमदा की बातों से उसे अन्दाजा तो हो ही गया था कि मैं एक लोभनिय कस्टमर हूँ। तुरंत वह उठ खड़ा हुआ और हाथ जोड़ कर कहने लगा जरूर है दीदी। जेन्ट्स-लेडिज़, आपको जो पसन्द हो! आइए न.....।

दीदी के पास ही बैठ गई। गठरी खोलकर एक के बाद एक शीत वस्त्र निकालता और दिखाता रहा खूरशिद। खोलकर । खोल-बिछाकर सामने धर रहा था। किसी-किसी को अपने शरीर से लपेटकर भी दिखा रहा था। उठ-बैठकर तरह-तरह के पोज़ में दिखा रहा था। साथ ही साथ में ताल मिलाकर प्रत्येक शाल का गुणकीर्तन भी कर रहा था। रंग, कारीगरी, ऊन की उत्कृष्टता, किस शाल की बुनाई में कितनी मेहनत है वह भी सविस्तार बता रहा था।

खूरशिद का ऐसा करना बहुत अच्छा लग रहा था। बहुत शालवालों को देखा है मैंने विवाह से पहले। एक प्रौढ़ कश्मीरी समय-समय पर हमारे घर आता था। बड़ा ही भद्र व्यक्ति था। पर अत्यधिक गंभीर। बहुत कम बातें करता था। धीरे-धीरे, निम्न स्वर में और नाप तौलकर । खूरशिद में वैसी निरसता नहीं है। वह प्राणवन्त है। हँसमुख। सेल्समेनशिप के साथ-साथ औरतों की खरीदारी और पसंद को लेकर कुछेक सरस मन्तव्य भी कर रहा था। बांग्ला के साथ-साथ हिन्दी, उर्दू कश्मीरी, अंग्रेजी की मिली-जुली भाषा। असीमदा की विचित्र राष्ट्रभाषा का भी वह आनन्द उठा रहा था।

ढेर सारे शाल दिखाने के बावजूद एक भी पसंद न आने पर वह तनिक भी

असंतुष्ट नहीं। अपितु मुझे अपने मन पसंद चीज न दिखापाने के कारण वह बार-बार क्षमा मांगने लगा।

दीदी को एक शाल बेचकर उस दिन वह चला गया। पर मेरा पता लेना नहीं भूला। वह जरूर मेरे पसंद का शाल मुझे लाकर देगा। छोड़ेगा नहीं।

और फिर ढूंढ-ढूँढकर उसके बाद वाले रविवार को हाजिर हो गया खूरशिद। उस दिन एक नहीं, कूली के कंधे पर एक दूसरी गठरी भी साथ लाया था। शाल के सिवाय और भी बहुत कुछ उसमें भरा था। कश्मीरी कसीदाकारी के सुन्दर नमुनों से भरा बेडकवर, नामदा, चिनन सिल्क की साड़ी, व्यवसायिक बुद्धि बहुत तेज है लड़के की। उस दिन ही सुन रखा था कि मेरी एक बेटी कॉलेज में पढ़ती है सो याद से उसके लिए कुछ फिरन भी ले आया था साथ में।

उस दिन से ही खूरशिद से हमारी अच्छी खासी दोस्ती हो गई।

उसी दिन हमने जाना कि श्रीनगर में खूरशिद का अपना घर है। पारिवारिक हालात इतने खराब नहीं, बाप-दादाओं का यही शाल-वाल का पुश्तैनी कारोबार है। श्रीनगर में एक दुकान भी है। माँ-बाप, बड़े बाबा, बड़ी मम्मी, भाई-बहन सब मिलाकर खासा बड़ा परिवार है उनका। अचानक जीजाजी की मौत हो जाने पर दीदी भी लौट आई है। भाँजे-भाँजिया भी एक ही परिवार में पल-बढ़ रहे हैं। साल में एक बार इस समय श्रीनगर से निकल पड़ना खूरशिद की पुश्तैनी परम्परा है। बाबा, बड़े बाबा लोग भी कंधे पर शाल लादकर निकल पड़ते थे। कोई दिल्ली, कोई मुम्बई, कोई कोलकाता। अब बारी है दूसरे प्रजन्म की। वो लोग भी चक्कर लगाते रहते हैं एक शहर से दूसरे शहर तक। इस बार को लेकर पाँचवें बार कोलकाता आया है खूरशिद। इस विशाल शहर को अब भी वो अपने लायक सहज नहीं बना पाया है। पर दूसरे कश्मीरियों की तुलना में बांग्ला भाषा पर उसकी पकड़ अच्छी है। खूरशिद की तो यही धारणा है।

दीपक ने पूछा पाँच बार आ गए हो का क्या मतलब? तुम्हारी उम्र क्या है?

खूरशिद ने जवाब दिया जी थर्टीउआन।

क्या कह रहे हो? तुम तो बीस बाइस से ज्यादा के लगते ही नहीं।

खूरशिद शरमा गया - क्या कह रहे हैं बाबूजी? जानते हैं मेरा आठ साल का एक लड़का है। आफरोज। लास्ट इयर एक लड़की भी हुई।

मैनें मजाक में कहा - एकदम बच्चे जैसे लगते हो। ये कैसे संभव खूरशिद?

- ये हमारे कश्मीर का जादू है दीदी। कश्मीर में लोग इतनी जल्दी बूढ़े नहीं हो जाते। कश्मीर जन्नत है, जन्नत।

बातों-बातों में खूरशिद ने अच्छा व्यापार कर लिया। दो शाल, एक फिरहन और एक चिनन की साड़ी। एक नामदा भी खरीदने को ही थे कि दीपक ने वक्त पर बचा लिया। इन्स्टलमेन्ट में हो या जैसे करके भी हो पैसे तो देने पड़ेगे ही। फिर गतवर्ष ही एक मिर्जापुरी गालिचा घर में आया है। फालतू का खर्च क्यों करना?

फिर इस वर्ष भी किस्त के पैसे लेने के लिए खूरशिद दो एक बार चक्कर लगा गया। मैं तो गपोड़ी हूँ ही। सैल्समैन सेल्सगर्ल के साथ मजे से बात कर लेती हूँ। इस मामले में दीपक और बूबली एकदम अलग है। उनकी नाक ऊँची ही रहती है। चूजी। पर उनकी भी खूरशिद से अच्छी दोस्ती हो गई। वही, जन्नत कश्मीर के बारे में बाप-बेटी की अशेष जिज्ञासा। अजश्र प्रश्नों से सराबोर कर देते हैं खूरशिद को और वो शान्त प्रफुल्ल चित्त से उनका सामना करता है

- आप क्या डल लेक के पास ही रहते हैं खूरशिद भाई?

- नहीं बहन पास नहीं लेकिन नजदिक।

- पूरा डल लेक सरदियों में जम कर बर्फ हो जाता है न?

- बेशक। बिलकूल सफेद मैदान बन जाता है। बच्चे लोग उसके ऊपर साईकल चलाते हैं। खेलते-कूदते हैं।

- क्यों रे बूबली सुना है सरदियों में डल लेक के ऊपर से मोटर गाड़ियाँ भी चलती है। एक बार तो जवाहरलाल नेहरूजी ने उस पर जीप भी चलाई थी। क्यों खूरशिद सही कह रहा हूँ न?

- एकदम ठीक। कच्ची उम्र में शेखसाहब भी घूमते थे लेक में मैने देखा है। पैदल।

- शेखसाहब! मतलब शेखअब्दुल्लाह?

- जी बाबूजी।

- उनकी पार्टी ही तो अब गवर्नमेन्ट है?

- जी।

- आपके वहाँ का पोलिटिकल सिचुएसन अब कैसा है? बहुत गड़बड़ हो रहा है, हैं न?

- हो रहा है कहीं-कहीं। पर वैसे खास कुछ नहीं। पोलिटिकल झमेला कहाँ नहीं है, बताइए न? दिल्ली में हो रहा है, मुम्बई में हो रहा है, आपके बंगाल में भी तो ..... धमाधम लड़ाई होती है, बम उम फटता है, दुकान बजार बंद हो जाता है. ... और फिर सब खुल भी जाता है। कश्मीर में वैसा ही है।

- पर अचानक ये झंझट की शुरुआत कैसे? अब तक तो सब ठीक-ठाक चल रहा था?

- कैसे पता बाबूजी जिनको कुछ काम काज नहीं रहता वो ही सबसे ज्यादा हल्लाबाजी करते है।

- आज कल लोग कश्मीर जाते हैं?

- जरूर जाते हैं। बहुत जाते है। इस साल भी सभी हाउस बोट फुल थी।

- हाउस बोट में रहना बहुत थ्रिलिंग होता है क्यों? अगर हम कश्मीर गए तो हाउस बोट में ही रूकेंगे, क्यों बाबा?

' अरे आ जाओ न बहन। मेरे फूफा का हाउस बोट है। मैं सब इंतजाम कर दूंगा। बहुत मजा आएगा। शिकारा में घुमोगे, नागिना लेक में भी जाना है। अगर दिल चाहे तो नागिना लेक में भी रह सकते हैं। वो साइड ज्यादा सुन्दर है।

- बाह! चल रे बूबली, घूम आते हैं। कब जाएगी? समर में? या विन्टर में?

- विन्टर में हरगीज नहीं बाबूजी। तब कहाँ घूमने जाएंगे? पूरा भैली तो तब बरफ से ढका मिलेगा। हमारे श्रीनगर में ही कम से कम चार पाँच फूट तक बरफ रहता है। ठीक से कुछ दिखाई भी नहीं देगा। सारे के सारे सफेद।

- ऐसा क्या? तब कश्मीर जाने का सही समय है मई-जून क्यों?

- समर में सबसे ज्यादा टूरिस्ट आते हैं। लेकिन अगर मुझसे पूछेंगे तो कहूँगा सितम्बर में आइए। कश्मीर की खूबसूरती तब लाजवाब। कितने फूल, कितने कलर, पीर पंजाल का बरफ तब कच्चे सोने जैसा लगता है।

कश्मीर की बातें करते हुए खुरशिद खो जाता है। मस्त हो जाता है। उसकी आँखे चमकने लगती है। तरह-तरह से उस जन्नत का वर्णन करता है। वसंत के आते ही कैसे धीरे-धीरे बरफ पिघलने लगती है। कैसे धीरे-धीरे नये पत्ते उनमें से झाँकने लगते हैं। रुखे पेड़ों पर हरियाली छा जाती है। पत्तों का फिका हरापन कैसे गाढे हरे रंग में बदलता जाता है। अंगूर, अखरोट, एपल से बगीचा भर जाता है। जाफरान के खेत महक उठते हैं। उइलों की झाड़ियों में कैसे हवा नाचती फिरती है, बार्च पाईन पपलार की जंगलों में, चिनार के पत्ते कैसे कांपते हैं। पहाड़ की ढलान पर कैसे रंगबिरंगे गुलाब खिल उठते हैं....

मार्च से नवम्बर का वर्णन सुनकर बूबली विमोहित हो जाती है। हम भी। नहीं अब और नहीं बहुत घूम चुके हिमाचल प्रदेश, यू.पी., सिक्किम, भूटान अब तो बस भूस्वर्ग का दर्शन और कहीं नहीं। श्रीनगर, गुलमार्ग, सोनमार्ग, पहलगाँव.....। सिंधू, झेलम, लिद्दार...। उस बार हमारी आँखों में सपने भरकर खूरशिद लौट गया। मार्च के शुरु में ही।

(2)

कहते हैं, मैन प्रपोजेस गॉड डिसपोजेस। उस बार कश्मीर जाने की फूरसत ही नहीं मिली। मई-जून में भी नहीं। सितम्बर अक्टूबर में भी नहीं।

उस बार दीपक का प्रमोशन हुआ। ऑफिस का काम चार गुना बढ़ गया। हर हफ्ते टूर पर जाना पड़ता। भुवनेश्वर, पटना, राँची, गुवाहाटी, शिलिगुडी.....। मेरी सरकारी नौकरी है, अर्नड लीव की सुविधा है। परंतु दीपक के लिए लगातार पन्द्रह बीस दिन की छुट्टी असंभव।

फिर सरदी के आरंभ होते ही कश्मीर ही कोलकाता में आ गया। साथ में अखरोट, किशमिश, मेवा। शाल फिरहन दिखाने से पहले ही आक्षेप - आप लोग तो नहीं आए दीदी? मैने आप लोगों का काफी इंतजार किया।

अफसोस रहने पर भी कहा - जाऊँगी जरूर जाऊँगी। इस साल नहीं जा सकी तो क्या हुआ अगले साल जरूर जाऊँगी। नहीं तो फिर उसके बाद। कश्मीर तो कहीं भागा नहीं जा रहा है न।

- वो तो ठीक है फिर भी इस बार घूम आते तो अच्छा रहता।

- क्यों इस बार कुछ स्पेश्यल था क्या?

- फूफाजी से कहकर एक बढ़िया हाउसबोट फिट करके रखा था। बोट पुराना है पर उसकी इज्जत ही कुछ और है।

- कैसे ?

- आप लोगों ने कश्मीर की कलि जरूर देखी होगी? शम्मी कपूर, शर्मिला टेगोर?

- हाँ तो?

- शर्मिला टेगोर तीन दिन तक उसी बोट पर रही थी।

हँसी आ गई। फुसफुसाकर दीपक से कहा - कितना गप्प हाँक रहा है जी! उसके फूफा के हाउस बोट पर शर्मिला टेगोर?

- 'एकदम बकवास'। दीपक भी फुसफुसाए। ये लोग ऐसा कहकर खुश हो जाते हैं।

- और नहीं तो क्या? किस जमाने की पिक्चर है, आज तक उस हाउसबोट का अस्तित्व है भी या नहीं?

हमारी फुसफुसाहट का खूरशिद कोई अंदाजा नहीं लगा पा रहा था। आँखे पिटपिटाकर बोला - इस बार भी बहुत सूटिंग चल रहा था। डल लेक में, नाशिमबाग में, अनिल कपूर, श्री देवी, सनि देवल, गुलशन ग्रोवर।

- फिल्म की बातें छोड़ो। अपने घर परिवार की बात बताओ। सब सही सलामत है न?

- ऐसे तो सब ठीक ही है। पर मेरे नानीजी का देहांत हो गया।

- आपके माँ की माँ?

- हाँ दीदी। अफसोस की बात यह है कि सौ साल पूरे होने के केवल छः महिने बाकी थे।

- तब तो काफी उम्र दराज औरत थी?

- हमारे कश्मीर में सौ साल बहुत नहीं होते दीदी। मेरे नानाजी तो सेनच्युरी करके ही गए थे।

- अच्छा! आपकी माँ सही सलामत है?

- हाँ दीदी।

- बीबी?

- ठीक है। घर के कामकाज में व्यस्त है।

- और बच्चे।

- अफरोज़ चौथी में गया। बहुत शैतान बच्चा है। पढ़ाई में कोई दिलचस्पी नहीं। खाली खेल और खेल।

- क्या खेलता है? फुटबॉल? क्रिकेट? या गुल्ली डंडा?

- किरिकेट। कपिलदेव का बहुत फैन है।

- अचानक दीपक पूछ बैठे - केवल कपिलदेव का फैन है? इमरान, आक्रम का नहीं? शायद खूरशिद को थोड़ा धक्का लगा। तुरंत बोल उठा - हाँ, हाँ उनका भी फैन है। जो प्लेयर तेजी से बोल करते हैं और धमाधम बैट चलाते हैं, मेरा अफरोज़ उन्हीं को ज्यादा पसंद करता है।

दीपक के प्रश्न के स्वर से विद्रुपता की झलक दिख रही थी। शायद खूरशिद को परेशान करने की कोशिश कर रहे थे। शायद ठोक बजाकर यह देख रहे थे कि कश्मिरियों में कहाँ तक पाकिस्तान के प्रति प्रिती छुपी हुई है।

मैने प्रसंग को मोड़ दिया। पूछा - और तुम्हारी बेटी किसकी भक्त है? तुम्हारी?

- जरूर! वो तो बाप की बेटी है। घर में रहने पर मुझे एक मिनट के लिए भी नहीं छोड़ती है।

खूरशिद थोड़ा अनमना लगा । हँस रहा था पर चेहरे से बच्चों के प्रति पिता के चिरंतन माया की छाया डोल रही थी। अपनी मुस्कुराहट को बनाए रखते हुए बोला

- शाहिन अपने दादाजी की भी बहुत बड़ी फैन है। दादाजी के दुकान जाने पर वो भी उनके साथ जाना चाहती है।

बूबली का बचपन याद आ गया। जब तक दीपक घर में रहते फेविकल की तरह उनसे चिपकी रहती थी। दीपक के न रहने पर दीपक के बाबा। ससुरजी शाम को क्लब में ताश खेलने जाते थे। वो वहाँ भी जाना चाहती थी।

वह साल केवल गप्पबाजी में ही गया। शाल-वाल कुछ नहीं लिया। कोलकाता में इतनी सर्दी कहाँ जो हर साल शाल की जरूरत हो। फिर भी खूरशिद के अनुरोध से एक नामदा रखना ही पड़ा। सफेद पर लाल नीला पीला हरे रंग की फूल-पत्तियों से भरा। इरानी कारीगरी। कुछ जाने-पहचाने लोगों के नाम पते भी दिए। मेरे कारण और कहीं अगर व्यापार कर पाता है तो अच्छा ही है।

खूरशिद के साथ ऐसे ही हमारी घनिष्टता धीरे-धीरे बढने लगी। छुट्टियों के दिन सबेरे इधर आने पर वह जरूर हमारे घर आ जाता। चाय-नाश्ता के बाद थोड़ी गप्पें होती। न जाने कितनी इधर-उधर की बातें करता। उनके कश्मीर में ऋतुचक्र के केवल दो ही भाग है। पहला जब चिनार के वृक्षों में पत्ते हैं और दूसरा जब चिनार के वृक्षों में पत्ते नहीं है। चिनार के पत्तों के रंग ही उन्हें बता देते हैं कि अब मुलूक छोड़ने का वक्त आ गया है। चिनार के पत्ते झड़ने पर पूरी उपत्यका सो जाती है। फिर नए पत्तों के आने से जाग जाती है। कदम दर कदम फिर खूरशिद लोग घर लौट आते हैं। अचरज की बात यह है कि जो चिनार कशमिरियों को इतना प्रिय है वह कश्मीर का नहीं है। मुगल बादशाह अकबर इसका एक छोटा पौधा इरान देश से लाए थे। और बहुत से जगहों पर इसे रोपने की कोशिश की गई थी, पर इन चिनारों को देखिए ये कश्मीर में ही फले-फूले, लहलहाए। और कहीं भी नहीं।

खूरशिद का एक और प्रिय विषय था गुलाब। इरान को छोड़कर और कहीं भी कश्मीर के जैसे गुलाब नहीं खिलते। दुनिया में बसराई गुलाब के बाद ही कश्मीरी गुलाब का स्थान आता है।

खूरशिद के कारण दिन-ब-दिन हमारे ज्ञान भंडार की बढ़ौती हो रही थी। पृथ्वी में सबसे मीठी शबनम केवल कश्मीर की धरा पर ही झरती है। असली चिनन की साड़ी को एक बदाम के छिलके के अंदर बड़ी आसानी से रखा जा सकता है। एक दुष्प्राप्य बकरी के शरीर से झड़े हुए रोए से बना पशमिना शाल साइबेरियान फॉरकोट से अधिक उष्णता प्रदान करता है।

हमारे अंदर एक छटपटाहट सी उपजने लगी थी उस स्वप्निल उपत्यका में जाने के लिए। आँखों के सामने कोहरे से भरा डल लेक एक चित्र की तरह तैर जाता।

शिकारे में बैठकर हूर परि जैसी कश्मीरि बालिकाएँ फूल बेचने आई हैं। फूल चारों ओर केवल फूल बिखरे है शालिमार, निशातवाग, चश्मेशाहि।

(3)

कश्मीर हम नहीं जा पाए। हर साल कुछ न कुछ होता ही रहता था। या तो बूबली की परीक्षा, नहीं तो दीपक का ऑफिस। एक साल तो मैं ही अस्वस्थ हो गई। या तो कभी सांसारिक समस्याएँ आड़े आ गए। कुछ न कुछ लगा ही रहा।

उधर भी कश्मीर की समस्या में लगातार बदलाव आ रहा था। अखबार पढ़कर, टी.वी. देखकर सिहर उठती। आज यहाँ बम विस्फोट तो कल वहाँ जंगी संत्रास। कभी दस लोग मर रहे हैं तो कभी बीस लोग, हर रोज कुछ न कुछ लगा ही रहता है। क्रमशः अस्थिर से अस्थिरतर हो उठा है जन्नत।

फिर भी खूरशिद लगातार हर साल आता रहा। उसके चेहरे की हँसी धीरे-धीरे हल्की हो रही थी। फिर भी। आजकल गडबड़ी वाले माहौल की बात उठने पर पहले जैसा उड़ा नहीं देता पर हक के साथ कहता कि ऐसा अधिक दिन तक नहीं चलने वाला। कश्मीर फिर पहले जैसा हो जाएगा।

हमें भी ऐसा सोचना अच्छा लगता था। पर दीपक कुछ और बात करते। उनके अनुसार कश्मीर एक बहुत स्पर्शकातर स्ट्रेटेजिक पोयन्ट है। बिग पावर यह नहीं चाहता है कि वहाँ शांति बनी रहे। कश्मीर की आग आसानी से नहीं बुझेगी।

उस साल अचानक पूजा के समय खूरशिद का आविर्भाव हुआ, कोलकाता में। पूजा के पहले। मैं तो अचरज में पड़ गई। मैने कहा क्यों भई आपके चिनार के पत्ते इस बार क्या जल्दी पीले हो गए? या फिर खिलनमार्ग में बर्फ पात इस बार सितम्बर में ही शुरू हो गया?

खूरशिद बहुत विसन्न लग रहा था। उदास स्वर में बोला नहीं दीदी बरफ गिर रहा है नसीब पर।

- नए सिरे से फिर क्या हुआ?

- बहुत प्रोबलम में पड़ गया हूँ दीदी। बिजनेस की हालत बहुत खराब है। पूरे शहर में पुलिस, मिलिटरी, सप्ताह में दो तीन दिन 'स्ट्राइक' - खरीद - बिक्री सब बन्द। दुकान बंध रखो तो पुलिस मिलिटरी धमकाती है। खुला रखें तो जान पर आफत। क्या करें कुछ समझ में नहीं आता है।

- सो तुम यहाँ आ गए?

- क्या करूँगा वहाँ रहकर? टूरिस्ट भी तो नहीं है। फूफाजी का कारोबार भी चौपट। हाउस बोट सुना पड़ा है। दो फॉरेनर आए थे। एक सप्ताह रह कर ही भाग

गए। हैरान होकर फूफा लोग महुरा चले गए। गाँव में। खुरशिद ने जोर से साँस छोड़ा, हमारे फेमिली की हालत भी ठीक नहीं। ताऊजी लोग भी सब सेपरेट हो गए।

- क्या कह रहे हो?

- हाँ दीदी, क्राइसिस के वक्त शायद ऐसा ही होता है। पेट ठंडा रहे तो दिमाग भी ठंडा रहता है। नहीं तो रिस्ता खत्म। ताऊजी के लड़के ने अलग बिजनेस शुरू कर दिया। टिम्बर का। घर में दिवारे खड़ी हो गई हैं।

- ये तो सचमुच बहुत बुरी खबर है।

- अब्बा जान तो बहु अपसेट हो गए हैं। बड़े भाई की इतनी इज्जत करते थे।

- क्या किया जाए। दुनिया का यही नियम है। मुसिबत के समय हर कोई अपना ही सोचता है। श्रद्धा-भक्ति तब ताक पर धरी की धरी रह जाती है।

निस्तेज होकर कुछ देर बैठे रहने के बाद धीरे-धीरे अपनी लाई हुई गठरियों को खोलने लगा खूरशिद। मैं बेचैन हो गई। पूजा के शरु के दिनों में ही खरीदारी?

विनीत स्वर में मैंने कहा - माल की गठरी अब मत खोलो खूरशिद। इस चिपचिपी गर्मी में सोचते ही आतंकित हो उठती हूँ।

- शाल नहीं लाया दीदी। शाल है कहाँ कारखाने तो सब बंद है।

- तब क्या लाए हो? वही आपके लूधियाना के स्वेटर कम्बल?

वो सब चीज भी आजकल कोलकाता में नहीं चलेगी। हल्की हँसी के साथ कहा - यहाँ पर महाजनों से जान-पहचान तो है न, वहीं से कुछ साड़ी कपड़ा उठा लाया हूँ। पूजा का समय है इस समय तो आप लोग बहुत खरीदारी करते हैं। मुझसे भी दो चार पीस खरीद लीजिए।

खूरशिद के लिए दर्द से मन भर आया। बेचारे का चेहरा भी मुरझा गया है। चमक के अभाव में चेहरे पर कालापन छाया है। चेहरे की हड्डियाँ भी निकल आई है और दिप्ती हिन आँखें।

- अच्छा क्या लाए हो दिखाओ?

साड़ियों को देखते ही मन खराब हो गया। सब सिन्थेटिक। सस्ती ऐसी साड़ियों को बेचने आया है खूरशिद? हाय रे पारस्य के राजकुमर का ऐसा अधःपतन?

एक नारंगी रंग की साड़ी को बढ़ाते हुए बोला - इसे आप रख लीजिए दीदी। आपको बहुत अच्छा लगेगा।

इश, ऐसा भड़कीला रंग! इसे मैं पहनूँगी? इसे किसी को देने से भी बदनामी होगी।

पूछा मैने - और कुछ नहीं लाए? दूसरे तरह की सिल्क-विल्क की......?

- महँगे कपड़ो को नहीं ला सका दीदी। ज्यादा कैश नहीं था। हम लोगों को तो उधार देने में .....। अचानक खूरशिद चुप हो गया। फिर धीरे से बोला - बीबी को लेकर आया हूँ दीदी। डॉक्टर को दिखाने। उसका भी खर्चा है।

चौंक उठी - तुम्हारी बीबी आई है? और इतनी देर से इधर-उधर की बातें कर रहे हो?

खूरशिद के चेहरे पर संकोच फैल गया - उनके पेट में रह-रह कर एक दर्द उठ रहा है। सोचा कोलकाता के डॉक्टर को दिखा दें। बच्चे लोग भी आए हैं। उधर तो स्कूल सब बंध पड़ा है। सोचा वो लोग भी साथ साथ रहें।

- अरे बाप रे! पूरे बेटेलियन के साथ आए हो। कहाँ रखा है सभी को?

- चाँदनी चौक के बगल में। छः महिने के लिए एक मकान किराए पर ले लिया।

- बहुत अच्छा किया। एक दिन उन सब को ले आना। मिलना है सभी से।

- जरूर लाऊँगा दीदी। मेरी बीबी को आपके बारे में सब कुछ मालूम है। पर वो तो घर से ज्यादा बाहर निकलती नहीं। शर्माती है।

- इसमें क्या है? दीदी से मिलने आएगी

- एकदम सही। दो चार दिन के बाद, नया शहर है, जरा एडजस्ट हो जाए।

खूरशिद के बीबी के ऑनर में रख ही ली एक साड़ी। हल्के रंग वाली। गडियाहाट में ये तीन सौ में मिल जाती, खूरादि ने थोड़ा ज्यादा लिया। ज्यादा मोल भाव नहीं किया। जाने दो बेचारा मुसीबत में है। दो पैसे ज्यादा लाभ किया।

छुट्टी के दिन सुबह अड्डेबाजी के लिए दीपक निकले थे। लौटते ही उसे खूरशिद का समाचार सुनाया। सुनकर दीपक को अच्छा नहीं लगा। संदिग्ध स्वर में बोले - ऐसे ऑड वक्त पर कोलकाता में कश्मीरियों का आना खतरे से खाली नहीं है। स्पेश्यली बीबी बच्चों के साथ चले आना।

- अरे वो तो बीबी को डॉक्टर को दिखाने लाया है।

- स्टिल - कभी सुना है कश्मीरी शालवाला अपनी पत्नी को लेकर आया है? आई थिंक समथिंग इज़ रोंग।

- क्या रोंग?

- बहुत कुछ हो सकता है। आँख कान खुले हो तो बहुत कुछ सुनने और देखने में आता है। कश्मीर में आजकल हर घर में एक्सट्रिमिस्ट...?

- क्या बके जा रहे हो? खूरशिद एक्सट्रिमिस्ट? सालों से उससे बातचीत कर रहे हो, समझ में नहीं आया क्या कि वो एक फेमिलिमैन है?

- उग्रपंथी क्या आसमान से टपकते हैं? उनकी भी फैमिली होती है। माँ-बाबा, भाई-बहन, बच्चा। खूरशिद स्वयं इन्वॉल्व न होने पर भी उसके कनेक्शन हो सकते है।

- चलो भी, मैं तो यह नहीं मानती।

- मत मानो। बट वी प्रेक्टिकल। बी रेशनल। सच बताओ तो खूरशिद को तुम कितना जानती हो? साल में चार-पाँच दिन आता है। कुछ बेच-बुच जाता है। कुछ मीठी-मीठी बातें करता है बस। अपनी फेमिलि के बारे में उसने जितना बताया है तुम उतना ही जानती हो। क्या ऐसा नहीं हो सकता है कि उसके फैमिली में से किसी ने जंगी दल में नाम लिखवाया हो?

- पुलिस शायद घरवालों को सता रही थी इसलिए जान बचाने के लिए......?

इस बार खूरशिद के पक्ष में कुछ बोल नहीं पाई। अपने आप ही सर हिलने लगा - ये भी हो सकता है, - पर......

पर-वर कुछ नहीं। कौन कह सकता है स्वयं खूरशिद ही उग्रपंथियों के दल में नहीं है?

- धत, दीस इज़ टू मच। खूरशिद का बेटा कितना छोटा है? हार्डली बारह या तेरह।

- इस उम्र में बच्चे ही सबसे ज्यादा गालिबल होते हैं। उनको उकसाना भी आसान होता है। खबरों में नहीं देखती हो। इस उम्र के बच्चे गोरिला ट्रेनिंग ले रहे हैं?

अस्वीकृति की कोई गुंजाइश नहीं। कुछ दिन पूर्व कुछेक संत्रसवादी कश्मीर में पकड़े गए। देव शिशु की तरह कुछ किशोर बच्चे भी थे उन लोगों में। न जाने कितने भयंकर अस्त्र-शस्त्र थे उन के पास। मटनि, ग्रेनेड, कार्तूज, राइफल, रॉकेट लांचर....।

आजकल दीपक ने धुम्रपान प्रायः छोड़ दिया है। अचानक फस करके एक सिगरेट जला लिया। गम्भीरता से बोल उठे - सुनो खूरशिद तुम्हें दीदी-दीदी करता है वो ठीक है पर यह मत भूलना कि वो एक कश्मीरी है। उनकी मदद से ही जंगी लोगों को इतना बढ़ावा मिला है।

- खूरशिद कैसा है यह हमारे सोच का विषय नहीं है। पर उसके साथ ज्यादा मेल-मिलाप रखना शायद अब हमारे हित में नहीं होगा।

- आहा मेल-मिलाप कहाँ करती हूँ? इतने दिनों से घर पर आ रहा है इसलिए थोड़ा हँस बोल लेती हूँ। उससे ज्यादा और क्या?

- उतना ही काफी है। अभद्रता अच्छी नहीं। पर बी फरमाल। बीबी बच्चों को लाने पर बहुत प्यार दिखाने की जरूरत नहीं। अगर लेकर आए तो न।

-क्यों नहीं लाएगा? न लाने वाली क्या बात हुई?

- देखो क्या करता है? वे लोग बहुत परदा नसीन होते हैं। परदानसीन बीबी को एक हिन्दू के घर अचानक लाएगा क्या?.... आई डाउट, और बेटे का यदि कोई ब्लेक स्पोट हो तो फिर तो बात आई और गई। रास्ते में उसे थोड़े ही न निकालेगा।

इन बातों को मेरा मन एकदम समर्थन नहीं कर रहा था। पर एक कूट संशय भी फांस बन कर चुभ रही थी मन में। एक साथ दो स्वर सुन रही थी। एक स्वर चिल्लाकर कह रहा था, असंभव-असंभव। दूसरा मृदु स्वर में मिनमिना रहा था, हो सकता है, हो सकता है, हो भी तो सकता है।

- खूरशिद बीबी-बच्चों को लेकर नहीं आया।

- उस साल खूरशिद के फिर दर्शन ही नहीं हुए।

(4)

केवल उस बार ही नहीं, खूरशिद इसके बाद वाले साल में भी नहीं आया। और फिर उसके बाद वाले साल में भी नहीं आया।

ऐसे में घर में एक भव्य अनुष्ठान की तैयारी होने लगी। बूबली की शादी। कॉलेज के एक सहपाठी के संग बहुत दिनों से प्रेम-प्यार चल रहा था।

मैनाक। बहुत चौक्कस लड़का है। हमें भी मैनाक बहुत पसंद आया। पर आजकल के बच्चे अपने भविष्य और केरियर को लेकर बहुत सेचत होते है। मन मुताबिक नौकरी न मिलने के कारण उनका विवाह होते-होते भी नहीं हो रहा था। अच्छा ऑफर मिलने के पश्चात ही मैनाक विवाह बेदी पर बैठने के लिए राजी हुआ।

शादी-ब्याह की तैयारी करना क्या ऐसी-वैसी बात है, शादी मतलब महायज्ञ। घूम-घूम कर मार्केटिंग करो। गहने बनाने दो, फर्नीचर ऑर्डर के लिए दौड़ो, विवाह स्थल बुकिंग, कैटरिंग-डेकोरेटर, गाड़ी की व्यवस्था, निमंत्रितों की सूची और चरकी की तरह घूम-घूमकर न्यौता देना। काम के साथ-साथ अविराम टेन्शन भी रहता है। कहीं गड़बड़ न हो जाए। सब सही-सही हो जाएगा न?

खूरशिद तब हमारे दिमाग से एकदम बाहर। रहता भी कैसे? वो कोई इम्पॉर्टन्ट व्यक्ति तो नहीं? पर कश्मीर में लगातार अस्त-व्यस्तता चल रही थी। वहाँ के हालात दिन-ब-दिन बिगड़ रहे थे। श्रीनगर की खबरें कभी-कभार खूरशिद की याद दिला देती। पुलिस मिलिटरी के साथ-साथ जंगी और साधारण इन्सान भी प्रायः मर रहे थे। इतने विस्तार से तो कागज में हताहतों की तालिका नहीं दी जाती है। कभी-कभार लगता है इन मृतकों में कहीं खूरशिद भी तो नहीं? कभी-कभी मन में कांटा विंधता रहता था। क्या खूरशिद को पहचानने में हमने गलती की?

अगहन की शुरुआत में बूबली का ब्याह हुआ। कार्यक्रम के खत्म होते ही

एकदम से खालीपन ने घेर लिया। ऑफिस जाओ, वापस आओ, घर आओ और घर लौटकर पति पत्नी आमने-सामने बैठे रहते हैं। बूबली ने हमारे जीवन में कितनी जगह घेर रखी थी। प्रत्येक क्षण यह पता चलता है खाने में स्वाद नहीं, पढ़ना अच्छा नहीं लगता है। अकारण टी.वी. चैनल बदलती रहती हूँ.....एक कष्टदायक शून्यता ने हमें ग्रस लिया था।

बदलाव के लिए कुछ दिन हम घूम आए। पूरी गए थे। यह हमारे लिए दूसरी मधुयामिनी की तरह थी। बालूबेला में बैठे बैठे लहरों को गिनना और स्मृति मंथन के सिवाय हमारे जैसे मध्यवयस्क एकाकी दम्पति के लिए और करने के लिए रह भी क्या जाता है?

फिर भी कुछ तरोताजा होकर लौटे। सुबह से शाम तक का वही दैनिक । धीरे-धीरे। अपनी पुरानी दिनचर्या की ओर हम लौट रहे थे। ऑफिस । आपसी दोस्त। रितेदार।

ऐसे में एक दिन खूरशिद का उदय हुआ।

एकदम चौंक उठी। खूरशिद से अधिक उसके चेहरे-मोहरे के परिवर्तन ने मुझे अधिक चौंकाया। बहुत उम्रदराज लग रहा था। चेहरे की लूनाई खत्म हो गई थी। मात्र दो साल में इनसान इतना बूढ़ा जाता है क्या? फिर वो तो जन्नत का बाशिन्दा है।

हकबकाकर खड़ी की खड़ी रह गई। चौंका दिया खूरशिद की हँसी ने।

हँसी से खिलता चेहरा। वही पुराने ढंग की।

गरदन झूकाकर खूरादि ने कहा, नमस्ते दीदी। कैसी हैं?

- चल रहा है। आओ अंदर आओ।

दीपक अंदर दाढ़ी बना रहे थे।

ड्राइंगरूम में आकर वो भी अवाक्। कहा क्या बात है? कहाँ थे इतने दिन?

माघ की शुरुआत थी अचानक ठंड थोड़ी कम हो गई थी। पसीना आ रहा था खूरशिद को। गठरी को उतारकर बहते पसीने को पोंछते हुए बोला - घर में ही था बाबूजी। तबीयत ठीक नहीं थी। इसलिए पिछले दो साल नहीं आ सका।

- क्या हुआ था?

- बुखार, खांसी, हाथ-पाँव कमजोर पड़ गए थे।

- टी.बी.?

सर हिलाकर खूरशिद बोला - हाँ बाबूजी। वैसा ही।

- तो फिर ऐसे में कैसे आए?

अभी ठीक हूँ। फिट। आप लोग कहाँ थे बाबूजी? मैं एक बार आकर लौट

गया।

- बाहर गए थे। बेटी की शादी हो गई। बहुत अकेले पड़ गए थे, सो .....।

- बहन की शादी हो गई? खूरशिद की आँखों में संसार भर का आश्चर्य समा गया।

- सच साब? कब?

- यही कुछ दो महिने होने का आए। बूबली अब अपने पति के साथ चेन्नई में है।

- इश..., थोड़ा पहले आता तो अच्छा होता। बहन की शादी देख पाता।

- हाँ बूबली भी तुम्हारे बारे में पूछती रही।

इनसानियत के नाते बोल गया। खूरशिद बहुत खुश हुआ। बूबली के ससुराल के बारे में पूछता रहा। पहले जैसा नहीं। उच्छास हिन पर आन्तरिकता पूरे दम पर थी। धीरे-धीरे हिचकिचाहट खत्म होती रही।

बहुत दिनों तक मन में दबी बात जुबान पर आ ही गई - उस बार तुम कहाँ भेनिस हो गए थे बताते तो जरा? बीबी-बच्चों को लेकर आने वाले थे?

- गुस्ताकी माफ कीजिएगा दीदी। श्रीनगर से अचानक बुरा समाचार आया। अब्बाजान को स्ट्रोक आया है।

- ऐसी बात थी क्या? दीपक को एक नजर मैंने देख लिया - अब कैसे है?

- नहीं रहे। उनका इंतकाल हो गया। स्ट्रोक के दूसरे ही दिन।

- ओफ....। घर के दूसरे लोग?

- चल रहा है। अब्बा के गुजर जाने के बाद से अम्मी का हाल भी कुछ अच्छा नहीं है। टेनशन सबको खाए जा रहा है।

- तुम्हारी बीबी के ट्रिटमेन्ट का क्या हुआ?

- कहाँ कुछ कर पाया दीदी। उधर हकीम की दवाई चल रही है। क्या करें। तकदीर में जो लिखा होगा वहीं होगा। नहीं तो अब्बाजान भी ऐसे कैसे चले जाते? मैं भी क्यूं ऐसे बीमार पड़ता।

दीपक सोफे पर बैठ गए। बोले तुम्हारे उधर की गड़बड़ी भी रूकने का नाम ही नहीं ले रही है।

- बिजनेस कैसे चल रहा है? अच्छा?

- थोड़ा बहुत हो रहा है। फेक्टरी में थोड़ा बहुत काम तो हो रहा है। आदमी कब तक भूखा रहेगा बाबुजी? मेरा लड़का भी अब काम में लग गया है। दूकान में। मेरे छोटे भाई के साथ।

बातचीत के चलते घर के कुछ शुभ-प्रसंगों की बात भी बताई खूरशिद ने। उसके भाई की बीबी को बेटा हुआ है। जम्मू में उसकी बहन की शादी तय हो गई है। लड़का सरकारी नौकरी पर है। इस बसंत में ही नाजनिन अपने ससुराल चली जाएगी।

कितनी अचरज की बात है, जहाँ सारा दिन गोलाबारी हो रही है, हवा में बारूद की महक रच बस गई है, वहाँ जीवन रूककर नहीं बैठा है। जन्म, मृत्यु, विवाह, सुख-असुख सभी अपने लय से चल रहे हैं। अपने छन्द में नाच रहे हैं।

बात करते करते ही खूरशिद ने अपनी गठरी खोल ली। बोला - अब आपको एक शाल दिखाऊँ?

सोचने लगी शाल के तो थक्के जम गए हैं और ले कर क्या करूंगी?

फिर भी कहा - कैसा शाल लाए हो देखें तो जरा?

ढूंढ ढूंढकर एकदम नीचे से चंदन के रंगवाला एक शाल खींचकर निकाला। चंदन रंग के धागे से ही पूरे शरीर में कसीदा काढ़ा गया है।

- इस चीज को देखिए। एकदम अन-कॉमन। मेरी दीदी ने अपने हाथों से बुना है। बहुत मेहनत किया है।

शाल की सुन्दरता का कोई जवाब नहीं। सहलाकर लगा महंगा भी होगा। फिर भी पूछा - कितने का है?

- दाम के लिए मत सोचिए दीदी। इसे आप रख लें।

- फिर भी बोलो तो सही।

- दूसरे कस्टमर के लिए तीन हजार। आप जो चाहे दे दीजिएगा।

- सर्वनाश, इतना महंगा शाल लेकर मैं क्या करूंगी?

- ओढेगी। मेरी एक दीदी ने बनाया दूसरी इसे ओढेगी।

और कुछ कहने का मौका ही नहीं दिया खुरशिद ने। तह करके मेरे पास में रख दिया।

खूरशिद के चले जाने पर मुस्कुराते हुए दीपक ने कहा - कैसा बना गया तुमको?

- मतलब? मैंने भौंह तानकर पूछा

- कोलकाता की इस सरदी में तीन हजार का शाल ओढकर तुम कहाँ जाओगी?

- नहीं ओढूंगी। सहेजकर अलमारी में रख दूंगी। बूबली को दे दूंगी। फिर स्वर में व्यंग भरकर पूछा - खूरशिद को लेकर तुम्हारी जो गलत धारणाएँ थी वो मिट गई

न? समझ में आया कि तुम्हारे विचार कितने गलत थे?

दीपक ने कोई जवाब नहीं दिया केवल अपने कंधे उचका दिए।

(5)

एक महिना भी नहीं गुजरा अचानक एक घटना घट गई।

उस साल शरदी जाते-जाते फिर लौट आई थी। फरवरी में भी ठंडी हवा के कारण कंपकंपी छुट रही थी। उपर चढ़ाए गए कम्बलों को फिर से उतारना पड़ा। शहर में हर जगह बस ट्राम, चाहे रास्ते पर इसी असमय की आबोहवा की चर्चा चल रही थी।

उस दिन जल्दी ही लौट आए थे दीपक। मेरे आने के तुरंत बाद। दोनों मजे से कॉफी और मूढ़ी खा रहे थे कि दरवाजे पर दस्तक।

खूरशिद।

शाम के वक्त तो वो कभी नहीं आता है। अचरज से पूछ बैठी - क्या बात है?

खूरशिद हाँफ रहा था। गम्भीर चेहरा। भरे गले से बोला - मैं घर जा रहा हूँ दीदी। अभी रात की गाड़ी से।

खूरशिद का पोशाक भी और दिन की तरह नहीं था। पैंट शर्ट के बदले सलवार कुर्ता। कँधे पर गठरी के बदले किड्स बैग लटकाया हुआ और हाथ में एक सूटकेश।

मैं तो आसमान से गिरी - आज ही जा रहे हो, मतलब? अचानक कोई खबर आई है क्या?

- नहीं दीदी। लेकिन मैं और एक दिन भी यहाँ नहीं रहूँगा। यहाँ पर और बिजनेस भी नहीं करूँगा।

दीपक ने आँखें मिचकचाकर पूछा - क्यों? हुआ क्या?

- क्या कहूँ बाबुजी, आपलोग ही हमें रहने नहीं दे रहे हैं।

- मतलब?

खूरशिद उत्तेजित होकर बोला - कल रातको अचानक पुलिसने आकर डेरे पर हमला कर दिया। सात लोगों को उठाकर ले गए। बहुत बोला, हम सालों से कोलकाता में आ रहे हैं। कोई फर्क नहीं। हम लोगों को पीटा। कोई एक मकबूल नामका टेररिस्ट कोलकाता में आया है उनका कहना है कि हम लोगों ने उसे अपने डेरे में छुपा कर रखा है।

- आप लोग ही बोलिए ऐसा सोचना क्या सही है?

- अरे तुम इतने एक्साइड क्यों हो रहे हो? दीपक ने खूरशिद को शांत करना चाहा।

- ये तो पुलिस की गलती है। ऐसे न जाने कितनी गलतियाँ पुलिस करती है फिर छोड़ भी तो देती है।

- तो? सब मिट गया क्या? आप सोच भी नहीं सकते। कितना बुरा-बुरा गाली दिया। कश्मीर में इतना गाली नहीं सुनना पड़ता है। हम लोग हिन्दुस्तान को गंदा कर रहे हैं - हमें लात मारकर निकाल देना चाहिए।

- अरे छोड़ो ये सब, ये सब सुनने की कोई जरूरत नहीं। यहाँ की हालत भी तो देख रहे हो। तुम्हारे कश्मीर में पाकिस्तान के गुप्तचर तो रहते होंगे। उसी लिए शायद .....' एक बार पहचान लेने पर फिर कोई प्रॉब्लम नहीं होगी।

- नहीं बाबूजी। मैंने पहले नहीं कहा हर बार ऐसा होता है। पुलिस पकड़ती नहीं पर डेरे में आकर पूछताछ करती रहती है। नाम पता सब उनको देना पड़ता है। क्यो ऐसा होगा बाबूजी? क्या हम इण्डियन नहीं है? अपने ही देश में बिजनेस नहीं कर सकते क्या? खूरशिद के गले से तीव्र आक्रोश झर रहा था। क्षोभ से भरी आँखें। सर हिलाकर बोला, ये बहुत गलत बात बाबूजी। ऐसा नहीं होना चाहिए।

अचानक दीपक बोल बैठे - केवल पुलिस को दोष देने से नहीं चलेगा। पुलिस को तो अपनी ड्यूटी करनी पड़ेगी। पर आप लोग भी तो दोषी है। आई मीन कश्मीरी लोग।

- हम लोगों का क्या कसूर बाबूजी? कश्मीरी मतलब एक्सट्रीमिस्ट है क्या?

- वैसा कुछ नहीं । ..... पर तुम लोग ने भी तो इस देश को अपना नहीं समझा न।

इस प्रहार के लिए खूरशिद एकदम तैयार नहीं था। उसका सफेद चेहरा बिलकुल लाल हो गया। आहत होकर कहा - आपने ये क्या कह दिया बाबूजी? आप लोग मेरे अपने नहीं है क्या?

- नहीं, नहीं। मेरा मतलब यह नहीं था। मैं कहना चाहता हूँ कि तुम लोग तो इंडिया को .....

- देश क्या सिर्फ एक मिट्टी से बनता है बाबूजी? देश तो आदमी से ही बनता है न। फिलिंग से बनता है। आप लोग यदि मेरे अपने हैं तो, देश फिर क्यों अपना नहीं होगा?

सीधी सरल युक्ति। दीपक कुछ बोल नहीं पाए। थोड़ा रूककर कहने लगे, फिर आपके वहाँ ऐसा प्रोब्लेम क्यों हो रहा है?

- वो तो नेता लोगों के मर्जी का खेल है बाबूजी। हम लोग आम आदमी, हम लोग तो केवल पुतले हैं पुतले।

खूरशिद का गला भर आया - सुनिए बाबूजी कश्मीर इंडिया में रहे, या पाकिस्तान में, उसमें हम लोगों को कोई फरक नहीं पड़नेवाला। अगर कश्मीर अलग कन्ट्री बन भी जाए तो इसमें आम आदमी को क्या एक्स्ट्रा फायदा होगा? हम लोग

तो जैसे थे वैसे ही रहेंगे। काम करो, रोटी कमाओ, बच्चा पालो घर चलाओ....। डिस्टरबेन्स होने पर हम लोगों को ज्यादा नुकसान होगा बाबूजी।

.... नहीं बाबूजी आम आदमी कभी मार दंगा नहीं चाहता है। हम लोगों को शांति चाहिए। हम लोग जीना चाहते हैं।

दीपक एकदम से स्पीकटी नॉट। मैं स्थिर दृष्टि से खूरशिद को ताक रही थी। उसके मुखमंडल पर क्रोध के स्थान पर विसन्नता छा गई थी। सर झूकाकर खड़ा रहा खूरशिद शालवाला।

अचानक खूरशिद बड़बड़ा उठा - एक बात कहूँ बाबूजी? गुलाब के फूल पेड़ पर ही अच्छे लगते हैं। फिर भी हर कोई गुलाब को तोड़कर अपने कब्जे में रखना चाहता है। इसमें गुलाब को कितनी तकलीफ होती है कोई सोचता है क्या?

अचानक घर के वातावरण में भारी पन छा गया। मैंने अस्फूट स्वर में कहा - तुम्हारी मन की हालत मैं समझ सकती हूँ खूरशिद। फिर भी कहती हूँ जरा सोच-समझकर कदम बढ़ाना। अचानक इस तरह से जमा जमाया बिजनेस छोड़कर मत जाओ।

- नहीं दीदी, काफी हो गया। पुलिस को छोड़िए आप लोग भी तो हम पर भरोसा नहीं कर सकते हैं। घर की रूखी-सूखी रोटी इस अपमान से बेहतर है।

नहीं मन की भावनाओं को और दबाया नहीं जा सकता। अविश्वास की जड़े सचमुच हमारे अंदर भी फैली हुई हैं। जन्म-जन्मान्त से लालित-पालित कुछ संस्कार भी।

फिर मैंने कहा - यहाँ तुम्हारा इतना पैसा रह गया.....?

जितना कर सका आज मैंने कलेक्ट कर लिया है। सभी को अपना पता भी दे दिया अगर देना चाहें तो भेज देंगे।

- तब मेरे पैसे भी ले जाओ।

- नहीं दीदी अभी रहने दीजिए। कुछ देर के बाद अपनी टूटी-फूटी हँसी के साथ बोला - आप जब कश्मीर आएँगे तब ले लूंगा।

अरे ऐसा होता है क्या? जोर से सर हिलाकर कहा मैंने, यदि कभी भी कश्मीर जाना नहीं हुआ तो?

- तो क्या हुआ। मैं सोचुंगा मेरी दीदी के पास मेरा रूपया रखा है।

खूरशिद ने पैसे नहीं लिए तो नहीं लिए।

मैं स्थिर होकर बैठी रही। शरीर मन कुछ भी अपने वश में नहीं था। कसकर शाल को लपेटे रहने पर भी सरदी लग रही थी।

(6)

कुछ दिन पूर्व कश्मीर में एक युद्ध हो गया। कारगिल वार पूरी उपत्यका चरम रूप से अशान्त है। सैनिकों के बूटों की आवाज से पूरा इलाका थर-थरा रहा है।

ऐसे में कश्मीर जाने का सवाल ही नहीं उठता।

हमारा शायद कश्मीर जाना कभी भी नहीं हो पाएगा। सब शान्त हो जाने पर भी। गत वर्ष मई के महिने में दीपक रिटायर हो गए। आजीवन ऑफिस के कर्मजीवन से आदमी का निवृत्त हो जाना सहन नहीं हुआ। दो एक माह में ही एकदिन स्ट्रोक का झटका। सेरीब्रल अटेक। इतना भयंकर भी कुछ नहीं था। पर चलने फिरने पर पाबंदी लग गई। साथ-साथ मेरी भी। कश्मीर तो दूर की बात हो गई। यहाँ तक कि चेन्नई में बूबली के पास जाने में भी नर्वस हो जाती हूँ।

पर आज भी कश्मीर हमें लुभाता है, बरफ से आच्छादित पीरपंजाल नहीं, सोनमार्ग गुलमार्ग, पहलगाँव के निसर्ग नहीं, बादशाही गुलाब के बाग नहीं, लिद्दार झेलम सिंधू नहीं, चिनार के पत्ते भी नहीं। खिंचता है तो बस अभिमान से भरा एक चेहरा। विसन्नता से चले जाना।

आज भी हमने खूरशिद के पैसे नहीं भेजे। भेज ही नहीं पाई। यदि उसे दुःख पहुँचे तो? यदि उसे फिर से आघात लगे?

उधार रह ही गया।

किसका उधार? खूरशिद का? या कश्मीर का?

एक छोटी सी लड़की

- बानी बसू

लोग कहते हैं, मैं एक छोटी सी लड़की हूँ। 'ये तो बच्ची है।' ऐसा कहते हैं। पर मैं जानती हूँ कि मैं बच्ची नहीं हूँ। बारवीं में पढ़ती हूँ। सतरह साल की हूँ - बच्ची हूँ क्या? दरअसल मैं बहुत नाटी हूँ, मेरी हाईट केवल चार फूट साढ़े दस इंच है। ज्यादा मोटी भी नहीं हूँ। सो मैं बच्ची लगती हूँ। एक बार मेरी सहेली देवलीना की माँ ने कहा था - 'अचानक तुम्हें देखने पर तुम लीना से बहुत छोटी लगती हो, पर कोई अगर ध्यान से तुम्हारे चेहरे को देखे तो उसे समझ में आ जाएगा....।'

देवलिना ने मजाकिया हँसी हँसते हुए कहा था - "तब क्या ऋतु का चेहरा बहुत परिपक्व है माँ......?"

आजकल मुझे अपना वही चेहरा नजर आता है। फूले हुए गाल। गोल आँखें। पलकें नहीं के बराबर। एकदम पतली भौंहे। थोड़े ऊपर की ओर उठे होठ। हँस कर देखा तो दाँतें चमकती हुई पर बाँई ओर की केनाईन थोड़ी उभरी हुई है। मेरे दाँत मुझे थोड़े बड़े भी लगे। मेरी टुड्डी पर एक गड्ढा है। मेरी एक दूसरी सहेली रूबिना ने कहा "तेरा ये गड्ढा ही तुझे उबारेगा ऋतु।"

रूबिना ने ऐसा क्यों कहा, इसे अगर समझना हो तो मेरी सहेलियों की आलोचना में शामिल होना पड़ेगा।

एक दिन भौंह तराशने की बात चल रही थी। देवलिना की भौंह बहुत पतली और टेढी है। वैशाली ने कहा - "ऐसे भौंह आजकल आउट ऑफ फैशन है।"

रूबिना ने कहा - " न हो तो फिर क्या करें? जितना है उसे ही चेहरे के अनुरुप आकार देना है न। जैसे कि ऋतु का। भौंह ही नहीं है तो फिर शेप की तो बात ही क्या?

तुरंत आलोचना देवलिना से हटकर मेरी ओर मुड़ गया। जिससे मैं बहुत डरती हूँ। अब ये लोग मेरी चीड़-फाड़ करेंगी।

- "एटलीस्ट ऋतु को मुहाँसे की समस्या नहीं है।" वैशाली ने कहा

- ''काली होने पर भी उसकी स्कीन अच्छी है' - रूबिना ने कहा।

- ''अरी ऋतु तुम स्कीन के लिए क्या करती हो?'' मैंने धीरे से कहा - 'तुम क्या करती हो?'

- 'मैं? मेरा चेहरा तो मुँहासों से भरा है, कोई क्रीम नहीं लगा सकती, रेगुलर मसुर की दाल और चंदन पीसकर लगाना पड़ता है। वैशाली तुम क्या करती हो?''

- ''मेरा तो मिक्स्ड स्कीन है। नाक चमकता रहेगा, कपाल चमकता रहेगा और दोनों गाल सूखे पाँव रोटी की तरह लटके रहते हैं। मेरी बहुत समस्याएँ है। कहीं भाप देना पड़ता है तो कहीं बरफ, कहीं शहद तो कहीं चंदन। बहुत गड़बड़ वाला मामला है। वो सब माँ को मालूम है।''

- ''तुम्हे तो मिस समथिंग बनना ही है।'' देवलिया ने चिढ़ाया।

- ''फिर भी दिल खोलकर मिस युनिवर्स नहीं कह पाई, क्यों?'' वैशाली आँखें मिचमिचाकर हँसने लगी है।

- ''मिस युनिवर्स हो न हो मिस सेन्ट ऑनयोनिज तो बनी ही हुई है''।

- मैंने वैशाली की ओर देखा। सर्दियों में उसके गाल फट जाते हैं। लाल दिखने लगते हैं। ऐसे ही उसका गोरापन थोड़ी लालीमा लिए हुए है। उसका चेहरा इतना सुन्दर लगता है कि आँख ही नहीं हटती। लंबी दुबली पतली ऊपर से पूरे बाँह की लाल स्वेटर, हमारे स्कूल का युनिफॉर्म और ब्लू स्कर्ट। ऐसी लग रही है जैसे स्नो व्हाईट की कहानी से आई है। उसे कोई भी मिस सेन्ट ऑनयोनिज नहीं कहता पर पीछे से उसे टीचर्स ''ब्लडी मेरी'' पुकारते हैं। उसे उस कुख्यात ऐतिहासिक रानी के नाम से क्यों पुकारा जाता है हमें समझ में नहीं आता था। देवलिना ने समझाया यह एक ककटेल का नाम है। भोदका के साथ टोमेटो के रस के पंच को ब्लड़ी मेरी कहते है। यह एक बहुत स्वादिष्ट पेय है।

रूबिना ने कहा - ''घबराओ मत ऋतु, तेरे चिन का यह गड्डा ही तुझे सभी परेशानियों से उबार लेगा। मतलब किसी को भी फांस लेगा। इटस वेरी सेक्सी।''

आईने में अब मैं अपने आप को देख रही हूँ। बहुत बड़ा आईना। बीचवाला बहुत बड़ा और दोनों ओर के दो छोटे-छोटे। मेरी तीन छवी दिख रही है। भौंह हिन, गोल गोल आँखें, उभरे हुए दाँत, बेबी फेस, नाटी, काली, सीधे-सीधे बाल, केवल मात्र मेरी टुड्डी का गड्डा ही मेरा आधार है। गरम तरल जैसा कुछ मेरे अंदर बहने लगता है। मैं शौनक को चाहती हूँ। न जाने कब से। प्रेप से मैं उसके साथ पढ़ रही हूँ। वो मेरी कापियाँ लेता रहा और मैं भी उसकी कापियाँ लेती रही। एक साथ हम घर लौटते थे। उसका घर मेरे घर के बाद आता है। एक बहुत लंबी चौड़ी छएदार गली

में से उसे मुड़ना पड़ता था। उस पर मेरा एक जन्मगत अधिकार बन गया है। पर उसे ये सब कुछ समझ में नहीं आता है। हमारे स्कूल का वह सबसे बेहतर खिलाड़ी है। क्रिकेट टीम का कप्तान है। मिक्स्ड डबल्स में देवलिना उसकी पार्टनर है। पर शौनक की आँखें हरदम वैशाली को ढूंढती रहती है। यह सब कुछ मुझे समझ में आता है। खेलकूद से मैं दूर भागती हूँ। थोड़ा बहुत टेबल टेनिस खेलने की कोशिश करती हूँ। बचपन से मैंने नाच सीखा है, फूट-वर्क अच्छा होना चाहिए, पर रूबिना मुझसे बहुत तेज है। ज्यादा चौकस है। इस नाच के लिए स्कूल के कनसार्ट में मुझे कोई रोल मिलता हो, ऐसा भी नहीं है। वहाँ वैशाली मुझसे बहुत खराब नाचते हुए भी हिरोइन बन जाती है। मुझे सखियों की झुंड में रखा जाता है। वैशाली को छोटे-मोटे स्टेप्स सिखाने के लिए मुझे बहुत मेहनत करनी पड़ती है। घर लौटने पर माँ पूछती, 'क्यों रे श्यामा का रोल तुझे ही तो मिला न?'

'नहीं माँ, इस फिगर में मुझे कौन श्यामा का रोल देगा?'

"तब क्या बज्रसेन?"

"क्या कहती हो माँ, चार फूट साढ़े दस इंच की हाईट में बज्रसेन बना जा सकता है क्या?"

माँ ने अब मुझे ध्यान से देखा। पहली बार ध्यान से देखा। विस्मित होकर शायद कहना चाहती है कि सचमुच? यह फिगर ठीक नहीं है क्या? अच्छा तेरी हाईट कम है क्या? अच्छा....ऐसा क्या?

स्नेहांध होती है माँ। अपनी बेटी को सभी अप्सरा समझती हैं।

"भारतनाटयम में तुम इतनी अच्छी हो। फिर भी...."

बाकी बातें आँहों में खो गई।

माँ को मैं बहुत अच्छी तरह से समझती हूँ। मैं इकलौती बेटी हूँ, इकलौती संतान हूँ। मेरा एक भाई भी था। जन्म के तुरंत बाद ही मर गया। माँ-बाबा दोनों ही उस शोक से अब तक नहीं उबरे। हर समय मन में भार, विसन्न, चिंतातुर रहते हैं। मुझ पर माँ-बाबा की बहुत आशाएँ हैं। बचपन से ही माँ घर के सारे कामकाज निबटाकर मुझे लेकर नाच, पेंटिंग के क्लास में, स्वीमिंग पुल में जाती थी। मेरे बीमार पड़ते ही तुरंत डॉक्टर को बुलाया जाता। खाने-पीने के मामले में माँ बहुत सावधान रहती थी। बैलेन्सड डायट, बैलेन्सड करके दोनों पागल। ऐसे में हमारा सब कुछ एक चौखटे में फिट रहता। महिने में एक बार मामा के घर, एक बार बड़े बापा के घर वो भी दो महिने में एक बार। फिर साल में एक बार बहुत दूर घुमने जाना और एक बार आस-पास छुट-पुट घूमने जाना।

दसवीं तक मेरे माँ-बाबा ने ही पढ़ाई लिखाई में मेरी मदद की है। तब तक मैं पढ़ने में बहुत अच्छी थी। पर उसके बाद हायर सेकेन्डरी में आकर मुझे लगा जैसे मैं गहरे सागर में डूब गई हूँ। अब बाबा-माँ नहीं तीन-तीन टयूटर मुझे पढ़ाते हैं। नौ सौ रूपया टयूटर के लिए खर्च होता है। नाच के लिए देड़ सौ, आजकल स्पेश्यल कोचिंग की जरूरत होती है। उसके बाद नाच के लिए कपड़े, नाच के ट्रूप के साथ यहाँ वहाँ जाने का खर्चा। मेरी माँ तो नौकरी नहीं करती है बाबा अकेले कमाते हैं। मुझे कभी-कभार बहुत खराब लगता है। देवलिना या वैशाली के जैसे हम उतने पैसेवाले नहीं है। वो सब मेरी सहेलियाँ हैं इसलिए कुछ साल से माँ-बाबा ने वी.सी.आर., वॉशिंग मशीन खरीदे और इस साल मेरे जन्मदिन पर उन्होंने मुझे एक म्युजिक सिस्टम लेकर दिया है। सीडी प्लेयर भी है। जन्मदिन पर सबने इसे देखकर उपहॉस किया।

देवलिना ने कहा, "मौंसी मैं भी अगर इकलौती होती तो कितना अच्छा होता। है न? दादा ने सब बिगाड़ दिया" मेरी माँ ने भरे गले से कहा - "किस्मत से तुम्हें दादा (बड़ा भाई) मिला है, तुम नहीं जानती तुम कितनी किस्मतवाली हो? ऋतु बहुत अकेली है।"

वैशाली ने कहा - "दादा से फिर भी निभ सकती है दीदी से तो एकदम से ....."

रूबिना ने जवाब दिया - "एकदम सही।"

शौनक ने वैशाली की ओर देखकर कहा - "चलो ये अच्छा हुआ कि तुम दादा के साथ निभा सकती हो। कम से कम तुम फेमिनिष्ट तो नहीं हो।"

जन्मदिन के उत्सव के बाद मन फिका-फिका लगने लगा। माँ से बोली - "आप लोग क्यों इतना कीमती उपहार देते हो?"

"तुझे तो और भी बहुत कुछ देने का मन करता हैं रे", माँ बोली।

"और भी बहुत कुछ? और कितना दोगी माँ?" मैं .....

"कैसे तुम लोगों को ये सब वापस करूँगी, माँ?"

मन ही मन मैं बोल उठी।

हिचकिचाते हुए माँ ने कहा - तुम कभी भी अपने को किसी से भी छोटा या किसी से भी कम मत समझना।

परंतु क्या मैं वॉशिंग-मशीन, वी.सी.आर., मिउजिक सिस्टम इन सबसे उनकी बराबरी कर पाऊँगी? क्या मैं बन पाऊँगी वैशाली जैसी सुन्दरी, देवलिना जैसी खिलाड़ी, रूबिना जैसी चौकस, विदिशा जैसी ब्रिलियन्ट?

माँ बाबा को मैंने बहुत समझाया था कि साइन्स मेरा विषय नहीं है। गणित

से मैं बहुत डरती हूँ। बहुत मेहनत करके दसवीं में पचहत्तर नम्बर आए हैं। पर मेरा डर वहीं का वहीं है। केमेस्ट्री को मैं रट नहीं सकती, फिजिक्स मुझे समझ में नहीं आता, बायोलोजी प्रेक्टिकल में मुझे घिन आती है। मैंने समझाया था। बाबा ने कहा तुम्हें स्टार मिला है। फिजिक्स-केमेस्ट्री में लेटर मिला है, जियोग्राफी और मैथ्स में कुछेक नम्बर के कारण लेटर मिस किया है। तुम क्यों डरती हो साइन्स लेने से? ये कैसी सोच है तुम्हारी?

माँ ने कहा - "तब क्या तुम्हें अच्छा नहीं लगता" - "एकदम अच्छा नहीं लगता है माँ, और कठिन भी लगता है। आप लोग समझते क्यों नहीं?"

"पर हम लोगों ने तो कबसे सोच रखा है कि तुम्हें इंजीनियर बनाएँगे।"

बाबा ने कहा - "तुम्हें पता है मैं हेल्थ की परीक्षा में फेल होने के कारण इंजीनियरिंग नहीं पढ़ पाया।"

स्वप्नील आँखों से माँ ने कहा - "नितू मौसी याद है? मेरी मौसेरी बहन? याद आया?"

"हाँ, आजकल कैनेडा में रहती हैं।"

"केवल रहती हैं? कितनी बड़ी इंजीनियर है वह मेरी समवयस्क है, वो मन्ट्रील में बैठकर बड़ी-बड़ी मशीनों का डिज़ाइन तैयार करती है। और मैं? मुर्खता की मैंने सायन्स न पढ़कर। फीलोसॉफी पढ़कर ढाक के वही तीन पात कर रही हूँ।"

पर माँ सायन्स पढ़ने पर क्या मैं जोइन्ट एक्ज़ाम दे पाऊँगी और अगर दिया भी तो इस बात की क्या गारंटी है कि मैं नितू मौसी जैसी ही ब्रिलियन्ट बनूंगी ही बनूंगी?

"कौन कह सकता है कि कौन क्या बनेगा?" माँ की आँखों में सपने ही सपने। बाबा ने कहा "ठीक है ऋतु तुम्हें जो अच्छा लगे वही पढ़ो। हम तुम पर कोई बोझ लादना नहीं चाहते है। तुम्हें जो अच्छा लगे। बस केवल इतना ही कहना था कि तुम्हारा डर निरर्थक है। ठीक है डिफिडेन्टली कुछ करना अच्छा नहीं। इच्छा के विरुद्ध जबरदस्ती करना मैं पसंद नहीं करता हूँ।

कहा तो सही बाबा ने पर चेहरे पर कोई उल्लास नहीं, माँ का चेहरा भी बुझा हुआ था।

चाहे जो भी हो एक बार जब माँ-बाबा ने मौखिक स्वीकृति दे दी है तब तो मैं आर्टस ही पढ़ूँगी। मैं पक्षी की तरह उड़ने लगी। स्कूल के रास्ते में ही देवलिना का घर फिर रौनक का। दोनों ने ही सायंस लिया है। मैं आर्टस ले रही हूँ कहते ही दोनों रूक गए। फिर शौनक बोल उठा - "ऋतु तब तो स्कूल जाने की कोई जरूरत

नहीं है। तू सीधे डॉक्टर के पास जा। वो डॉक्टर कांजिलाल है न।''

''चल हट उनके पास जाकर क्या करूँगी? वो तो .....''

''पागलों के डॉक्टर है, तुम क्या सोचती हो तुम्हारा दिमाग सही है क्या?''

देवलिना ने समझायचा - ''हियूमैनटिस पढ़कर तुम क्या करोगी? एक केरियर तो बनाना पड़ेगा न?''

इतने में ही रूबिना और विदिशा भी हमारे साथ हो गई। रीतेश और सृजन भी आए।

देवलिना ने कहा - ''सुना तुम सभी ने! ऋतु आर्टस लेना चाहती है। हिस्ट्री, लॉजिक, एज्यूकेशन, पल सायन्स...'' विदिश ने पूछा - ''क्या बात है ऋतु? हम लोगों को एवॉइड करना चाहती है क्या? मेरा ये पथ तुम्हारे उस पथ से बहुत दूर है....?''

यह कहना गलत नहीं होगा कि विदिशा मुझसे औरों से ज्यादा हिली हुई है। हम हर समय साथ-साथ रहते हैं। या यह भी कह सकते हैं कि मैं उसके पीछे-पीछे रहती हूँ। विदिशा फर्स्ट गर्ल, सृंजय सेकेन्ड और मेरा स्थान तीसरा रहता है। कभी-कभार फोर्थ भी हो जाती हूँ। दशवीं में सेकेन्ड आई थी। विदिशा को छू नहीं पाई थी। विदिशा मुझे अपनी सहचरी मानती है। मेरे आसपास रहने पर उसकी विशिष्टता और बढ़ जाती है। दशवीं में दूसरे स्थान पर आने पर भी मेरा मान वहीं के वहीं रहा। विदिशा ने ही कहा था - ''टेनसिटि रहने पर सब कुछ कर सकते हैं। ऋतु को ही देखो न।''

''ऋतु की तरह दिन रात पढ़ते रहना मुझसे नहीं होगा'' - देवलिना ने घोषणा की। थोड़ी बहुत मेहनत करके ही उसे स्टार मिला है।

फॉर्म लिया। ज्यों ही लिखने लगी शौनक ने आकर मेरे दोनों हाथों को मरोड़कर पीछे कर दिया। विदिशा ने लिखा केमिस्ट्री, फिजिक्स, मैथ्मेटिक्स। फिर मेरी ओर देखकर - ''फोर्थ सब्जेक्ट क्या लेगी बोल? यहाँ तुम अपने मन की कर सकती हो।''

इतनी जोर से हाथ को मरोड़ा था शौनक ने कि हस्ताक्षर करते हुए मुझे दर्द हो रहा था। हस्ताक्षर से पहले शौनक की ओर देखा फिर विदिशा की ओर देखा - यह दायित्त्व तुम सबका ठीक है न?''

''ठीक है भई। कंधे चौड़े है मेरे। शौनक ने कहा।'' माँ-बाबा ने कहा - ''तुमने अपने से ही साईन्स लिया है हमनें तुम पर एकदम दबाव नहीं डाला। ज्यादा सोचो मत। ट्यूटर, लाइब्रेरी बुक्स जो भी चाहिए, बस कह देगा हम सबकी व्यवस्था कर देंगे।''

ये सब सोचकर मेरी आँखें दुखने लगी। आज एच.एस. की परीक्षा खत्म हुई। सप्ताह भर में हमें कुलुमनाली घूमने जाना है। क्या मैं कुछ उपभोग कर पाऊँगी?

मैथ्स में बहुत खराब किया है मैंने। केमेस्ट्री में भी बहुत गलतियाँ हुई है। एच.एस. इतना कठिन होगा मैं क्या मेरे दोस्तों के भी कल्पना से परे था। कोई भी खुश नहीं है।

शौनक ने कहा - "मैं पहले से ही तुम लोगों को गुडबाई कह देता हूँ।"

"क्यों? कहाँ जा रहे हो? स्टेट्स? टोयफेल दिया क्या?"

"दिमाग खराब है क्या? शौनक ने कहा - ड्रप - आउट। स्कूल ड्रप-आउट कहा जाता है ये तो जानता था पर....। शौनक विश्वास अब ये रिएलाइज कर रहा है। बाबा से कह दिया है एक फोटो कोपी करने की मशीन लेकर बैठूंगा। कोर्ट के आसपास अगर कोई जगह मिल जाए तो....।"

वैशाली ने कहा - "धत् तुम्हें तो स्पोर्टस कोटा में कहीं भी मिल जाएगा। परेशानी तो मुझे है।"

चेहरा झूकाकर शौनक ने कहा "पास कोर्स में बी.एस.सी. पढ़कर क्या होगा?

सूमित बोला - "अभी से हताश होने की क्या जरूरत है। मैं भी तो फिजिक्स में शायद गड्डू मारूँगा तो क्या?"

"जोएन्ट एक्जाम तो अभी तक बाकी है न? अगर इस साल नहीं पास हुआ तो अगले साल।"

शौनक ने कहा - "जोएन्ट में तो स्पोर्टस कोटा नहीं है।"

वैशाली नाखून चबा रही थी। बोल उठी - "ऋतु क्या तुम जाएन्ट दे रही हो?"

"देना तो पड़ेगा ही। नहीं तो बाबा हताश हो जाएगे। माँ की ऑखें .... नहीं नहीं मुझसे ये सब सहन नहीं होगा।"

धीरे धीरे वहाँ से मैं चली आई। विदिशा को कहते हुए सुना - "दरअसल ऋतु के पेपर बहुत अच्छे गए हैं । समझी?"

ठीक सतरह दिन के बाद जोएन्ट खत्म होते ही ऐसा लगा जैसे कि माँ के गर्भ से ही परीक्षा देती आ रही हूँ। ऐसा लग रहा था जैसे दिनों से लेखन का अभ्यास प्रेक्टीस पढ़ते रहने की पैनिक में ही दिन गुजरे हैं। क्या अब सब कुछ खत्म हो गया? अगर जोएन्ट में नम्बर लग गया तो, चार साल तक इंजीनियरिंग, मेकनिकल से आर्कीट्रेक्चर तक जिसमें भी मिले। फिर तो। ओम शांति। सर्टिफिकेट माँ-बाबा को पकड़कर कहूँगी - अब तो खुश हो? क्यों? और कुछ मत कहना। अब मुझसे कुछ नहीं होगा। थिसिस भी नहीं विदेश गमन भी नहीं। नितू मासी दिपू काका को उनके जैसे ही रहने दो, मैं भी अब अपने मन की जीऊँगी। एक नौकरी तो मिल ही जाएगी। फिर तो देखते ही देखते सफलता की सीढियाँ चढ़ती चली जाऊँगी।

अब तो कोई ट्यूटर नहीं। नाच भी छोड़ दूँगी। अब और नाचना अच्छा नहीं लगता है। क्या होगा नाचकर?

आज रिजल्ट निकलने वाला है। जोयन्ट का परिणाम पहले ही निकल गया है। बिल्ली के भाग में छीके का टूटना लिखा ही नहीं था। विदिशा शौनक दोनों ही पास हो गए है। इतने दिनों तक शौनक और वैशाली की जोड़ी थी। अब शायद शौनक विदिशा की जोड़ी बनेगी। दोनों ही बेंगल इंजीनियरिंग में जा रहे हैं।

सामने से एल सिक्स्टीन बस आ रही है। ये बस मेरे लिए शुभ है। चढ गई। स्कूल का स्टॉप आते ही एक ओर से सृंजय दूसरी ओर से देवलिना दोनों दौड़ते हुए उतर गए।

"देवलिना। एई लीना? कहाँ जा रहे हो?"

दुःखी होकर देवलिना दूसरी बस में चढ़ गई। लीना के कितने अच्छे परिणाम आए है। शायद उसे दूसरी श्रेणी मिला है। सृंजय को ढूंढती हूँ पर कहाँ है सृंजय?

भीड़ को धकेलती हुई आगे बढ़ती जाती हूँ। अधिकांश केन्डीडेट ही अपने साथ किसी न किसी को लेकर आए हैं। या तो माँ या बाबा या फिर परिवार में से किसी और को। मेरी माँ की भी बहुत इच्छा थी आने की, पर क्या करे कुछ दिन से उसे बहुत बुखार आ रहा है। मैंने मना किया। आज तो केवल परिणाम का दिन है। असली बात तो मार्कशिट वाले दिन की है। उस दिन माँ को लेकर आऊँगी।

"हमारा नोटिस बोर्ड बहुत ऊँचाई पर है। उस पर तेज लाईट का रिफ्लेक्शन काँच पर पड़ रहा है। स्पष्ट कुछ भी दिखाई नहीं दे रहा है।"

"बोलो बोलो तुम्हारा रोल नम्बर बोलो। मैं देख कर कहता हूँ" - एकजन बोल उठा।

"एफ एईच ए थ्री टू सेभेन उआन।"

"एफ एईच थ्री टू, फिर क्या कहा?"

"सेभेन उआन।"

"सेभेन उआन, सेभेन उआन, ये रहा सेभेन टू। नहीं सेभेन उआन तो नहीं है।"

"क्या कह रहे है? एफ एईच ए थ्री टू सेभेन उआन देख नहीं पा रहे हैं क्या?"

"मैं हट जाता हूँ तुम ही देख लो. माई गार्ल।"

मेरे पाँव के नीचे की जमीन अचानक सागर तट की रेत बन जाती है। रेत हटती जाती है, हटती जाती है, मेरा रोल नम्बर नहीं, नहीं है। सचमुच नहीं है? ऐसा क्यों, ऐसा नहीं हो सकता है।

ऐसा कैसे हो गया? पर .... मैं .... मेरे साथ ऐसा ही हुआ है? ऋतुपर्णा

मजूमदार ... मेरा .... रोल नंबर नहीं है?

मेरे दोनों ओर से समुन्दर के रेत की तरह भीड़ फिसलती चली जा रही है। मैं अपना दाहिना हाथ बढ़ाकर अपना रास्ता खुद बना लेती हूँ। कुछ नजर नहीं आ रहा है पर रास्ते पर कदम सही पड़ रहे हैं। आँखें भर आई है क्या? नहीं, नहीं ऐसा नहीं है। केवल एक धुंधलापन भर आया है। जो इस सुबह की वेला में नहीं होना चाहिए। लगता है धड़कने थम गई है। मेरा हृदयपिंड भी देवलिना और सृंजय के जैसे छीटककर दूर भाग जाना चाहते हैं।

रास्ता .... रास्ता .... बहुत देर के बाद लगा कि मैं रास्ता पार कर रही हूँ। जेब्राक्रॉसिंग एक यंत्र के जैसे आकर खड़ी हो गई हूँ। एक यंत्र की तरह रास्ता पार कर रही हूँ। मैं किस ओर जा रही हूँ? मुझे कुछ समझ में नहीं आ रहा है। ये कैसी गली है हमारी? बहुत दूर है। अगर मैं यहाँ तक पहुँच गई हूँ तो आगे तक जरूर चली जाऊँगी। मैं कुछ सोच नहीं रही हूँ केवल चलती जा रही हूँ। चलती जा रही हूँ। मेरे हाथ में ये क्या है? शायद इसे पर्स कहते हैं। इसमें क्या रहता है? रूपया-पैसा। रूपया पैसा मतलब क्या? कितने पैसे में कितना रूपया होता है? कितने रूपये में कितने पैसे होते हैं?

अरे! इस घर को तो मैं पहचानती हूँ। ऊँची इमारत है। शायद दश मंजिला। तुम दश तक गिनना जानती हो ऋतु जो तुमने दश मंजिला कहा? अच्छा गिनकर देखो तो। लिफ्ट में नहीं जाना है। मैं गिनते हुए चढूंगी। याद आया कुछ कुछ, गिनते हुए कुछ लोग गए थे न?

धीरे-धीरे चढ़ रही हूँ मैं। क्या यही मेरा घर है? नहीं तो! शायद ये मेरा घर नहीं है। पर मैं यहाँ आती रहती हूँ। रोज नहीं आती हूँ। शनि - मंगलवार को ही आती हूँ। शनि मंगलवार इन सब का क्या मतलब होता है? ये रहा पीतल के नेम प्लेटवाला दरवाजा। अच्छा ये तो फिर वही गणित और फिजिक्स के सर का घर है। अभी दरवाजा खुल जाएगा। सर चश्मा साफ करते हुए पूछेंगे .....।
मैं ऊपर की ओर दौड़ने लगी। इतनी देर के बाद मेरे शरीर में गति आई है। दौड़ते हुए मैं छत में एकदम किनारे चली जाती हूँ। फिर अपने को हवा में उछाल देती हूँ। हे शून्य मुझे अपनी गोद में ले लो।

और उस समय जब वापस लौटने का कोई उपाय नहीं तब पृथ्वी अपने सारे ऐश्वर्य उस लड़की को प्रदान कर देती है। अपनी संपूर्ण सत्ता के साथ सब दे देती है।

धूप, शायद जीवन में आज उसने पहली बार देखा। धूप में सिंकी हवा को पहली बार अनुभव करती है। घूम फिर कर घर, मैदान, गाय, भैंस, आदमी सब कुछ

.... यही सबसे जरूरी है। परीक्षा के परिणाम नहीं। पेड़ों को भी देखती है। एक कनेर का पेड़, तीन बोटल पाम। सब एक ही जात के है। प्रागऐतिहिक काल से इनके साथ उसके संबंध है। सौ फूट की ऊँचाई से गिरते समय हृदय में मध्याकर्षण के प्रभाव के कारण हवा का जोर दबाव होने पर भी ग्यारह मंजिल की सातवी तल के लेन्टीन पर दो कबुतरों के गले के कोमल मयुरकंठी रंग को भी उसने देखा। और तुरंत वैशाली या शौनक का नहीं अपने चेहरे की ही सुन्दरता को केवल एक बार आईने में देखने के लिए उतावली हो उठी।

ये सभी भग्न मुहुर्त का एक झलक मात्र है। केवल मात्र एक बोध है। पर ये बोध भी इतना अद्‌भूत है कि इसके लिए जीवन भी दिया जा सकता है। पर मुश्किल यह है कि जीवन के चले जाने पर बोध का भी कोई अर्थ नहीं रह जाता है।

रफा

श्यामलदत्त चौधरी

बचपन से ही मेरी बेटी नोलक की एक बहुत बुरी आदत है कि जब भी मैं कार ड्राइव करता हूँ पीछे से मुझे जकड़ लेती है और चिल्लाती रहती है - और तेज बापी और तेज चलाओ....। कलकत्ते के भीड़ भरे रास्ते पर ऐसा करने से उसे डांट भी बहुत पड़ती है। पर अब मैं हाईवे से जा रहा हूँ। सामने का पूरा रास्ता सुनसान पड़ा है, जो भी हो यह आदत तो अच्छी नहीं न।

नोलक दस वर्ष की हो गई है फिर भी इस बुरी आदत को वह छोड़ नहीं पा रही है। खास तौर पर जब भी श्रीमती मेरे पास वाली सीट पर बैठती है। तभी वह ऐसे चंचल हो उठती है ताकि उसके प्रति मेरा ध्यान बराबर बना रहे। पत्नी तभी बोल उठती है लो संभालो अपनी लाड़ली को और उसके प्यार भरे दिखावे को भी।

नोलक के डिस्टर्ब करने से पूर्व मेरा ध्यान हमारे गन्तव्य स्थल की ओर था। आमिनपुर। अगर ट्रेन से सफर किया जाए तो केष्टोनगर में उतरकर बस से दो घंटे का रास्ता है। फिर भैन रिक्शा से चालिस पैंतालिस मिनट। जब बाबा जीवित थे तब हम तीन भाई बहनों को बाबा इसी रूट से कोलकाता से गाँव को ले जाते थे। याद आते ही मैं गा उठा -

शिवनिवासी तूल्य काशी धन्य नदी कोकंणा
उपर बजे देव घड़ी निचे बजे ठनठना।

इस कविता को नोलक जानती है। मैंने ही उसे सिखाया है। श्रीमती ने कहा बहुत दिन के बाद तुमने इसे गाया। तुम्हारे बड़े भैया की कविता है, है न?

नहीं नहीं भैया की नहीं यह तो हमारे गाँव की प्रचलित कविता है। एक समय था जब भैया हम सभी भाई बहनों को लेकर खेत के मेड़ पर प्रदर्शन करते हुए गाते थे। तब हमारे हाथों में निशान होता था, पतले बांस के डंडे पर रंगीन कपड़े का टूकड़ा। बड़े भैया आगे-आगे चलते हुए चिल्लाते, शिवनिवासी। हम बोलते - तुल्य काशी। फिर भैया - धन्य नदी! हम चिल्लाते - कंकणा....। गले में रोष भरते हुए नहीं चलेगा, नहीं चलेगा स्टाईल में। बड़े भैया तब उतने छोटे नहीं थे पर हमारे साथ

ऐसे सब खेल खेला करते थे।

क्या बड़े बाबा पोलिटिक्स करते हैं? नोलक ने पूछा । श्रीमती चिढ़कर बोली - तुम पोलिटिक्स समझती हो क्या? ज्यादा बकबक मत करो।

गम्भीरता से नोलक बोल उठी - सभी पोलिटिक्स करते हैं।

मेरे बड़े भैया, मेरे बड़े बाबा के बेटे हैं। मुझसे काफी बड़ें हैं। प्रायः बारह साल। बाबा, तब कोलकाता में से परचूरण के सामान की सप्लाई करने का व्यवसाय करते थे। मेरे जन्म के पश्चात् मेरी माँ का देहांत हो गया था। मेरी दो दीदी हैं। गाँव के घर में हम सारा दिन बड़े भैया के पीछे पीछे घुमते रहते। धूल से अंटे, नंगे बदन हम सारा दिन पूरे आमिनपूर में घूमते रहते। दोपहर को तालाब के दक्षिण की ओर के आम के बगीचों की छाँव में हम बड़े भैया को घेरकर उनसे कहानियाँ सुनते।

बड़ी दीदी और छोटी दीदी दोनों बड़े भैया से चिपकी रहती थी। उनके साथ-साथ घुमती रहती थी। बड़े भैया के पास कहानियों का पिटारा था। भूत, परियाँ, देव-देवियाँ, पूजा पर्व की कहानियाँ, तीज-त्यौहार की कहानियाँ। बड़े भैया से ही सुना था उस आम के बगीचे में तीन परियाँ रहती हैं। रात के अंतिम प्रहर में बड़े भैया ने उन्हें देखा था। फर-फर उड़ते हुए वो आम के पेड़ो से पके आम चूस रही थी। उनके शरीर में से जुगनुओं की सी रोशनी निकल रही थी।

पाँच-छः वर्ष का होते ही बाबा ने मुझे कोलकाता के नजदीक एक मिशनरी स्कूल में भर्ती कर दिया था। दोनों दीदी भी जयनगर के एक आश्रम में रहने चली गई थी। वहाँ रहकर पढ़ाई लिखाई, सिलाई बुनाई सिखती थी। व्यवसाय में तब बाबा लगातार ऊपर उठ रहे थे। ईंट, सिमेन्ट, रेत सप्लाई का काम कर रहे थे। मल्टीस्टोरीड बिल्डिंग में सेनीटरी के माल सप्लाय का कन्ट्राक्ट भी मिला था। फिर भी गाँव के जमीन जायदाद की देखभाल के लिए बाबा को आमिनपूर अक्सर आना पड़ता था। बड़े बाबा पर कोई भरोसा नहीं था। रह-रहकर बड़े बाबा घर छोड़कर कहीं चले जाते थे। कुछ महिनों के बाद फिर वापस आ जाते। छुट्टियों में हम भाई बहन सब मिलकर बाबा के साथ गाँव के घर में रहने जाते थे।

फिर मैं जीवनोपयोगी विद्याओं को सिखते हुए धीरे-धीरे बड़ा होने लगा। बड़ी दीदी एक सुनार के साथ भागकर अहमदाबाद चली गई। छोटी दीदी बहुत सुन्दर थी। एक दिन आश्रम से निरूद्देश होकर जाने कहाँ चली गई पता भी नहीं चला। बाबा की मौत ट्रेन से कटने के कारण हुई थी।

मैं बड़े बाबा के साथ सोऊंगी - नोलक ने कहा।

न जाने बड़े भैया में क्या है कि बच्चे उनसे बहुत जल्दी हिल जाते हैं। ऐसे

में नोलक बहुत चंचल और चपल है। दो वर्ष पूर्व जब हम आमिनपूर आए थे तभी मैंने इस पर ध्यान दिया था। बड़े भैया के साथ तलाव के किनारे के मचान पर बैठकर घंटो मछली पकड़ते हुए। फतने को एकटक ताकती हुई। अगर श्रीमती उसे पुकारती तो उन्हें भी अनसुना कर देती। हमें पता भी नहीं चला न जाने कब और कैसे भैया के साथ उसकी इतनी अंतरंगता हो गई थी।

श्रीमती ने कहा - आपके गाँव में आते ही मेरी बेटी न जाने कैसे पराई हो जाती है। तुम्हारे बड़े भैया की काल्पनिक कहानियाँ उसको बिगाड़े देती है। जो भी हो वहाँ के लोग अशिक्षित और कुसंस्कारग्रस्त है।

मैंने हँसते हुए जवाब दिया गत वर्ष बड़ी दीदी अहमदाबाद से अपने ससुराल आई थी। किसी रिश्तेदार की शादी में। मुझे फोन किया था ऑफिस में। बड़े भैया के बारे में बार-बार पूछ रही थी। बचपन में बड़े भैया से सुनी कहानियों को उसने अहमदाबाद में अपने बच्चों को सुनाया है। जैसे हम होते थे वैसे ही वो भी उन कहानियों को सुनकर मुग्ध हो गए थे। सब नोलक की तरह अवाक होकर सुनते हैं। गम्भीर होकर श्रीमती खिड़की से बाहर देखने लगी।

तुम कितना जानती हो बड़े भैया की विशेषताओं के बारे में? कविराजी टोटका-फोटका भी जानते हैं।

बाबा अक्सर बड़ी माँ से कहते, बड़का के पास जो विद्या है वो सब जीवन के किसी भी क्षेत्र में उपयोग में आने लायक नहीं है।

श्रीमती ने कहा, "ए.सी. बंद करो, मुझे खिड़की खोलनी है।"

गाँव में हमारे अपने है ही कौन? बड़े भैया और बड़ी माँ। बड़ी माँ तो कुछ सालों से बिस्तर से लगी हैं। उनके प्रति श्रीमती के विरोध भाव को मैं कभी भी समझ नहीं पाया।

जिस साल नोलक को लेकर आया , उस साल ही आमिनपूर में मेरा अंतिम बार आना हुआ। जनवरी का प्रथम सप्ताह। कड़कती ठंड। आमिनपुर में अंधेरा भी जल्दी होता है। मेन रोड़ के दोनों ओर दुकाने हैं। घर में बिजली की व्यवस्था होने पर भी हमारे गाँव के घर में सुर्यालोक के साथ ही जीवन की गतिविधियाँ चलती हैं। हम जितने दिन वहाँ रहते हैं बड़े भैया एक कामवाली को काम करने के लिए लगा देते हैं।

शाम को घर जाने से पहले वो लड़की हमारे दोनों कमरे में धूप दिखाकर, मशहरी टांगकर और लंठन जलाकर रख जाती है। रात का खाना टेबल पर जाली से ढंककर रख देती है। बाबा हमारे वाले हिस्से को पक्का बना कर गए थे। बाथरूम

बहुत पुराना होने पर भी काम चलाऊ है। हमारे घर के उत्तर दिशा की ओर बड़े भैया मिट्टी और बांस की छत वाले घर में बड़ी माँ के साथ रहते हैं।

कोलकाता में हमें रात को देर से खाना खाने की आदत हैं। यहाँ अँधेरा घिर आने पर समय सरकता ही नहीं है। आमिनपूर में आते समय श्रीमती अपने साथ ट्रांजिस्टर लेकर आती है। जोर से एफ.एम. चैनल बजता रहता है।

और दिनों की तरह उस दिन मैं रात को सोड़ा, बोतल, ग्लास लेकर बैठा था। दरवाजे-खिड़की सब बंद, कमरे के कोने में मच्छर भगाने की धूप जल रही थी। नोलक पूरे दिन गायब रही। अपने बड़े बाबा के साथ घूम रही थी। अचानक ठंडी हवा के साथ दरवाजा धकेलकर नोलक ने अंदर आते हुए कहा - माँ क्या तुम जानती हो ये कौन सा महिना चल रहा है?

श्रीमती ने रेडियो की टयूनिंग करते हुए कहा था, जनंवरी।

तुम कुछ नहीं जानती माँ। ये पोष का महिना है। दादी ने लक्ष्मीजी की पूजा की है आज।

मैंने कहा - तुम भी सही हो, तुम्हारी माँ भी सही है। जनवरी के बीच में ही पोष का महिना खत्म हो जाता है। इस समय लक्ष्मी पूजा नहीं की जाती है।

नोलक बहुत थकी हुई है, फिर भी उत्तेजित है। कहा - शुक्लपक्ष के थर्स डे पर लक्ष्मी पूजा की जाती है। घर पर एक जन को उपवास रखना पड़ता है। दादी तो अस्वस्थ है इसलिए बड़े बाबा ने उपवास किया था। आपको प्रसाद भेजा है।

श्रीमती ने मुँह बिचकाकर कहा - इस्स धुल से सने हुए दो केले के टुकड़े। इसे खाने मैं से जरूर बीमार पडुंगी।

नोलक ने मुझसे लिपटते हुए कहा, बाबा कहानी सुनो। बड़े बाबा ने सुनाया है। एक विधवा ब्राह्मणी थी। उसके चार बेटे और एक बड़ी बेटी थी। उनके दिन बहुत तकलीफ में गुजरते थे। गृहस्थी बड़ी मुश्किल से चलती थी। बेटी ने तब माँ से कहा, माँ तुम एक बार जाकर मामा मामी से मिलकर तो आओ। मामा जरूर कुछ व्यवस्था करेंगे। ब्राह्मणी अपने भाई के घर गई। भाई घर पर नहीं थे। भाई की पत्नी से अपनी व्यथा कही। वह बहुत चालाक थी उसने सोचा, ये भाई का बोझ बढ़ाने आई है - श्रीमती ने नाराज होते हुए कहा, - ऐसी गवाँरु कहानी बच्ची को न सुनाया करें मना कर देना। छोटी बच्ची के दिमाग में जात पात, घर परिवार के झगड़े, पति-पत्नी सब घुस जाएगा।

नोलक ने मेरे चेहरे को अपनी ओर घुमाकर कहा था, बाबा मेरी कहानी सुनो न, माँ की बातें बाद में सुनना। तब ब्राह्मणी की भाभी ने कहा, भाभी का मतलब

समझते हो न? भाई की पत्नी। भाभी ने कहा इन सभी बातों को तुम्हारे भाई से कहने की कोई जरूरत नहीं। सुबह आकर तुम यहाँ काम पर लग जाओ। चावल साफ करने पर जो टुकड़े पड़े रहेंगे उसे तुम ले जाना। और क्या करती ब्राह्मणी, उसने वही स्वीकार कर लिया। एक दिन ब्राह्मणी ने देखा लौकी के बेल पर हरी-हरी नई पत्तियाँ फूटी हैं। उसने भाभी से कहा, मुझे दो चार कोमल पत्ते दोगी? भाभी ने कहा, हाय राम! ये क्या मांग रही हो? पत्तों को तो गिनकर गए हैं। वापस आने पर नाराज हो जाएंगे। यदि मेरे सर से जूँ साफ कर दो तो मैं कुछ मदद कर सकती हूँ। ब्राह्मणी ने कहा, भाभी आज लक्ष्मीवार है, आज के दिन जूँ नहीं मारते। भाभी ने गुस्से से एक जोरदार थप्पड़ लगाया ननद के गाल पर और दिए हुए चावल के टूकड़ों की पोटली छिनती हुई बोली, तो फिर ये टुकड़े भी रहने दो। लक्ष्मीवार को ये चावल के टुकड़े भी नहीं देना चाहिए, परिवार का अकल्याण होता है।

नोलक अपनी आँखें मटका-मटकाकर ऐसे बोल रही थी जैसे ननद-भाभी के कथोपकथन को अपनी कानों से सुना हो। श्रीमती उसे ऐसे देख रही थी जैसे किसी अनजान लड़की को देख रही हो।

नोलक कहानी के अंत तक आ पहुँची थी। घर जाते-जाते ब्राह्मणी जी जान से माँ लक्ष्मी को पुकार रही थी कि घर जाते ही बच्चे खाना मांगेगे और न देने पर रोना-धोना शुरू कर देंगे। मैं क्या करूँ माँ। इतने में उसे रास्ते पर एक मरा हुआ साँप पड़ा दिखा। उसे लेकर घर की ओर जाने लगी। घर जाकर चूल्हें में आग लगाकर देगची चढ़ाकर उसमें मरे साँप को डाल दिया। थोड़ी देर के बाद फेन इकट्ठा होने लगा और देगची पर से सोना बनकर बहने लगा। उस सोने को बेचकर ब्राह्मणी को बहुत पैसे मिले। सामान खरीदकर रसोई बनाकर बच्चों को भर पेट खिलाया। ब्राह्मणी ने पोष के तीसरे थर्सडे पर लक्ष्मी पूजा की थी। धनधान्य से उसका घर भर गया। बच्चों का धूमधाम से विवाह किया।

श्रीमती जोर से बोल उठी, सब बेकार की बाते हैं। मन से जोड़-ज़ोड़कर बनाया है। अगर ये सब सच होता तो नोलक, आज तुम्हें बड़े बाबा के घर में अतुल संपत्ति देखने को मिलता..।

मैंने कहा - बाबा कहते थे। बड़े बेटे के सीखे कोई भी विद्या जीवनोपयोगी नहीं है। पर एक बार की बात याद है जब बड़े भैया ने मल्लीक के घर के पुजारी से एक ऐसा प्रश्न पूछा था जिसे सुनकर सब चौंक उठे थे। पर जिसका जवाब किसी के पास नहीं था।

मैंने नोलक को देखा उसके सामने यह सब कहना क्या ठीक होगा? मेरे इरादे

को समझकर श्रीमती ने कहा - गो अहेड, मैं इसे यहाँ एकदम नहीं रखने वाली। इसे मैं बहुत अच्छी तरह से समझती हूँ। तुम अपनी कहो.....।

मेरे बचपन की बातें हैं मेरी उम्र उस समय नोलक जीतनी ही होगी। बड़े बाबा को गुजरे हुए साल भर ही हुए होंगे। नजदीक के गाँव से जात्रा देखकर साईकल पर लौट रहे थे। रात बहुत हो गई थी। भूति के बिल के पास उनकी लाश पाई गई थी। खोपड़ी पर लाठी के चोट से भेजा बाहर निकल आया था। जो भी हो उस बार भी मल्लिकबाडी ढाक के आवाज से गुंज उठी थी। सुबह से ही दीदी के साथ मैं भी नाटमंदिर में सारा दिन पड़ा था। अष्टमी के दिन छोटी दीदी को बेदी पर बैठाकर कुमारी पुजा सम्पन्न किया गया। पूजा समाप्त होने पर ज्यों ही पूजारी जी ने नए गमछे से बहते पसीने को पोंछकर चाय का घूंट भरना चाहा, त्यों ही बड़े भैया ने अपना प्रश्न दाग दिया- माँ दुर्गा, लक्ष्मी, सरस्वतीजी की इतनी युवा और सुन्दर मूर्ति क्यों बनाया जाता है? इनको "माँ" कहकर पुकारा जाता है जबकि मंत्र पढ रहे हैं, नवयौवन सम्पन्नां, पीनोन्नत पयोधराम् स्तनभारनभ्रम्। माँ अपने भक्तों के मन में कभी काम भाव जगा सकती हैं क्या? बस पुजारी जी तो एक ही वार में घायल। गाँव के बड़े बुजुर्ग भी चकित। क्या पता आज भी बडे भैया को अपने उस डाईकोटमिर का जवाब मिला है या नहीं।

हम आमिनपुर पहुँच गए। घर के सामने के नीम के पेड़ की छाँव में मैंने अपनी कार को पार्क किया। कछुए के पीठ की ऊँचाई जैसे जगह में हमारा घर है। एक मंजिला पक्का मकान है। बड़े भैया हमारा इंतजार कर रहे थे। पीसीओ के माध्यम से नगेन विश्वास को यह खबर पहुँचा दिया था। नगेन विवास ने भैया को हमारे आने की खबर दे दी थी।

बड़े भैया की तबीयत पहले से और खराब हो गई थी। मैला पजामा, सामने से लटकता हुआ नाड़ा। गंजी पहने हुए सर पर प्रायः बाल नहीं के बराबर। अंदर को धंसे गाल। शायद कुछ एक दाँत ही बचे होंगे। चेहरा पके दाढ़ी से अंटा पड़ा था जैसे कटे हुए धान के खेत। प्रायः दो साल के बाद नोलक अपने बड़े बाबा से मिल रही थी। पर उन्हें देखने के बाद उसमें अब वो उत्साह नहीं दिखा जैसा पहले दिखता था। एकदम स्तिमित।

बड़े भैया ने कहा - "तुम लोगों का घर साफ सुथरा करवाकर रखा है। मालती दिन के वक्त रहेंगी। ट्यूबवेल से पानी भरकर रख जाएंगी। बाथरूम, पानी की टंकी पूरा भरा हुआ है। जरूरत पड़ने पर गरम पानी भी कर देगी मालती...."

नवम्बर का तीसरा सप्ताह। गरम पानी तो चाहिए ही चाहिए।

अचानक पूछ ही लिया - बड़ी माँ कैसी है?

एकदम खराब। बस जाने भर की देर है।

बड़े भैया कविराजी भी करते हैं। कोई दवा मांगे तो खुश हो जाते हैं। मैं बोल पड़ा - मेरा ब्लड प्रेशर "लो" रहता है। इसकी कोई दवाई है क्या आपके पास?

एकदम अचूक दवा है। रोज सबेरे मैं तुम्हें कुलेखाड़ा का साग, हेलेन्चा और कलमी साग का रस दो चम्मच पिला दूंगा। मालती से कह दूंगा दोपहर को खाने में कुलेखाड़ा का साग बना देगी। लगातार अगर खाएगा तो देड़ महीने में एकदम नॉर्मल हो जाएगा। कोलकाता में कुलेखाडा का साग नहीं मिलता है क्या?

बड़े भैया अपनी जुबान के बड़े पक्के निकले। हम जितने दिन रहे। हर रोज बड़े भैया सुबह-सुबह मालती के हाथों से दवाई भेजते रहे। और श्रीमती उसे खिड़की से बाहर फेंकती रही।

गाँव के लोग बाबा का बहुत सम्मान करते थे। इसलिए वो मुझे भी मान देते थे। इतने में कुछ लोग आकर कोहड़ा कद्दू रख गए। कुछ लोग आकर एक टोकरी बैंगन और तरह-तरह की सब्जियाँ रख गए। दिन चढ़ते ही आमिनपूर के कुछ मातबर लोग मिलने आए। आकर बरामदे की खटिया पर बैठ गए। बाबा के आरामकेदारा में मैं बैठा। बड़े भैया इधर-उधर टहल रहे थे। सुबह वाली संकोच अब नोलक में नहीं रही, वो बड़े भैया का हाथ थामकर घूम रही है। हरे नारियल तोड़ने के लिए बड़े भैया ने पेड़ पर आदमी को चढ़ाया है। रस्सी से बांधकर पेड़ से नारियल उतार रहा है। नोलक भी लटकती रस्सी को छू कर देख रही है।

इस बार आमिनपूर आने का मेरा एक विशेष उद्देश्य है।

सरकार ने इस अंचल में सेटेलाइट टाउनशिप बनाने की परिकल्पना की है। पब्लिक-प्राईवेट मिल-जुलकर हाउसिंग कॉम्प्लेक्स, हेल्थ रिसोर्ट, शॉपिंग मॉल, होटेल, स्पोर्टस स्टेडियम, आदि-आदि देढ हजार एकर के अंदर। यूनिक ग्लोबल डेवलपमेन्ट कम्पनी के एक प्रतिनिधि ने मुझसे संपर्क किया था। कामकाज का खाका तैयार हो रहा है। आमिनपूर एकदम से बदल जाएगा।

इसके बाद अगर नोलक यहाँ आएगी तो शायद ही इस जगह को पहचान सके। तब तक शायद मेरी यह पैतृक संपत्ति एक सुन्दर नीले रंग की स्वीमिंगपूल में रूपांतरित हो चुकी होगी। सुन्दरियाँ इसमें तैरती नजर आएगी। प्रोमोटर हमारी जमीन को खरीदना चाहता है। पैसे भी अच्छे-खासे मिलेंगे।

सुनकर श्रीमती ने कहा था - अकेले बड़े भैया से तुम्हारे देश की संपत्ति का देखभाल करना संभव नहीं होगा। न जाने कितने नए-नए लोग आकर बस गए हैं,

कौन संभालेगा? हम तो कभी भी यहाँ पर आकर बसने वाले है नहीं। अगर अच्छा पैसा मिल रहा है तो बेच दो।

परंतु बड़े भैया यह प्रस्ताव सुनकर अपना आपा खो बैठे। ऐसे में बड़े भैया स्वभाव से शांत है पर उस समय उनका स्वरूप एकदम बदल गया था। मरने मारने पर उतर आए थे। गाँव के मुख्तार गाँव की प्रगति चाहते हैं। बच्चों के लिए नौकरी चाहते हैं। आजकल खेतीबाड़ी से घर चलाना आसान नहीं और वो भी साल भर तक। भोगविलास की कोई सामग्री नहीं खरीद सकते। सभी ने बड़े भैया को समझाने की बहुत कोशिश की पर नहीं तो नहीं। वहीं ढाक के तीन पात, जमीन नहीं बेचूंगा।

इस बार मेरे आने का उद्देश्य यही है कि बड़े भैया को मनाकर राजू सूराना के खरीद फरोख्त के कागज में हस्ताक्षर करने का काम पक्का करके जाना। मैंने फोन पर अहमदाबाद में दीदी से बात कर ली थी। हम भाई बहनों में जीवनोपयोगी विद्या में केवल मैं ही पारंगत हूँ। मेरे प्रत्येक निर्णय पर उनको पूरा भरोसा है। दीदी से मैं जो भी कहूँगा उस पर वो आँख मूंदकर भरोसा कर लेगी। जितना पैसा दिलवाऊँगा खुश होकर ले लेगी।

उन्नति चाहिए उन्नति। बड़े भैया ने पंचायत को अपमानित करते हुए कहा था उन्नति के नाम पर तो ठेंगा होगा। बस सब लुटपाट कर खाने की तैयारी है और क्या? आमिनपूर की जमीन पर उनकी जड़ें बहुत गहराई तक पैंठ गई हैं। मैं समझ गया था बड़े भैया को मनाना इतना आसान नहीं होगा। उन्नति के नाम पर बड़े भैया असुरक्षा की भावना से ग्रस्त हो रहे थे। कोलकाता में मैंने श्रीमती से इस विषय पर बात की थी, उसने बड़ी आसानी से इसका समाधान खोज निकाला था।

श्रीमती ने कहा था - तुम्हारी बड़ी माँ और कितने दिन जिएगीं? जमीन जायदाद बेचने पर उन्हें कितना पैसा मिलेगा? उन्हें अच्छी तरह से समझाइए न। थोड़ा बढ़ा चढ़ाकर ही बताइएगा। उनको इतना समझ में नहीं आएगा। स्टॉक मार्केट में लगाने पर कितना रिटर्न मिलेगा....मुझे इतना समझ में नहीं आता है .... तुम ज्यादा जानते हो .... वो सब मैं समझा दूंगा पर अगर जमीन चली जाए तो बड़े भैया जाएंगे कहाँ? सुनिए परसों सोसायटी के सेक्रेटरी से मुलाकात हुई थी। कह रहे थे - इस जगह की देख-रेख करने के लिए एक केयरटेकर की जरूरत है। बहादुर गाँव चला जाता है। यह तो बहुत कठिन काम नहीं है। समय पर पंप चलाना, जरूरत पड़ने पर मिस्त्री या मैकेनिक को बुलाना, रात को गाड़ी गैरेज में अपनी जगह पहुँच जाने पर गेट पर ताला लगाना। बस इतना ही तो काम है - इतना नहीं होगा क्या उनसे? लिफ्ट के नजदीक ही एक बहुत बड़ा कमरा मिलेगा रहने के लिए। खाना तो खुद पका ही

सकते हैं। इस काम के लिए उनको प्रति माह तीन हजार रूपया भी मिलेगा। फिर जमीन का पैसा। बड़े भैया ने क्या सपने में भी इतने पैसे के बारे में सोचा है?

संसारिक मामले में मेरी श्रीमती का दिमाग लाजवाब है। मैं भी उत्साहित हो गया। बड़े भैया के जैसे विश्वस्त व्यक्ति का पास में होना क्या कम बात है। नोलक की देखभाल करना। कार-पुल की असुविधा होने पर बड़े भैया ही नोलक को स्कूल से ला सकते हैं....।

गाँव की जमीन पर पाँव धरते ही मैं बड़े भैया से इस विषय पर बात करने के मौके की तलाश करने लगा। शाम ढलते ही मैं अपना लेपटॉप और सेलफोन चार्ज करने निकला। मेन रोड पर अभय काका की लॉटरी की दुकान पर चार-चार कम्प्युटर हैं जो दिनभर चलते रहते हैं। हुकिंग करके बिजली लाते हैं अपनी दुकान पर। लेपटॉप सेलफोन डाउन होने से सारी दुनिया से संबंध विच्छिन्न हो जाता है। एकदम असहाय लगने लगता है।

निकलने से पहले बड़े भैया के घर की ओर से उन्हें पुकारता हुआ निकला। कोई जवाब नहीं मिला। तालाब के किनारे मालती बर्तन मांज रही थी। शायद बड़े भैया कहीं के लिए निकले होंगे, बाद में उनसे मिलना पड़ेगा। बड़ी माँ से भी मिलना है। कर्तव्य।

अभय काका मुझे देखकर बहुत खुश हुए। वे भी चाहते हैं कि गाँव में उन्नति हो। बोले - बड़का आजीवन गंवार के गंवार ही रह गया। एक पैसा कमाने जैसी विद्या तो है नहीं, इधर हाथ आई लक्ष्मी को रौंदने में उस्ताद है।

रात को मालती हमारा खाना ढककर रख जाती है। मशहरी भी टांग जाती है। जाने से पहले हिचकिचा रही थी। उसकी तरफ से नोलक बोल उठी माँ मालती दी तुमसे कहते हुए डर रही है, आप कल उसे छुट्टी दे दो। कल अगहन महिने का पहला सन-डे है। मालती दी के घर में ईतू पूजा है। मुझे भी जाना है -

श्रीमती ने कहा - छुट्टी करेगी तो इधर कौन संभालेगा? हमारे जाने पर तेरा जितना मन चाहे पूजा कर लेना।

मुँह लटकाकर मालती चली गई। नोलक का मन विषाद से भर गया। फिर बोल उठी - तुम कुछ नहीं जानती माँ। ईतू पूजा का व्रत पालन करने पर घर संसार सुख से भर जाता है। मरने पर स्वर्ग की प्राप्ति होती है -

बन्द करो ये गवारूँ बातें। चींख उठी थी श्रीमती।

रोने-रोने को हो गई नोलक। उसका ध्यान बटाने के लिए मैंने पूछा - ईतू पूजा करने पर और क्या-क्या होता है, बेटी?

तुरंत नोलक खिल उठी। मेरे नजदीक आकर गा-गाकर सुनाने लगी - लकड़ी बीनने जंगल को गई, ईतू की कथा सुनकर आई, इसे सुनने से क्या होता है? निर्धन को धन मिलता है, अपुत्रक को पुत्र प्राप्त होता है, अविवाहितों का विवाह होता है। अशरण को शरण मिलता है। अंधे को आँख मिलती है। अंतकाल आने पर स्वर्ग की प्राप्ति होती है। अच्छा बापि आप उमनो-झूमनो की कथा जानते हों?

जरूर बड़े भैया ने सुनाया होगा। श्रीमती को और नाराज करना ठीक नहीं होगा। मैंने कहा - बड़े पापा ने सुनाया है क्या? अब और नहीं बेटी ऑफिस का काम है। तुम नोटबुक में लिखकर रखो नहीं तो बाद में भूल जाओगी।

बड़े उत्साह के साथ नोलक नोट बुक पेन लेकर लंठन के पास लिखने बैठ गई। एक बार मैंने झांककर देखा बिटिया बड़े बड़े स्पष्ट अक्षरों में लिख रही थी - एक ब्राह्मण और एक ब्राह्मणी रहते थे। उनकी दो बेटियाँ थी। उमनो और झूमनो। ब्राह्मण बहुत गरीब था....।

पवन कुमार बागड़ी का फोन आया रात को दस बजे। प्रोमोटर का फ्रन्ट मैन है। कोलकाता में यही आदमी मुझसे मिलने आया था।

पवन ने पूछा - दादा कुछ फैसला हुआ? मैंने एक नजर में ही पहचान लिया था, आप बड़े प्रेक्टीकल इनसान है। पैसे का पूरा मामला मेरे हाथ में है। आफिसिएली इसे किसी को भी बताने की जरूरत नहीं है। समझ गए न?

वी मस्ट हैव दैट लैन्ड-बाई हूक और बाई क्रूक। और कोई विकल्प नहीं है। समझ गए न? दादा आपके पास अब केवल चौवीस घंटे हैं। सेटल कर डालिए। नहीं तो हमें टेढी उँगलियों से घी निकालना पड़ेगा। तब ये स्पेश्यल रेट नहीं रहेगा। समझ गए न?

बातों में अगर तकियाकलाम हो तो बात करने में आनन्द नहीं आता है। "जल्दी करने की कोशिश कर रहा हूँ" कह कर फोन काट दिया। श्रीमती मेरे चेहरे को देखकर ही समझ गई थी। बोल उठी - प्रेसर डाल रहे हैं, क्यों? आप लोग सोने के खदान पर बैठे हों तो फिर वो लोग तो .....। आप कल सुबह ही बड़े भैया से बात कर लो ....।

सुबह सबेरे मेरी नींद खुल गई। ठंड लग रही थी। नोलक और श्रीमती कम्बल ओढ़े गहरी नींद में थे। शॉल लपेटकर मैं बाहर आ गया। आँगन पार करके मैं बाहर के दरवाजे को खोलकर निकल आया। सामने घास से पटा हुआ ढलान। नीम के तले मेरी गाड़ी ओस से ढंकी हुई थी। गाड़ी पर पड़ी रेत पर पानी की रेखाएँ आड़ी-तिरछी लकीरें बन रही हैं। अन्यमनस्क हो मैं नीम की टहनी तोड़ दातुन करने लगा। बचपन की आदत थी। दूर तक आसमान में धुएँ की लकीर दिख रही थी।

घर-घर में चुल्हे जलने शुरू हो गए थे। अगहन के महिने का कोहरा धुएँ के साथ घुल जाने के कारण हवा में भारीपन था। दूर तक देखना संभव नहीं था।

खुले मैदान में नर-नारियों का आना जाना साए की तरह लग रहा था। उजाला होने से पूर्व ही लोग इन सबसे निबट लेते है। भारत की आम जनता। हम हजारों वर्ष पूर्व के वेद उपनिषद की बड़ी बड़ी बातें करते हैं। न जाने कितने दार्शनिक ऋषि-मुनियों ने हमारे देश में जन्म लिया है। मार्कण्डेय, भृगु, कणाद, कृष्णद्वैपायन, आर्यभट्ट, चरक, शुश्रुत .....। उन्होंने जगत को शुन्य और अणु-परमाणु के तत्त्व दिए हैं। सर्जरी, ओरगॉन ट्रान्सप्लान्ट भी किया। पर ये भी सच है कि किसी ने भी हाईजीनिक लेट्रीन का आविष्कार नहीं किया। भारत के सत्तर प्रतिशत मेंगो-पिपल आज भी सुबह सबेरे जंगल-मैदान की ओर भागती है।

अचानक मैं चौंक उठा, न जाने कब इस घने कोहरे को चीरकर एक आदमी निःशब्द मेरे निकट आकर खड़ा हो गया था। मैंले चादर से पूरा शरीर ढंका हुआ। घुटनों तक की छोटी धोती। पके बांस की चमकती लाठी से टेका लगाकर हँस रहा था। भरभराई आवाज में बोल उठा - प्रणाम छोटे खोका बाबू।

उसे पहचानने की कोशिश करने लगा। दोनों आँखें जबाफूल की तरह लाल। प्राणहीन मछली की दृष्टि। काले चेहरे पर उम्र की रेखाएँ। पर उसकी पहचान उसके दॉतों से थी। होठों को दबाकर दो दाँत बाहर को निकले हुए यह अहसास कराते हैं जैसे हर समय हँस रहा हो।

केलो बागदी। एक वक्त था जब उसे देखकर डर लगता था। सुनने में आया था केलो बागदी एक डाकू है। अनेक लोगों की हत्या की है उसने। आज भी उसे अचानक देखकर दिल धड़क उठा। अन्दर आकर.... जल्दी से दरवाजा बंद कर दिया।

आज क्यों केलो बागदी मेरे पास आया? पहले भी तो यहाँ मैं आता रहा पर पहले तो वो ....। दाँतन करते हुए मैं बरामदे की सीढ़ियों पर बैठ गया। मालती चापानल से बालटी भर रही थी। वजनदार लोहे की बालटी में पानी भर कर वो हमारी टंकी भर रही थी। छोटे फ्रॉक पर एक चादर लपेट रखी थी। दुर्बल पाँव, ठंड से कभी-कभार उसके मुँह से सित्कार निकल रही थी। नोलक से शायद दो तीन साल की ही बड़ी होगी।

मैंने कब केलो बागदी को आखरी बार देखा था?

मेरी उम्र तब सात-आठ वर्ष की होगी। बड़े बाबा तब जीवित थे। न जाने क्यों गुस्से से बाबा को डांट रहे थे - क्या कर रहे हो तुम? मेरे हस्ताक्षर की नकल करके तुमने पश्चिम की ओर के पांच वीघा जमीन को उस घोष के बेटे को बेच दिया?

उन्हीं दिनों बाबा ने सेनेटरी सप्लाई का काम शुरू किया था। एक साथ बहुत रूपयों की जरूरत आ पड़ी थी। बड़े बाबा भोले भाले, घुमने-फिरने वाले इनसान थे। बाबा ने चुपचाप वो जमीन बेच दिया था, सोचा था बड़े पापा को भनक तक नहीं लगेगी। आंगन में उछलते-कूदते हुए बाबा को डांट लगा रहे थे। उनका गुस्से से भरा चेहरा आज भी याद है। अंततः उन्होंने डराया था कि मैं मामला ठोक दूंगा। जरा रूक जा मैं कल ही केष्टनगर जाकर जगन्नाथ वकील से मिलता हूँ फिर तू देखना ....।

तब हम कच्चे मकान पर रहते थे। बाबा के साथ मैं सोता था। खाट पर। दीदी लोग जमीन पर। सुबह सुबह मेरी नींद खुल गई थी। बाहर जाना था पर कम्बल से निकलने का मन नहीं हो रहा था। इतने में बंद खिड़की के पलड़े पर हल्की दस्तक। अरे बाप रे डर के मारे कम्बल को सर तक सरका लिया था। उस ओर तालाब के किनारे के बांस की झाड़ियों में भूत रहते हैं। फिर से वही आवाज ठक-ठक की। बाबा जाग गए। सिरहाने के खिड़की के पलड़े को खोलकर पूछा - कौन है?

थोड़ा सा कम्बल को हटाकर देखा तो खिड़की के फ्रेम में केलो बागदी का चेहरा नजर आया। जैसे हंस रहा हो।

जी मैं हूँ छोटे कर्त्ता बाबू।

क्या है खबर?

फिनिश। हँसता हुआ चेहरा फिर हल्के अंधेरे में गायब हो गया।

दिन चढने पर थाने के दो सिपाही और गाँव के कुछ लोगों ने एक भैंन रिक्शा में एक लाश को लाकर आँगन में रखा था। बड़े बाबा। नजदीक के गाँव से रात को जात्रा देखकर लौट रहे थे। भूत के बिल के पास ही लाश पड़ी थी। लाठी के वार से सर फट कर चार टुकडा हो गए था।

शाम को बड़े भैया थाना से बड़े बाबा की साईकल को लाने जाएंगे। मैं सो गया था। ऐन मौके पर दीदी बड़े भैया के साथ थाना तक चली गई थी। साईकल में बैठकर वापस लौटने के लिए। सोकर उठने पर मैं उनको ढूंढने बड़ी माँ के घर की ओर गया था।

अंदर हल्का अंधेरा छाया था। फूट-फूट कर रोने की आवाज आ रही थी अंदर से। झाँककर देखा तो बड़ी माँ बाबा के कंधे से लगी रो रही थी और बाबा उनकी पीठ सहला रहे थे। फिर बड़ी माँ ने कहा - आपके कमीज पर सिंदूर का दाग लग गया कमीज उतार दीजिए मैं साफ कर देती हूँ -

नीम के रस के कारण मुँह का स्वाद कडवा हो गया था। इतने में श्रीमती ने आकर कहा - अब तक दांतन पकड़कर बैठे हो? जाओ जल्दी जाकर बड़े भैया से

काम की बात कर लो। न जाने वो कब निकल जाएँ, उनका कोई ठिकाना है क्या?

चांपानल में चेहरा धोकर मैं बड़े भैया के पास गया। एक आदमी मछली की टोकरी लेकर बैठा था। बड़े भैया और नोलक मछली चुन रहे थे। रसोई घर से बड़ी देगची सावधानी से उठाकर मालती डगमग कदमों से ऊँची-नींची जमीन को पार करती हुई हमारे बाथरूम की ओर जा रही थी। जरूर श्रीमती ने मंगवाया होगा। मिट्टी के आंगन पर मैं पाँव लटकाकर बैठ गया। बड़े भैया मछली काटने बैठ गए। टेंगरा मछली को काटने में वक्त ज्यादा लगता है। मालती के साथ बैठकर नोलक सब्जी काट रही थी। यहाँ पर मेरी बेटी का एक दूसरा ही रूप देखने को मिला। लड़की बहुत चंचल है, कब तक स्थिर रहेगी। एक पैर पर कूदते हुए गाने लगी, शिवनिवासी तूल्य काशी धन्य नदी कोंकण .....

थोड़ी देर के बाद बड़े भैया पत्थर पर पिसते हुए कहने लगे - नोलक के लिए अमृत बना रहा हूँ। आंवला, बेहड़ा और हरितकी का चूर्ण - त्रिफला। हरितकी एक भाग, बेहड़ा दो भाग और आंवला चार भाग। कपड़े से छानकर बोतल में भर दूंगा। रोज सुबह खाली पेट में पानी के साथ एक चम्मच खिला देना। नियमित त्रिफला का सेवन करने पर सर्दी बुखार से राहत मिलेगी। आयुवृद्धि होगी।

मैं निःशब्द बड़े भैया को देख रहा था। बहुत मेहनत से बना रहे थे। पर क्या यह बोतल कोलकाता तक जाएगा। रास्ते में कहीं इसे श्रीमती फेंक देगी। बाबा सही कहते थे, बड़े खोका की सीखी विद्या जीवनोपयोगी है ही नहीं।

असली मुद्दे पर कैसे आऊँ वही सोच रहा था। अचानक बड़े भैया बोल उठे - तुम शायद मुझसे जमीन जायदाद को बेचने के बारे में बात करने आए हो, क्यों? जरा ध्यान से सुनना माँ की आयु शायद और दो तीन माह तक की है, नन्द वैद्य के कहने के मुताबिक। फिर मैं मुक्त। मैं यहाँ से चला जाऊँगा तब तेरा जो मन चाहे कर लेना, बस।

ऐसा क्यों कह रहे हैं बड़दा? मैं तुम्हें अपने साथ कोलकाता ले जाऊँगा। नौकरी करोगे आराम से रहोगे। यदि तुम एग्रीमेन्ट पर हस्ताक्षर न करके निरूद्देश हो गए तब क्या जमीन जायदाद की बिक्री होगी? कानूनन संपत्ति पर तुम्हारा हक तो रह ही जाएगा न? बेचने पर कितना पैसा मिलेगा तुम सोच भी नहीं सकते।

पैतृक जमीन को मैं कभी बेच नहीं सकता कम से कम अपने प्राण रहते तक तो कभी नहीं। यहाँ पर बैठकर अपना वक्त बरबाद मत कर।

शुरू से ही बड़े भैया जिद्दी किस्म के व्यक्ति रहे है। पर मैंने फिर कोशिश की - तुम शायद समझ नहीं रहे हो। मैं कागज पर हिसाब करके लाया हूँ। ये देखो तुम्हारा

हिस्सा, सात राजाओं का धन और फिर कलकत्ते में आराम की नौकरी। अगर तुम्हारे पैसों को शेयर मार्केट में लगाया जाए तो -

बड़े भैया खड़े हो गए - मैं चला बाजार।

बड़े बाबा के साईकल में थैला लटका कर पैंडल पर जोर लगाया। मैंने कहा बड़े भैया एक बार आपने पंडितजी से प्रश्न किया था, देवीमूर्ति को 'माँ' संबोधन करते हैं फिर उन्हें क्यों रूपयौवनवती नारी के रूप में कल्पना करते हैं? उन्होंने कोई उत्तर नहीं दिया था।

तुम्हें आज भी याद है वो घटना - आश्चर्य चकित हो पूछा बड़े भैया ने। मैंने तो इतनी पढ़ाई-लिखाई नहीं की है इसलिए मुर्खों की तरह लोगों से प्रश्न पूछा करता हूँ। अंततः अपने मन से ही कुछ समाधान निकाल लेता हूँ।

तुम मुझे बताओ बड़े भैया क्या समाधान निकाला था इस प्रश्न का....

मानव के छह रिपूओं में से सबसे प्रबल काम होता है। ऋषि-मुनी भी जीवन के अंत समय तक अपने काम को जीत नहीं पाए। इसलिए सुन्दरी युवती मूर्ति को "माँ" कहकर पुकारने को कह गए हैं। पुकारते - पुकारते मातृभाव के आरोपित होने पर यदि काम से निवृत्ति पाया जाए तो ....। क्या पता, मेरे विचार सही है या नहीं पता नहीं।

बड़े भैया साईकल पर चढ़कर दूलेपाड़ा के रास्ते से ओझल हो गए। मैं विषन्न दृष्टि से उनको जाते हुए देखता रहा।

रात को पवन बागड़ी फोन करेगा। उसे मैं क्या जवाब दूंगा?

शंख ध्वनि के साथ शाम ढलते ही मैं टॉर्च लेकर निकल पड़ा। मजा तलाब के उत्तरी ओर की नीची जमीन को पार करते ही जंगली झांड-झंखारों का जंगल है। सर्दियों के दिन है। इसलिए डर की कोई बात नहीं। नहीं तो इस समय साँप का उपद्रव इधर बहुत रहता है।

गहन अंधेरे के कारण बागदी पाड़ा एकदम शांत पड़ा था। कुछ एक घरों में ढीबरी जल रही थी। काले नंगधडंग बच्चे सरदी के मारे चींख रहे थे। चारों ओर जंजाल फैला था। दम घोटू गंध। इसको पूछते, उसको पूछते हुए टूटी फूटी एक झोपड़ी के सामने आ खड़ा हुआ।

छोटी-मोटी लकडियों को जमा करके वह आदमी शरीर सेंक रहा था। आज भी केलो बागदी के शरीर का गठन बहुत मजबूत है। उसके नजदीक पके बांस की मृषण लाठी पड़ी हुई थी। उभरे हुए दो दांत आग की लपटों से चमक रहे थे। उसके सामने उकडू बैठते हुए मैंने उसके प्राणहिन आँखों की ओर ताका। जीवन में पहली बार।

पास में पड़े लाठी को प्रेम से अपनी गोद में उठाते हुए केलो बागदी ने कहा - मैं जानता था आप जरूर आएँगे। आज भी मुझे याद है, उस बार आपके बाबा ठाकुर भी इसी वक्त पर आए थे। राजाओं जैसा मन था उनका। पूरे दो हजार नगद दिया था उन्होंने। अपना काम आप कब तक फिनिश करवाना चाहते हैं छोटे बाबू? इस बार पाँच लूंगा ....।

राक्षस

- सुकान्त गंगोपाध्याय

हर रोज की तरह नंदिता आज भी स्टेशन में घुसने से पहले ही अखबार खरीद रही थी कि हकार बलराम के करीब बैठी खानाबदोश जबा बोल उठी, मेरी शादी हो रही है दीदीमणी, आपको चंदा देना पड़ेगा।

चौंककर थोड़ी देर तक खड़ी रह गई नंदिता। फिर हँसते हुए पूछ बैठी, कब हो रही है तेरी शादी? दुल्हा कहाँ से है? बलराम के पास से उठकर नंदिता के करीब चली आती है जबा। उसके साथ-साथ चलते हुए बोली, सोच रही हूँ इस बैशाख में ही निबटा लूं। दुल्हा बिहार से है....। थोड़ा रूक कर जबा ने जवाब दिया। बंगाली बिहारी का विवाह तो हो सकता है न दीदी?

- न होने जैसी कोई बात ही नहीं है। आपस में अगर बातचीत करने में कोई तकलीफ न हो तो फिर ठीक ही है।

नंदिता की बातों से शर्मा जाती है जबा। बोल उठती है, नहीं, नहीं थोड़ा बहुत बांग्ला तो वो समझ लेता है। कुछ-कुछ बोल भी लेता है।

दोनों ही अप प्लेटफार्म पर पहुँच जाते हैं। नंदिता डाउन की ओर जाएगी। टिकट का झंझट नहीं है। मंथ्ली बना लिया है। नंदिता रानीगंज के एक सरकारी स्कूल में पढ़ाती है। पैंतीस से ज्यादा की हो गई है। घर परिवार के झंझट में उलझकर शादी करना रह ही गया। प्यार मुहब्बत के मामले में एक बार धोखा भी खा चुकी है। और इधर देखो तो एक खानाबदोश लड़की की शादी तय हो गई।

ओवरब्रीज की सीढ़ी पर पाँव रखकर एक बार मुड़कर जबा की ओर देखती है नंदिता, आज घुटने से लंबा एक फ्रॉक और जैसा उसका रहता है आधा भीगा हुआ भी है। तलाब बाग-बगीचे में घूमती फिरती जो रहती है। पाँव में प्लास्टीक के चप्पल, थोड़ा उचक-उचक कर चलती हुई। उम्र का अंदाज लगाना कठिन है। बीस से पचीस की होगी। किस मुर्तिमान ने इससे शादी के लिए सहमतति दी है क्या पता? नंदिता पूछ बैठी, शादी की बात किसने चलाई?

शर्माकर जबा ने सर झुका लिया। नंदिता ने पूछा, लव मैरेज? तुमने खुद ही बात चलाई है ?

एक सरल हँसी उसके चेहरे पर फैल जाती है। नंदिता ने देखा, उसके रूक्ष चेहरे पर एक अद्‌भुत लालिमा फैल गई। इससे स्पष्ट हो जाता है कि सचमुच इस लड़की के मन में मधुजापन की कामना ने घर कर लिया है।

जबा आज साथ छोड़ ही नहीं रही है। ओवरब्रिज के किनारे-किनारे से साथ-साथ चल रही है। केवल चंदा के लिए तो इतना नहीं करेगी। अपनी मन की ख़ुशी को किसी के साथ बांटना उसे अच्छा लग रहा था, शायद इसलिए। जहाँ तक नंदिता जानती है उसका अपना कोई नहीं है। न जाने कहाँ से आकर इस कालीपहाड़ी पर अपना डेरा जमा लिया है इस लड़की ने। मौसम के अनुसार कभी नीम के पत्ते, बेर, आम, जामुन, सजहन की फली-फूल, भाजी बेचती फिरती है। नंदिता को देखते ही पकड़ा देती है। आज उसके हाथों में ऐसा कुछ भी नहीं है केवल खुशखबरी है। डाउन ट्रेन के प्लेटफार्म की साढ़ी से उतरते हुए नंदिता ने कहा, प्यार करके जब आपस में ही शादी कर रही हो तो, घाघर बूढ़ी के मंदिर में जाकर शादी करना ही अच्छा है। इसमें तो कुछ खर्चा भी नहीं होगा सो चंदे के लिए तुम्हें - भटकने की भी जरूरत नहीं पड़ेगी।

प्यार भरे स्वर में जबा बोल उठी सभी को नहीं केवल जो मुझे चाहते हैं उनको ही न्यौता दूंगी। आपको भी आना पड़ेगा और चंदा भी देना पड़ेगा।

- वो तो देखा जाएगा। पहले शादी की तारीख तो पक्की कर लो। कहकर जल्दी-जल्दी सीढ़ी से नीचे उतरने लगी नंदिता। ट्रेन के आने की आवाज उसने सुन ली थी। जबा वहीं पर रूक गई।

ट्रेन पर चढ़ते ही दूसरी ओर के दरवाजे से सटकर खड़ी हो गई नंदिता। और दिन बीच में खड़ी हो जाती है। अपने नित्य सहयात्रियों से बतीयाती है। काली पहाड़ी से तीन लोग चढ़ते हैं। अशोक, मीनादी और सुनन्द। उन सभी लोगों ने देखा कि जबा नन्दिता के साथ-साथ आ रही थी। इसलिए ट्रेन में चढ़ने से पहले अशोक ने जानना चाहा, वो पगली आपके पीछे क्यों पड़ी थी? क्या कह रही थी?

- कुछ नहीं ऐसे ही। कह कर उनसे पीछा छुड़ा लिया नंदिता ने। अच्छी खबर इतनी जल्दी लोगों को बताना ठीक नहीं। लोगों की नजर लग जाती है। न जाने कितनी बार नंदिता की संभावनाएं होने पर भी शादी होते होते रह गई। दौड़ती ट्रेन के बाहर नंदिता की दृष्टि टिकी हुई थी। चारों ओर केवल कोयले का स्तुप और दूर तक फैला काला मैदान। इधर-उधर दो एक फूल से लदे पलाश शिमुल के पेड़

खड़े-खड़े मुँह चिढ़ा रहे थे। चैत्र की कड़कती धूप और भूरे आसमान के बावजूद हवा में नमी बरकरार थी। जबा की पोशाक के जैसी भीगी-भीगी सी।

जबा लौटकर फिर अखबारवाले बलराम के पास बैठ गई। डाउन ट्रेन के एक पैसेन्जर को मैगेजीन बेचकर बलराम ने जबा से पूछा, दीदीमणी को कितना देने के लिए कहा?

- मैंने कुछ भी नहीं मांगा। सौ-दो सौ तो दे ही देंगी। दीदीमणी बड़ी दिलवाली है। कहते हुए बलराम के पास घुटने टेककर बैठ गई।

अपने पचीस वर्ष के हकार जीवन में बलराम कम से कम बारह-तेरह वर्ष से जबा को जानता है। जब से जबा ने कालीपहाड़ी स्टेशन में अपना आस्ताना बनाया है तभी से ही। जबा के मामले में कुछ हदतक बलराम के मन में एक अभिभावक के जैसे दायित्व का भाव है। ये सब जबा को समझ में नहीं आता है। अपनी मनमर्जी से जीती है। पर बलराम पर उसका अगाध विश्वास है। आजकल जबा ने प्लेटफार्म पर सोना बन्द कर दिया है। रेल लाईन के किनारे भाड़े के एक घर में रहती है। उसकी इच्छा है उसकी शादी उस घर के आंगन में ही हो। दुल्हा सर पर सेहरा बांधकर शादी के मंडप पर आएगा। क्या बिहारी दुल्हा सेहरा पहनने के लिए तैयार होगा?

दो पैसेन्जर आए अखबार खरीदने के लिए। उन लोगों के जाने के बाद बलराम ने जबा से कहा, तुमने मुझे एक बार उस लड़के को दिखाया तक नहीं। देखने से कम से कम ये तो समझ में आता कि वह कैसा इनसान है?

दिखाऊंगी वो बहुत शरमाता है। एक दिन तुम्हारे पास उसे ला रही थी पकड़कर। पर आधे रास्ते से ही भाग गया।

सुनते ही बलराम की चिंता बढ़ जाती है। शादी की बात सुनते ही बलराम को यह बात सताने लगती है कि शायद कोई लड़का बहला-फुसलाकर जबा के पैसों को हड़पना चाहता है। इस लड़की से जबरदस्ती पैसा छीन लेने की ताकत इस काली पहाड़ी के किसी भी गुंडे में नहीं है। बलराम ने कहा, जब लड़केवाले इस शादी के पक्ष में नहीं है तब तो तुम्हें ही पंडित को बुलाना पड़ेगा। गई थी क्या तुम रघु भट्टाचार्य से बात करने के लिए?

- गई थी। पर साला मारने को दौड़ा। बोला, पागल-फागल लोगों की शादी मैं नहीं करवाता। तब मैं उसके भतीजे के पास गई। संतुदा आजकल शादी-ब्याह में पंडितगीरी करने लगे है। कहा पंचांग देखकर बताएंगे कि बैशाख में शादी-ब्याह के दिन कौन-कौन से है।" चार जगह से ऑर्डर है। उन सभी के पास जाना है उनको। खाली दिन देखकर बताएंगे।

ये है जबा। पुरोहित को साला कहती है। शादी रचाने का मतलब ऑर्डर है। इस लड़की के शादी को लेकर चिंता नहीं होगी तो और किसकी शादी को लेकर होगी? संतुने शायद जबा की बातों को कोई महत्त्व ही नहीं दिया होगा। इधर-उधर की बातें करके भगा दिया होगा। अभिभावक हिन लड़की तो इतना भी नहीं जानती कि अपनी शादी अपने आप ही तय करना कितना कठिन है। उसे यही बात समझाने के लिए बलराम उससे आलोचना करना चाहता है। कहा, शादी में कितने लोगों के बुलाएगी, लिस्ट बनाया है क्या? क्या-क्या खिलाएगी। इसमें कितना खर्चा आएगा - - -।

बीच में ही जबा बोल पड़ी, आपको तो पता है कि मैं हिसाब-किताब में बहुत कमजोर हूँ। आप नोट बुक में लिखकर हिसाब कर दीजिए न? सबसे पहले मैं अपने मेहमानों के नाम गिना देती हूँ।

अनमने भाव से अपने हिसाब किताब की कॉपी और पेन उठा लेता है बलराम। कहता, बोलो मैं लिख रहा हूँ।

जबा अंगुलियों में गिनती हुई कहने लगती है, सबसे पहले नम्बर पर है स्टेशन की दादीमाँ। फिर मुर्गी चोर, चायवाले रामकिशोरदा, पत्तेबाल कानाई, लाल टमेटम पंचानन, पागल गोपाल की माँ .....

अचानक बलराम ने रोक दिया, कहा तुम केवल नाम गिनाती जाओ। बाकी मैं समझ लूंगा।

अचानक जबा खड़ी हो गई, बोली, जरा रूक जाओ डॉक्टर बाबू लौट रहे हैं, उनसे भी चंदा के बारे में बात करके अभी आती हूँ।

कॉपी को रखते हुए बलराम सोचता है, ऐसी अस्थिरमति के भाग्य में न जाने भगवान ने क्या लिखा है। आसमान आग उगल रहा था। बलराम छाता खोल लेता है। जबा से पहली मुलाकात आज भी अच्छी तरह से याद है बलराम को। ट्रेन पर से डीलर ने इतनी जोर से अखबार के बंडल को फेंका कि डोरी के टूटने से सारे अखबार प्लेटफार्म पर बिखर गए। डीलर को गालियाँ बकते हुए अखबारों को इकट्ठा कर रहा था बलराम। अचानक उसने देखा फ्रॉक पहनी हुई एक बारह-तेरह वर्ष की लड़की भी उन अखबारों को उसके साथ इकट्ठा करने लगी है।

काम खत्म करने पर हाथ बढ़ा दिया था उस लड़की ने। कहा था, पैसे दो। आपकी मदद की है मैंने।

उसके उच्चारण को सुनकर ही बलराम समझ गया था कि कोलकाता के आसपास के किसी जिले से आई है। सविस्तार सब कुछ जानकर बोला था इतनी छोटी हो। पैसे लेकर क्या करोगी तुम? चलो मेरे साथ, तुम्हें चाय पाव रोटी खिलाता हूँ।

उसकी बात को न मानते हुए जबा ने कहा था, नहीं, आप मुझे मेरा पैसा दे दें।

लड़की बड़ी जिद्दी निकली। इतने भीड़-भड़के में खोई भी नहीं। उसका दिमाग भी सही-सही काम कर रहा था। उसने बड़े व्यवस्थित ढंग से सारा काम किया था। फिर बलराम ने उससे कहा, ठीक है पैसे भी दूंगा और चाय भी पिलाऊँगा। तुमने आज मेरी बहुत मदद की है चलो।

स्टेशन के बाहर सूरज के चाय की दूकान पर दोनों आकर बैठे थे। बातों ही बातों में बलराम ने उसका नाम जान लिया। अनाथ आश्रम से भागकर आई है। जगह का नाम नहीं बता पाई। रात को पैदल बेन्डेल तक आई फिर वहाँ से ट्रेन में यहाँ आई है। भूख लगने के कारण भोर होते ही इस स्टेशन पर उतर गई।

बलराम के मन में एक बार यह बात भी आई थी कि जबा को ले जाकर थाना में जमा कर दिया जाए। लड़की का भरापूरा शरीर देखकर वो डर गया था। यदि कुछ गलत हो जाए तो? अपने घर भी तो वो इसे नहीं ले जा सकता । किसी तरह से खींच तानकर उसका घर चलता है और इधर पत्नी भी इसे अपने घर में जगह नहीं देने वाली।

सो बलराम ने जबा को मंगला मासी के होटल में काम पर लगा दिया था। छोटा-मोटा काम करेगी वहाँ पर, जिससे उसके खाने पहनने का खर्चा निकल जाएगा। हरदम उस हॉटल पर भीड़ लगी रहती है। कोलियारी के मजदूर लोग इसके कस्टमर हैं। मंगलामासी बड़ी चौकस औरत है। इस लड़की का ध्यान भी रखेगी।

पर वहाँ पर जैसा बलराम ने सोचा था वैसा कुछ भी नहीं हुआ। जबा वहाँ पर दो दिन भी नहीं टिक पाई। वापस प्लेटफार्म पर लौट आई। उस समय वहाँ पर और तीन लोगों का ठिकाना था। पागल बुधिया, अंधा बूढ़ा, एक पाँववाली बूढ़िया और इनके साथ वहाँ कुछ कुत्ते भी रहते थे। बलराम ने बहुत समझाया था जबा को कि रात को सोने के लिए प्लेटफार्म निरापद जगह नहीं है। कभी भी विपत्तियों का सामना करना पड़ सकता है। जबा ने उसकी एक नहीं सुनी। स्टेशन में जहाँ भी जिसे भी जब भी जरूरत पड़ती है उसकी मदद करती और बदले में पैसे लेती। इस तरह से उसकी कमाई अच्छी हो गई थी। जैसे मछलीवाले की टोकरी को एक जगह से दूसरी जगह तक ले जाना। चोरी के कोयले को ट्रेन पर चढ़ा देना। जब मन चाहे चाय की दुकान पर घुस जाती और कप प्लेट धोने लग जाती।

जबा को लेकर बलराम हर समय परेशान रहता था। एक महिने के अन्दर आश्रम के लोग आकर फिर से उसको पकड़कर ले गए। घटना के समय बलराम उपस्थित नहीं था। सुनकर बलराम बहुत निश्चिंत हुआ था। पर दो महिने के अन्दर फिर लौट आई जबा। पहले से और ज्यादा जिद्दी हो गई थी। कहा, फिर वहाँ से

भागकर आई हूँ। आश्रम उसे एकदम पसंद नहीं है। लंगडाकर चल रही थी। पॉव पर छिल जाने के निशान स्पष्ट दिख रहे थे। पेड़ पर चढ़कर बहुत ऊँची दिवार फांदकर भाग आई थी।

फिर जबा को कोई भी लौटाकर ले जाने नहीं आया। इस बार वापस आकर उसने अपने घुमने फिरने के क्षेत्र को और बढ़ा लिया था। लोगों के बाग-बगीचे से नीम के कोमल पत्ते, फूल, बेल, आम, जामून, खेतों से सब्जियाँ चोरी करने लगी थी। तालाब में जाल फेंकने पर मछली पकड़ने वालों के काम में भी मदद करने लगी थी। मेहनत के बदले उसे दो-चार मछलियाँ मिल जाती थी। कुछ मछलियाँ छुपाकर अपने गमछे में बांधकर भी रख लेती थी। उसके इस स्वभाव के बारे में लोग जानते हुए भी उसे कुछ भी नहीं कहते थे। एक बार अगर उसकी जुबान चलने लगेंगी तो सबको फिर धोकर रख देगी। अगर पकड़ने जाएँगे तो पत्थर तक मारने को नहीं हिचकती है। सब्जियाँ, मछली लेकर बाजार में बेचने बैठ जाती। नहीं तो घुमघुमकर भी बेचती रहती थी। पैंट शर्ट पहनकर रिक्शा भैनरिक्शा भी चलाती थी। ऐसे काम कर करके उसके पास अच्छे खासे पैसे भी जमा हो गए थे। पैसे कहाँ रखती थी ये किसी को भी पता नहीं है। यहाँ के रहनेवाले अपने बाहर से आनेवाले रितेदारों को जबा को दिखाने के लिए लाते हैं। जैसे मंदिर, मस्जिद, कोलियारी, टूटी हुई निलकूठी को दिखाते हैं.....

प्लेटफार्म में सोने के कारण केवल एक बार ही मुसीबत का सामना करना पड़ा था जबा को। मुसीबत किनका? जो लोग उसका रेप करने आए थे उनका या जबा का था कहना मुश्किल है। एक स्वस्थ सुन्दर लड़की को फ्रॉक पहनकर प्लेटफार्म पर सोते देख कुछ शराबी बहक गए थे। रात को पैसेन्जर ट्रेन से उतर पड़े थे। उनको मालूम नहीं था कि जबा को घेरकर जो कुत्ते सो रहे थे वो जबा के लिए जान तक दे सकते थे। जबा उनको खाना खिलाती है, उनसे बात करती है, उनको दुलारती है। बाहर से आने वाले शराबियों के लिए ये भी जानना मुश्किल है कि जबा अपने सिरहाने, एक गमछे में, लाईन पर बिछे पत्थरों को बांधकर सोती है। सो जो होना था वही हुआ। दल के कुछ लोगों ने भागकर अपनी जान बचाई पर दो लोगों को तो उसने अपने काबू में कर लिया। एकदम से खून की नदियाँ बहने लगी थी। खून से एकाकार।

थाना पुलिस, अस्पताल सब हुआ। जबा को कोर्ट से बुलावा भी आया। पर उसके पास वक्त ही नहीं था वहाँ जाने का। फिर तो उन लोगों का क्या हुआ कुछ पता भी नहीं चला। जबा का रणचंडी काण्ड लोगों कीं जुबान पर चढ़ गया। तब

से उसके पास कोई भी फटकने से डरता है।

लड़की जाने कब प्रेम में पड़ गई, बलराम को पता भी नहीं चला। लड़का, कोयारडि के कोयले की खदान में काम करता है। अगर देखा जाए तो लड़का खराब नहीं है। एक लोभनीय पात्र है। उसने जबा को ही क्यों चुना, समझ में नहीं आया। हिन्दी गाने की कलियों को गुनगुनाती फिरती रहती है। गला साफ है। काली पहाड़ी के काले मैदान में धुप में तपकर कोयल की तरह घुमती फिरती रहती है जबा। कोयल का घर बसना क्या संभव है?

पाल डॉक्टर के पीछे जो दौड़ी जबा, अभी तक वापस लौटकर नहीं आई। शायद कहीं और चली गई होगी। इधर-उधर दौड़ते फिरते रहना ही तो उसका स्वभाव है। यह स्वभाव उसके खून में एकदम से घुल-मिल गया है।

शाम घिरने लगी। कृष्णसायर के तटपर से बिसला उठ खड़ा हुआ। पर जबा बैठी रही, अकेली। कुछ दूर तक बिसला के साथ वह भी जा सकती थी। पर नहीं गई। विचारों की भगदड़ मची है, उठने का मन नहीं हो रहा था। बिसला के राह की ओर एकटक देख रही थी जबा। आम कटहल के बाग को पार कर कोयले वाले रास्ते की ओर कदम बढ़ाया बिसलने। फिर उस बड़े से बटगाछ की ओट में चला गया बिसला। वहीं पर बेआईनी खदान है। रात भर उस खदान में बिसला कोयला तोड़ेगा। उसके इस काम को लेकर ही जबा चिंतित है। इस खदान को, इलाके का बहुत बड़ा गुंडा किशोर साहु चलाता है। ऐसे और भी बहुत खदान है उसके। पुलिस, नेता लोगों को पैसा खिलाकर रखता है। जब पैसा नहीं दे पाता है तो पुलिस मजदूरों को पकड़कर ले जाती है और तीन-चार महिने के लिए जेल में चालान कर देती है।

जबा ने बिसला से बहुत बार कहा है, इस काम को छोड़ देने के लिए। कोई दूसरा कारोबार करो। रिक्शा चलाओ। फिर मैं भी तो कुछ-कुछ कमाती हूँ कि नहीं।

बिसला के कान पर जूं तक नहीं रेंगी। कोयला तोड़ने में जितना मिलता है उतना और किसी भी कारोबार में नहीं मिलता है। काली पहाड़ी में इससे ज्यादा हो ही नहीं सकता। खेती-बाड़ी बहुत कम होती है इस इलाके में। एक के बाद दूसरा मैदान कोयले के बुरादे से भर गया है। आस-पास के इलाके में ऐसे बहुत सारे चोरी की खदाने फैली हुई है जिनका खुला भाग, मुँह फाड कर सब कुछ लील रहा है। शुरू के दिनों में, जब जबा यहाँ पर आई थी तब इस ओर हरियाली ही हरियाली फैली रहती थी। बड़े-बड़े पेड़। तालाब के किनारे बगुला, झुंड के झुंड तोते उतरते थे खेतों में फसल खाने के लिए। न जाने कितनी तरह के कारोबार करते थे तब लोग। आजकल एक ही कारोबार है और वो भी कोयले का। बाबू लोग यहाँ पर नहीं

के बराबर है। एक-एक करके सब आसनसोल चले जा रहे हैं। बाजार में पैसे वाले खरीददार कुछ एक दो ही रह गए हैं। कुली मजदूरों की भरमार है अब इस इलाके में। और है मोटरबाईक वाले सूदखोरों की भरमार।

बिसला यहाँ पर सरकारी खदान में काम करने के लिए आया था। जामताड़ा, उसका गाँव है। देशवाले एक चाचा ने कहा था यहाँ पर काम दिलवा देगा। इसलिए बीस हजार रूपए भी लिए थे चाचा ने। जमीन बेचकर बिसला के बाबा ने बीस हजार रूपए दिए थे। पर काम नहीं दिलवा सका चाचा। दिलासा दिए है कि अब नौकरी दिलवा देंगे। कोयारडी का कूली धावड़ा में अपने उस देशी चाचा के साथ रहता है बिसला। नौकरी के लिए दो महिने तक इंतजार किया बिसला ने फिर चोराई के खदान में काम करने लग गया। पैसे अच्छे मिलते हैं। हप्ते में एक दिन घर जाकर पैसा देकर आता है बिसला। शायद उसके बाबा ने बेची हुई जमीन फिर से खरीद ली होगी। इधर बिसला दिन के उजाले में पुलिस के डर से निकलना नहीं चाहता है। जबा मन से चाहती थी कि बिसला का बलराम से परिचय हो जाए। बिसला को केवल इतना सा ही झूठ बोलना पड़ेगा। कि वह सरकारी खदान में नौकरी करता है। जबा ने भी ऐसा ही कहा है बलरामदा को बिसला के बारे में। बिसला इसके लिए तैयार नहीं हुआ। प्रेस्टीज उसके आड़े आ गई। स्कूल में बहुत ऊँचे दर्जे तक की पढ़ाई की है बिसला ने।

काली पहाड़ी पर जब उसे नौकरी नहीं मिली थी, तब बिसला इधर-उधर घुमता फिरता रहता था। ऐसे में अक्सर उसे जबा मिल जाती थी। एक बार जबा ने ध्यान दिया कि इधर-उधर की मुलाकातें यूं ही अचानक नहीं हो जाती है। दरअसल बिसला ही उसके पीछे-पीछे अक्सर घुमता फिरता रहता है। जब कभी जबा रेल क्वार्टर की दीवार फांदकर पेड़ों से आम चोरी कर रही होती तो इधर-उधर चौकन्नी होकर ताकते ही उसे बिसला नजर आता, अवाक होकर उसे एकटक चोरी करते हुए देखते हुए। छुप-छुपाकर किसी के तलाव में मछली पकड़ने के लिए जाल फेंका जबा ने, जाल को खिंचते ही जाल अटक गया कटिली झाड़ियों में और तभी पेड़ों की आड़ से निकलकर सामने आ खड़ा होता है बिसला। पानी में उतरकर काँटों से जाल को अलग कर देता है। जबा जब भी माल से भरा हुआ भैनरिक्सा खिंचती है, बाजार में सामान बेचती है तब भी बिसला उस पर दूर से नजर रखता है। एक दिन रात को स्टेशन की बेंच पर सोते समय जबा ने देखा कि ओवरब्रिज की सिढ़ियों पर बिसला खड़े-खड़े एकटक उसे ताके जा रहा है। जबा का मिजाज गरम हो गया। दौड़कर उसके सामने जाकर चींख उठी थी, ऐ सुअर का बच्चा, मेरे पीछे-पीछे हर समय

क्यों घुम रहा है रे? तेरा धंधाबाजी मैं नहीं समझती क्या? और भी बहुत कुछ कहा था जबा ने बिसला को। आज सोचती है तो शर्म से सिर झुक जाता है। बिसला ने चुपचाप उसकी गालियाँ सुनी। फिर धीरे से बोल उठा था, तुमको बहुत अच्छा लगता है मेरा।

उसकी बातों को सुनकर जबा को जरा भी अच्छा नहीं लगा था। ऐसी बातें उसने बहुत सुनी थी। पुरूष कितने खराब हो सकते है ये समझ में आ गया था उसे।

मन में हलचल मची कुछ दिन के बाद से। मुसलिया गाँव में चक्कर लगाने गई थी जबा। यदि कद्दू, मूली जैसा और कुछ मिल जाए तो बाजार में जाकर बेच देगी। दोपहर के बाद से ही आसमान में बादल घिर आए। जबा एक बात से बहुत डरती है, बिजली से। क्यों डरती है पता नहीं। जबसे बड़ी हुई है तभी से उसके मन में ये डर बैठ गया है। काले-काले बादलों को देखकर जबा ने डेरे की ओर अपने कदम बढ़ा दिए थे। बड़े रास्ते पर से कुछ दूर तक दौड़ने के बाद ही काले बादलों को चीरकर बिजली चमकने लगी और साथ में तेज बारिस भी शुरू हो गई। जबा को समझ में आ गया था ऐसे में ज्यादा दूर तक वो नहीं जा सकेगी। रूक-रूककर बिजली चमक रही थी, और इससे उसका दिल धड़क उठ रहा था। इतने में रास्ते से थोड़ा हटकर एक पुराना मकान दिखा और जबा उस मकान में घुस गई।

पर कोई फायदा नहीं हुआ। बाहर से पता नहीं लग रहा था कि उस मकान की छत एकदम से ढह गई है। दिवार से सटकर जैसे तैसे अपने को बचा रही थी जबा। आसमान में तब भी लगातार बिजली चमक रही थी। कभी-कभी तो ऐसा लग रहा था जैसे बिजली की तेज झलकियाँ जबा को बेंध देगी। आसपास कहीं बार-बार बिजली गिर रही थी जिसकी आवाज से पूरा इलाका थर्रा उठ रहा था। जबा डर के मारे थरथरा रही थी। इतने में बड़े जोर से बिजली चमकी और उस तेज रोशनी में जबा ने बिसला को देखा कूदकर उस मकान में घुसते हुए। गठा हुआ शरीर, कपड़े भीगकर शरीर से चिपक गए थे। उसे समझ में आ गया था कि अब बिसला उसे इतनी आसानी से नहीं छोड़ने वाला है। बहुत दिन से देख रही थी जबा। मुड़कर वार करने का साहस नहीं रहा अब जबा के अन्दर। इस आंधी-तूफान ने उसके साहस को एकदम से खत्म कर दिया है। जबा की नजर के सामने तेज बारिश में हल्का लगने वाला चिताबाध के जैसा शरीर जब क्रमशः स्पष्ट होने लगा तब जबा छिटककर उस घर से भागने लगी और तभी एक जोरदार ठोकर लगने के कारण वह गिर पड़ी।

उसके बाद का उसे कुछ भी याद नहीं है। होश आने पर उसने अपने आप को एक दवाई की दुकान के बेंच पर लेटे हुए पाया। दाहिने पैर का अंगुठा और सर

पर पट्टी बंधी हुई थी। अपने वजनदार सर को घुमाकर उसने देखा था कि दुकान के सामने गिले कपड़ों में बिसला उकडू होकर बैठा था। दुकानवाले परेशदा ने कहा इस लड़के के लिए आज तुम बच गई। खून तो पानी की तरह बह रहा था, सर पर तीन स्टीच लगाना पड़ा।

बरसात तब तक रूक गई थी। छत से पानी टपक रहा था। रास्ते के किनारे बैठकर कौआ अपने शरीर को झटक-झटककर पानी सुखा रहा था।

रिक्शे में बैठकर स्टेशन लौटते वक्त बिसला से दोस्ती हो गई थी। तभी पता चला कि बिसला उसे हर वक्त फॉलो करता रहता है। उस टूटे हुए घर में इसलिए वो वक्त रहते पहुँच गया था।

लौटते वक्त रिक्शे में एक दूसरे से सटकर बैठते हुए न जाने जबा को क्या हो गया कि उसने उसी समय सोच लिया कि वो बिसला के साथ ही शादी करेगी। उस दिन उसने बिसला से कुछ भी नहीं कहा। कुछ दिन तक दोनों साथ मिलकर जंगल, मैदान, तालाब के किनारे घुमने फिरने के बाद अचानक जबा ने बिसला से कहा, केवल साथ घुमने फिरने से नहीं चलेगा, शादी करना पड़ेगा समझे।

बिसला तो एकदम से राजी हो गया। होम में रहकर जबा यह समझ गई थी कि शादी का मतलब बहुत अच्छा होता है। बाहर से दयालु व्यक्ति उनके साथ शादी रचा के ले जाते। बिदाई के वक्त सब दीदी बहुत रोती थी। कुछ दिन के बाद फिर हँसती हुई होम की दीदीमणी से मिलने आती थी। उनकी हँसी को देखकर ही जबा को अंदाजा लग गया था कि शादी का मतलब है सुखमय जीवन।

अगर शादी बनाना है तो फिर होम में रहकर ही बड़ा होना पड़ेगा। इतना धैर्य जबा के पास नहीं था। आश्रम की छत पर से रास्ता दिखाई देता था और फिर पेड़ पौधे, घर, गाड़ी, मैदान, फेरीवाले सब उसे चुम्बक की तरह खिंचते रहते। होम का शासन बहुत कठोर था। भर पेट खाना नहीं मिलता था। समय-समय पर मार भी पड़ती थी। पहली बार वहाँ से भागकर आने पर ही जबा को पता चल गया था कि बाहर की दुनिया का कोई नियम कानून नहीं है। इसलिए दूसरी बार भागकर आने में उसे ज्यादा समय नहीं लगा। घर-परिवार बसाने वाली बात तो वह भूल ही गई थी। बाल-बच्चे सहित किसी पति-पत्नी को देखते ही भाव विह्वल होकर उनको देखती रहती। सोचती ऐसा दिन उसके जीवन में कभी भी नहीं आनेवाला।

बिसला ने वचन दिया कि सरकारी खदान में नौकरी लगते ही वह शादी करेगा। एक दिन बस में बैठाकर उसे अपने गाँव जामताडा लेकर गया। शादी के बाद तो जबा को उस घर में रहना पड़ेगा। पर बिसला के घरवालों ने उनको वहाँ

से भगा दिया। कहा, बेजात की लड़की को स्वीकार नहीं करेंगे। बलरामदा ने सुनकर कहा, तुम लोगों की भाषा अलग है, पर जात के बारे में ऐसा कहना ठीक नहीं लगा।

जबा को ये सब समझ में नहीं आता है। ससुराल वालों ने कह दिया है कि यहाँ जगह नहीं मिलेगा इसलिए आलूवाले राजूदा के गोदाम घर को भाड़े पर लिया है जबा ने। वो जगह खाली ही थी। राजूदा का व्यवसाय भी आजकद मंदी में है। खपरेल की छत और कोरे ईंट की दिवार वाले घर को रहने लायक बनाकर आजकल जबा वहीं पर रहने लगी है।

सरकारी खदान में काम नहीं मिलने के कारण आजकल बिसला चोराई खदान पर ही काम करने लग गया है। उसके इस काम से जबा बहुत नाराज है। अक्सर कहती है वहाँ एक्सीडेन्ट का डर है और पुलिस पकड़कर कभी भी जेल में डाल सकती है। ये सब करने की कोई जरूरत नहीं है। इससे तो अच्छा हो कि ट्रेन में हकारी करो, बाजार में मछली बेचो।

बिसला ने कहा, यहाँ जमीन के उपर माल नहीं है। नीचे बहुत है। हम घरवालों को दिखा देंगे कि बिसला कितना कमा सकता है।

दिखा दिया है बिसला ने। हप्ते में एकबार देश में जाकर बाबा को पैसा देकर आता है बिसला। अब वो लोग खुशी-खुशी जबा को बहु बनाने के लिए तैयार हैं। पर ऐसा तो नहीं होने वाला क्योंकि बिसला का खदान पर काम करना जबा को एकदम पसंद नहीं। और अगर बिसला काम नहीं करेगा तो ससुराल वाले जबा को घर में घुसने ही नहीं देंगे। इस बात पर कई दिनों से बिसला से लगातार तर्क-झगड़ा चल रहा है। अंततः बिसला तैयार हो गया है उस खदान वाले काम को छोड़ देने के लिए। और फिर आलूवाले राजूदा के साथ बिसला की बात करवा दी है जबा ने। आसनसोल के मुन्नीबजार से आलू प्याज लाकर यहाँ के बाजार में बेचेगा बिसला।

राजूदा ने कहा है पाँच हजार हाथ में लेकर ही इसका कारोबार में उतरा जा सकता है। उस पाँच हजार के लिए ही बिसला आजकल खदान में फिर से उतर रहा है।

शाम हो गई है। माईक पर चैती का भजन सुनाई दे रहा है। पूरा चैत्र का महिना बिहारी मजदूर लोग इकट्ठे होकर ढोल बजाकर चैती का गीत गाते हैं। कृष्णसायर के घाट पर से जबा घर की ओर लौटने लगी। उस ओर की झाड़ियों में जुगनु चमकने लगे थे। शादी के दिन अपने घर को टूनी बल्ब से सजाने की बहुत इच्छा है जबा की। निमंत्रित लोग उस दिन उसको देखने आएंगे। खाना-खिलाने के लिए भी उसने बेंच और टेबल की व्यवस्था की है। माईक भी बजेगा। धूम-धाम से शादी होगी। संतुदा ने बैशाख की छब्बीस तारीख को शादी का सबसे अच्छा दिन बताया है। जबा को बहुतों

ने चंदा दिया है। और लोग अभी बाकी है देने के लिए। बलरामदा ने उसे सावधान कर दिया है कि देखभाल कर खर्च करना ये सब तो लोगों के दिए हुए पैसे हैं। देखना ऐन वक्त पर तेरा लवर तुझे धोखा न दे जाए। आज तक मैंने उसे देखा तक नहीं।

कैसे दिखाएगी जबा कोयला चोर तो लोगों के सामने आना ही नहीं चाहता है। आज भी उसने कहा कि शादी के दिन को थोड़ा आगे बढ़ा दो। पाँच हजार जमा होने में अभी देर है।

जबा ने साफ कह दिया है कि शादी तो उसी दिन ही होगी। उसके हप्ते भर पहले तुम ये काम छोड़ दोगे। घर का सारा खर्चा तब मैं उठाऊँगी।

चलते-चलते रास्ते पर आ गई जबा। पीपल के पेड़ के पीछे बाँस से बंधा हुआ घर्घरी दिखाई दे रहा है। वहीं पर वह खदान है जहाँ बिसला काम करता है। कुएँ के जैसा एक बहुत बड़ा गड्ढा दिखाई दे रहा है। घर्घरी की आवाज सुनाई दे रही है। कुछ दूर पर एक लॉरी खड़ी है। जमीन के नीचे से निकाले गए कोयले को उसमें लगातार भरा जा रहा है। बेटरी की रोशनी में सब कुछ स्पष्ट दिखाई दे रहा है। पुलिस के आते ही बत्ती बुझ जाती है।

जमीन के नीचे थोड़ी दूर तक जाकर खदान का गड्ढा किस ओर कितने दूर तक फैल गया है किसी को इसकी जानकारी नहीं है। सोचते ही जबा सिहर उठती है। डर के मारे चार कदम पीछे लौट आती है जबा। कहीं पाँव के नीचे बिसला तो नहीं है न? बहुत बड़ा पाप लगेगा तब जबा को। और कुछ ही दिन के बाद तो बिसला के साथ उसकी शादी है।

कल जबा की शादी है। अपनी शादी की तैयारे अपने आप करना कितना झंझट का काम है। पल-पल जबा ये महसूस कर रही थी। उसका ये भाड़े का मकान सोसायटी के काफी दूरी पर है। वैन रिक्शा से सारा सामान खुद ही खींच-खींचकर ला रही थी जबा। जैसे कि कुछ देर पहले ही पड़ती बाजार से सारी सब्जियाँ खरीद लाई है। बाजार वाले ने ऐसे ही दे दिए एक पैसा भी नहीं लिया। कल सभी लोग खाना खाने आएंगे। कुछ दिन के लिए वैन-रिक्शा को भाड़े पर रख लिया है जबा ने। वैन रिक्शा वाले से अगर माल मंगाया जाए तो बहुत पैसा लग जाएगा। बेकार का खर्चा एकदम नहीं करेगी जबा। जरा धूमधाम से शादी मनाना चाहती है जबा इसलिए पैसे थोड़े ज्यादा ही खर्च हो रहे हैं। बिसला ने खदान में उतरना छोड़ दिया है। जितने पैसे थे उसके पास उन्हीं पैसों से आसनसोल से आलू खरीद कर बाजार में बेचने लगा है बिसला। पैसे उतने नहीं मिल रहे हैं। अभी तो जबा को ही दो जनों का पेट चलाना पड़ेगा।

मकान के सामने कच्चे रास्ते पर पंडाल का गेट बनाया गया है। सीढ़ी लगाकर वहाँ लाईट फिट कर रहे हैं उत्तम दा। ध्यान से वही देख रही थी जबा। सर के ऊपर सूरज चमक रहा है। आज अगर लाईट नहीं लगाते तो भी चलता पर कल काली पहाड़ी में चार जगह पर शादी है इसलिए आज ही उत्तमदा इधर का काम खत्म कर रहे हैं। साउन्ड बक्स अभी तक नहीं आया। उसकी जरूरत सबसे पहले है। कल भोर से ही जबा शहनाई वादन का रेकार्ड बजाना शुरू कर देगी। लाईट तो शाम को जलाया जाएगा। सीढ़ी पर चढ़े उत्तमदा को जबा ने कहा, क्या हुआ दादा, आपका माईक तो अभी तक नहीं आया?

जबा की ओर देखने से पहले उत्तमदा की नजर किसी दूसरी जगह पर अटक जाती है। जबा ने उत्तमदा की नजरों का अनुसरण किया। देखा स्टेशन के रास्ते पर कुछ लोग तेजी से दौड़ रहे थे।

उत्तमदा ने पूछा, क्या हुआ इधर?

जबा ने कुछ जवाब नहीं दिया। धीरे-धीरे पक्के रास्ते की ओर बढ़ने लगी। लोगों के दौड़ने के साथ-साथ साईरन की आवाज भी सुन रही थी जबा। केवल काम में ही नहीं उसके दिल में भी खतरे की घंटी बज रही थी। बेआईनी खदान की दुर्घटना की घंटी निःशब्द ही बज उठती है। यहाँ पर आने के बाद से ऐसी अभिज्ञता से दो बार गुजर चुकी है जबा। उत्तमदा भी समझ गए। जबा निश्चिंत नहीं हो पा रही थी।

झूंड के झूंड लोगों के साथ जबा भी दौड़ने लगी। बुरे विचार उड़-उड़कर आ रहे थे मन में। उसे पता चल गया कि कोयारडी के पास चोराई खदान धस गई है। बिसला उधर ही काम करने जाता था। आज बिसला बाजार में नहीं गया था।

पहले भी बिसला बहुत बार ऐसा कर चुका है। जबा ने एकबार उसको पकड़ लिया था, कहा.1 गए थे?

तभी बिसला ने स्वीकार किया था, डबल मजदूरी मिलेगा सुनकर खदान में उतर गया था।

उस दिन जबा ने उसे बहुत बुरा भला कहा था। क्या आज भी डबल पैसे की लालच में बिसला राक्षस के पेट में उतरा था? जबा का गला सूखने लगा था। बिसला को देखे तक उसके मन को शांति नहीं मिलेगी।

बहुत बड़ा इलाका धस गया था। पुलिस भी आ गई थी। बहुत बड़ी तादाद में भीड़ इकट्ठी हो गई थी। जबा उस भीड़ में बिसला को ढूंढ रही थी। दो बॉडी निकाली गई। जबा ने देख लिया था उनमें बिसला नहीं था। पर कहाँ गया बिसला? इतनी बड़ी घटना के बारे में सुनकर तो उसे यहाँ पर आ जाना चाहिए।

अचानक जबा ने बिसला के देशवाले चाचा को देखा। चुपचाप चेहरा लटकाकर एक ओर खड़ा था। इनके घर में ही तो बिसला रहता है। इसने ही तो कहा था कि सरकारी खदान में नौकरी दिलवा देगा।

जबा की ओर नजर पड़ते ही चाचा ने अपना चेहरा घुमा लिया। भागने की फिराक में था, दौड़कर उसके सामने खड़ी हो जाती है जबा। पूछती है, कहाँ है बिसला?

- देश में चला गया, उस आदमी ने कहा।

- कब गया? मुझसे तो कुछ भी नहीं कहा?

- उसके पिताजी की तबीयत खराब है। खबर आते ही चला गया सुबह।

उसके जवाब में उतना वजन नहीं था। न जाने क्यों जबा को लगा कि ये आदमी झूठ बोल रहा है। सीने का खालीपन उसे कचोटने लगा। पुलिस खदान के गड्ढे के मुँह के सामने खड़ी थी। गड्ढे का आकार अब गोल नहीं रहा, वह मांग की तरह एकदम सीधा होकर ढह गया था। एक मातबब्बर पुलिस को समझा रहा था कि केवल ये दो लोग ही नीचे उतरे थे, सर। हमें पूरी जानकारी है कि और कोई भी नहीं उतरा था।

पुलिस अफसर लगातार सिर हिला रहा था, भरोसा करने लायक जवाब नहीं मिल रहे है उसे। ये तो जबा को भी मालूम है कि ये सारी बातें झूठी है। खदान में केवल दो लोगों को नहीं उतारा जाता है। एक साथ झुंड के झुंड लोग अंदर कोयला खोदने के लिए उतरते हैं। इधर-उधर नजर घुमाते वक्त अचानक जबा की नजर झाड़ियों के नीचे ठहर जाती है। कुछ जोडे जूते-चप्पल दिख रहे हैं न?

दौड़ जाती है जबा उस ओर। तीन जोड़े टायर को काटकर बने चप्पल और एक जोड़ा सुन्दर फैशनवाला। दामड़ा के हाट से बिसला को सुन्दर फेशनेबल चप्पल खरीदकर दिया था जबा ने। झट से उस चप्पल को उठा लेती है जबा। चींखती हुई पुलिस को कहने लगती है, सर भीतर में और भी बॉडी है।

न जाने कौन अचानक कूद पड़ा जबा पर। मजदूर जैसा कोई था। कहने लगा ये मेरे चप्पल हैं और चप्पल को जबा के हाथों से छिनने लगा, छोड़ साली छोड़ ना, ये मेरा चप्पल है. . . .।

जबा ने भी कसकर उस चप्पल को पकड़ लिया। छिना-झपटी होने लगी। बिसला की चप्पलों को संभालते समय ही जबा ने देखा कि वो तीन जोड़ी चप्पल न जाने कब गायब हो गए थे।

ज्येष्ठ की ढलती शाम। हवा में धुप की तपन की गंध। अप लोकल में स्कूल से लौट रही थी नंदिता। रिक्शा स्टेंड पर ही उसके पाँव जड़ गए। एक रिक्शा के हेन्डल को पकड़कर जबा खड़ी थी। प्रायः एक महिने के बाद नंदिता उसे देख रही

थी। बेचारी की शादी होते-होते रह गई। शादी के ठीक एक दिन पहले उसका प्रेमी बेआईनी खदान के नीचे जमीन के धस जाने से मारा गया।

नंदिता को देख लिया था जबा ने। रिक्शा खींचकर उस तक ला रही है। वो जानती है नंदिता उसके रिक्शे से ही जाएगी। रिक्शा चलाना जबा के दूसरे अनेक छोटे-मोटे कामों में से एक है। इस वक्त वो पेन्ट शर्ट पहनती है। आज उसने नहीं पहना है, घूटने तक के फ्रॉक पहने हुए है।

मन मसोसकर जबा के रिक्शे में चढ़ गई नंदिता। किसी लड़की का रिक्शा चलाना उसे आज भी पसंद नहीं है। उस पर आज भी ये लड़की, अपने दुःख को भूला नहीं पाई है। कम से कम उसके चेहरे से तो यही लगता है।

स्टेशन से काफी दूर तक आ गई है रिक्शा। गर्म हवा दोनों को झुलसा रही थी। आज जबा एकदम चुपचाप है। पहले पूरा रास्ता बकर-बकर करते हुए ले जाती थी। यही स्वाभाविक है। इतना बड़ा धक्का। अखबार वाले बलराम से ही पता चला कि भावी पति का शरीर जो इस खदान के नीचे दबा पड़ा है इसे जबा को लड़के की चप्पल को देखकर ही पता चला था। एक स्थानीय मजदूर ने उससे वो चप्पल भी छीन लिए, कहा कि ये चप्पल उसका है।

खदान के मालिक को बचाने के लिए मजदूर ने ऐसा कहा था अगर मालिक को जेल हो जाए तो फिर खदान तो बंद हो जाएगा, फिर वो लोग खाएँगे क्या? जबा ने उसके घरवालों को जाकर बताया कि उनका लड़का खदान के नीचे दबा पड़ा है।

उन लोगों ने उसकी बात नहीं मानी, कहा उनका लड़का कोलकाता में है। नंदिता ने बलराम से सच्चाई जाननी चाही थी कि सच्चाई क्या है?

बलराम ने कहा सच्चाई सब जानते हैं। जिंदा ही अपने कबर में चला गया वो लड़का। असल में उस लड़के का भाई आजकल चोराई खदान में काम कर रहा है। घरवाले अगर अपने बड़े बेटे की मौत को लेकर हल्ला-गुल्ला मचाएंगे तो छोटे बेटे की तो फिर नौकरी चली जाएगी न।

यहाँ का हाल-चाल आजकल ऐसा ही है। देश की जनसंख्या वैसी की वैसी ही रही। सरकार को कुछ भी पता नहीं चला। प्रतारक और प्रतारित दोनों एक ही दल के हो जाने पर और किया भी क्या जा सकता है। जबा लगातार रोज ही पुलिस के पास जाती है। कहती है कम से कम एक बार तो बॉडी को निकालकर दिखा दीजिए।

पुलिस कहती है, लड़के के गुम हो जाने को तो घरवाले मान ही नहीं रहे है। कोई कम्प्लेन नहीं आया है। हम कुछ भी नहीं कर सकते।

बलराम को केवल एक बात का डर है। अपनी जिद के कारण कोयला माफिया के हाथों जबा का खून न हो जाय।

दूर छातापात्थर के मोड़ पर सूरज डूब रहा था। चारों ओर पीले रंग की धूप में धुल उड़ रही थी। पक्षी अपने घर को लौट रहे थे। रिक्शा खींचने में जबा को तकलीफ हो रही थी। शायद खाना-पीना भी ठीक से नहीं करती होगी। आज थोड़ी दुबली भी लग रही थी। नंदिता ने पूछा? हाँ रे, तेरे उस लड़के के बारे में कुछ फैसला हुआ?

पैंडल मारते हुए जबा ने ना में सिर हिला दिया। विषय बदल कर नंदिता बोल उठी, अब यहाँ पर रहना मुश्किल होने लगा है, समझी। कोयला काट-काटकर चारों ओर दीमक के ढेर सा हो गया है ये इलाका। किसी दिन ये पूरा का पूरा इलाका बैठ न जाए। ये तो परसों ही पूरा तालपुकूरिया, पूरा का पूरा पानी के नीचे चला गया। हम लोग तो दो एक महिने में यहाँ के घर को बेचकर आसनसोल जा रहे हैं।

जबा ने कोई जवाब नहीं दिया। वकील पाड़ा आ गया। दाहिनी ओर मुड़ने के बाद ही नंदिता का घर आता है। रिक्शा से उतर कर नंदिता भाड़े के पैसे बढ़ा देती है तुरंत जबा बोल उठी, रहने दीजिए। मुझे तो आपको पैसे लौटाने हैं।

क्यों रे? कैसे? अचंभित होकर नंदिता पूछ बैठती है।

जबा ने जवाब दिया, शादी तो हुई नहीं। आपने तो चंदे में दो सौ रूपया दिया था। पूरा उधार रिक्शा चलाकर चूका दूंगी। भाड़ा नहीं लूंगी।

नंदिता ने जबा के एक हाथ में रूपया ठूंस दिया, बोली तुम भी मेरे साथ आसनसोल चली चलो। यहाँ पर रहकर क्या करोगी? एक-एक करके यहाँ से सभी लोग चले जाएंगे।

पैसे को फ्रॉक के पॉकेट में घुसाकर रिक्शे को लौटा लेती है जबा। पैडल मारते हुए मेन रास्ते पर चली आती है। एक बार तालपूकूरिया जाकर देख आने का मन होता है। लोगों से सुना था कि तालाब सूख गया है। कभी जाकर देखा नहीं।

घाघरबूढ़ी मंदिर के पास से पतली राह की ओर बढ़ जाती है जबा। कुछ दूर तक जाते ही कोयला पत्थर, झाड़-झंखारों ने रास्ता रोक लिया। रिक्शा से उतर कर आगे बढ़ जाती है जबा। शिरिषगाछ के नीचे आते ही तालाब को देखकर जबा को एक जोरदार धक्का लगता है। ये क्या देख रही है, जैसे काली पहाड़ी की आँख हो। जबा के जैसे ही रो-रोकर उसका सारा पानी सूख गया है। इस तालाब के जैसे जबा भी इस काली पहाड़ी को छोड़कर कहीं नहीं जाएगी। यहाँ की मिट्टी के नीचे उसका बहुत ही आपनजन रह गया है। इस अनाथिनी के जीवन का एक मात्र संबल।